NomosKommentar

Ludwig Zimmermann
Rechtsanwalt und Fachanwalt
für Arbeits- und Sozialrecht

Wohngeldgesetz

Handkommentar

Nomos

Die Deutsche Nationalbibliothek verzeichnet diese Publikation in der Deutschen Nationalbibliografie; detaillierte bibliografische Daten sind im Internet über http://dnb.d-nb.de abrufbar.

ISBN 978-3-8329-4836-8

1. Auflage 2014

Vorwort

Das Wohngeld erfüllt im Existenzsicherungsrecht eine wichtige Aufgabe. Es steht Personen mit niedrigem Einkommen zum Teil als alternative Leistung zu den Ansprüchen nach dem Sozialgesetzbuch II oder dem Sozialgesetzbuch XII zur Verfügung. Die Anspruchsberechtigten können teilweise zwischen den Sicherungssystemen wählen.

Das Wohngeld hat gegenüber der Grundsicherung für Arbeitsuchende (SGB II) und der Grundsicherung im Alter und bei voller Erwerbsminderung sowie der Sozialhilfe zwei wesentliche Vorteile: Im Wohngeldrecht besteht grundsätzlich keine Verpflichtung des Leistungsberechtigten seine Hilfebedürftigkeit zu mindern und eine Anrechnung von Vermögen findet nur in Ausnahmefällen statt. Dies kommt Personenkreisen entgegen, die nur über ein geringes Einkommen aber ein größeres Sparvermögen verfügen, wie Rentnerhaushalten.

Durch das vierte Gesetz für moderne Dienstleistungen am Arbeitsmarkt („Hartz IV) wurden Empfänger von Leistungen nach dem SGB II und dem SGB XII ab dem 1. Januar 2005 vom Wohngeld ausgeschlossen, was zunächst zu einem erheblichen Rückgang der Leistungsberechtigten führte. Mit dem 1. Januar 2005 wurde gleichzeitig der Kinderzuschlag eingeführt, der in den Jahren 2008 und 2009 weiterentwickelt wurde. Hierdurch stieg die Zahl der Wohngeldberechtigten im Jahre 2009 erstmals wieder auf über eine Million Haushalte. Durch den Wegfall des Heizkostenzuschlages im Jahr 2011 gingen die Ausgaben für Wohngeld zunächst zurück. Die angespannte Wohnungsmarktlage in den Ballungsräumen führt in letzter Zeit zur Forderung das Wohngeld der Einkommens- und Mietenentwicklung seit dem Jahr 2009 anzupassen. Angesichts eines erheblichen Anteils der Niedriglohnempfänger an der Gesamtzahl der Beschäftigten wird das Wohngeld an Bedeutung gewinnen.

Das vorliegende Werk setzt sich umfangreich mit dem im Wohngeldrecht anzuwendenden Verwaltungsverfahren und dessen Besonderheiten auseinander. Ein Schwerpunkt wurde auf die Abgrenzung zu den alternativen Sicherungssystemen der Grundsicherung und Sozialhilfe gelegt.

Das Werk richtet sich an die mit dem Wohngeldrecht befassten Praktiker wie Rechtsanwälte, Richter, Sozialberater, Entscheidungsträger der Wohngeldbehörden, aber auch Mieter- und Vermieterverbände. Der Autor hat besonderen Wert auf eine gute Verständlichkeit gelegt.

Die Anfertigung des vorliegenden Werkes konnte neben der Tagesroutine nur durch tatkräftige Hilfe im Hintergrund gelingen. Herr Dipl. jur. Michael Elte und Frau Rechtsanwältin Vera Munz haben mich bei der Arbeit entlastet, dafür ein herzliches Dankeschön. Danken möchte ich Herrn Prof. Dr. Johannes Rux vom Nomos Verlag für seine wertvollen Anregungen und Hinweise.

Potsdam im Oktober 2013

Inhaltsverzeichnis

Kapitel 5
Höhe des Wohngeldes

Teil 3
Nichtbestehen des Wohngeldanspruchs

Teil 4
Bewilligung, Zahlung und Änderung des Wohngeldes

Teil 5
Kostentragung und Datenabgleich

Teil 6
Wohngeldstatistik

Teil 7
Schlussvorschriften

Teil 8
Überleitungsvorschriften

Einleitung – Entstehungsgeschichte des Wohngeldrechtes

1. Entstehungsgeschichte bis zum ersten Wohngeldgesetz

Die Entstehung des Wohngeldrechtes reicht bis in die 30er Jahre des 20. 1
Jahrhunderts zurück. Die ersten an Mieter gezahlten Mietzuschüsse gehen auf das 1. BMG vom 27.7.1955 zurück.[1] In Zeiten der extremen Wohnungsknappheit nach dem zweiten Weltkrieg waren zunächst strikte Mietpreisbindungen eingeführt worden. Durch das 1. BMG wurden diese Bindungen nun auf der einen Seite gelockert. Auf der anderen Seite sollten individuelle Zuschüsse die infolge der Mietpreissteigerungen zu erwartenden Härten ausgleichen. Bereits das 1. BMG unterschied in § 15 Abs. 1 S. 1 zwischen den Mietzuschüssen und den Leistungen der Grundsicherung (damals noch Fürsorge genannt).

Bereits kurz darauf wurden im Jahr 1956 mit § 73 II. WoBauG[2] für einkom- 2
mensschwache Bewohner von öffentlich gefördertem Wohnraum eine generelle Mietbeihilfe eingeführt, die nicht mehr als Ausgleichsmaßnahme gedacht war. Die Leistungen erfolgten an den Vermieter oder Wohnungsinhaber und führten damit zur unmittelbaren Senkung der Miete.

Mit dem Gesetz zur Wohnbeihilfe vom 29.7.1963[3] wurden schließlich die 3
Mietbeihilfe und der Lastenzuschuss an den jeweiligen Wohnungsinhaber geregelt. Dieses Bundesgesetz galt allerdings nur in denjenigen Gebieten, in denen die Regelungen zur Mietpreisbildung noch aufgehoben waren. Im Übrigen hatten die Regelungen über die Mietpreisbindung Vorrang (§ 43 GesWohbH).

2. Entwicklung des Wohngeldrechts nach dem WoGG 1965

Der unterschiedliche Gesetzeszustand wurde durch das am 1.4.1965 im 4
Bundesgesetzblatt verkündete Wohngeldgesetz beseitigt.[4] Dieses erste Wohngeldgesetz ebnete den Weg von der gemischten Finanzierung, aus der direkten Wohnbauförderung (Objektfinanzierung) einerseits und der Finanzie-

1 1. Bundesmietengesetz vom 27.7.1955, BGBl. I, 348.
2 II. Wohnungsbauförderungsgesetz vom 27.6.1956, BGBl. I, 543.
3 Gesetz über Wohnungsbeihilfen vom 29.7.1963, BGBl. I, 508.
4 Gesetz zur Änderung des Gesetzes über die Wohnbeihilfe vom 23.3.1965, BGBl. I, 177.

rung der Belastungen von Mietern und Eigentümern von Wohnraum (Subjektfinanzierung) andererseits, zur reinen Subjektfinanzierung.

5 Das Wohngeldgesetz wurde seit dieser Zeit mehrfach geändert und dem Niveau der Wohnkosten angepasst. Mit der Einführung des SGB I am 1.1.1976 und dem SGB X am 1.7.1983 galt das Wohngeldgesetz als besonderer Teil des Sozialgesetzbuches. Die Regelungen des Sozialgesetzbuches SGB I (§ 7 SGB I) und SGB X sind daher vorbehaltlich speziellerer Normen auch im Wohngeldrecht anzuwenden. Eine Einordnung des WoGG in das Sozialgesetzbuch erfolgte bisher jedoch nicht.

6 Ab dem 1.1.1991 galt das Wohngeldrecht nach Art. 3 des Einigungsvertrages grundsätzlich auch in den neuen Bundesländern. Allerdings griff dort für die Zeit vom 1.10.1991 bis zum 31.12.1996 das Wohngeldsondergesetz. Die letzten Übergangsregeln sind mit dem 31.12.2004 außer Kraft getreten, so dass seit dem 1.01.2005 ausschließlich das WoGG einheitlich Anwendung findet.

3. Ausschluss und Einschluss von Transferleistungsbeziehern = Sozialhilfe

7 Empfänger von Leistungen der Sozialhilfe und der Kriegsopferfürsorge hatten bis zu dem Beschluss des Bundesverfassungsgerichtes vom 14.11.1969[5] keinen Anspruch auf Wohngeld. Mit Art. 2 der 8. Wohngeldnovelle[6] erhielten Bezieher von Sozialhilfe und Kriegsopferversorgung ab dem 1.1.1991 in den neuen und ab dem 1.4.1991in den alten Bundesländern ohne Antrag ein pauschaliertes Wohngeld nach den §§ 31 ff. WoGG aF.

8 In Art. 25 Nr. 10 des Vierten Gesetzes für moderne Dienstleistungen am Arbeitsmarkt[7] vom 24.12.2003 wurden die Regelungen über das Wohngeld für Transferleistungsberechtigte nach dem SGB II, dem SGB XII und der Kriegsopferversorgung (§§ 31, 32, 33 WoGG aF) ab dem 1.1.2005 aufgehoben. Dieser Personenkreis ist seitdem vom Wohngeld ausgeschlossen und erhält statt dessen Leistungen auf Grundlage der SGB II und XII.

4. Neufassung des WoGG aF ab dem Jahr 2001

9 Die am 1.1.2001 in Kraft getretene Neufassung des WoGG aF[8] brachte eine Fülle von Änderungen mit sich. So wurden

- der Höchstbetrag für Miete und Belastung um ca. 20% angehoben;
- in das Gesetz in seinem § 2 WoGG aF erstmals eine Berechnungsformel für das Wohngeld aufgenommen;
- eine Definition des Wohnraumes eingeführt § 4 a WoGG aF;
- das Wohngeldrecht in den alten und neuen Bundesländern vereinheitlicht;

5 BVerfG 14.11.1969 – 1 BvL 4/69.
6 BGBl. I 1990, 13.
7 BGBl. I 2003, 2985 ff.
8 BGBl. I 2000, 450.

- die Einkommensermittlung an den Bestimmungen des II. WoBauG angelehnt und in den Vorschriften §§ 9 bis 14 WoGG aF neu geregelt;
- der Unterschied zwischen dem pauschalen Wohngeld der Transferleistungsbezieher und dem Tabellenwohngeld beseitigt;
- im Zuge der Währungsumstellung von DM auf EUR die Einkommensermittlung im WoGG aF ab dem 1.1.2002 dem WoFG angeglichen.[9]

5. Entwicklung des WoGG durch das vierte Gesetz für moderne Dienstleistungen am Arbeitsmarkt („Hartz IV")

Zum 1.1.2004 wurde das WoGG aF erneut umfassend geändert und zwar durch das vierte Gesetz für moderne Dienstleistungen am Arbeitsmarkt vom 24.12.2003 (Art. 25 und Art. 61 Abs. 2).[10] Diese Reform brachte folgende gesetzliche Regelungen mit sich: 10

- Die Einkommensermittlung wurde modifiziert, so dass weiteres steuerfreies Einkommen, zB das Krankentagegeld (§ 10 Abs. 2 Nr. 1.9 WoGG aF), angerechnet wird.
- Das Wohngeld wurde für Transferleistungsempfänger (Bezieher von Leistungen nach dem SGB II und SGB XII) abweichend vom jeweiligen Bewilligungszeitraum im Hinblick auf den Wegfall dieser Leistung ab dem 1.1.2005 bis zum 31.12.2004 befristet.
- Die Mitteilungspflichten der Wohngeldempfänger wurden erweitert (§ 29 Abs. 2 S. 2 WoGG aF).
- Nach dem neuen § 29 Abs. 3 S. 4 WoGG aF konnte der Wegfall oder die Verringerung des Wohngeldes bei Veränderung der (Einkommens-)Verhältnisse auch nach Ablauf eines Bewilligungszeitraumes, längstens jedoch für drei Jahre rückwirkend erfolgen.

Ab dem 1.1.2005 wurden mit Inkrafttreten des wesentlichen Teiles des Gesetzes über die modernen Dienstleistungen am Arbeitsmarkt auch wesentliche Teile des WoGG aF geändert. 11

- Transferleistungsempfänger wurden vom Wohngeld ausgeschlossen (§ 1 Abs. 2 WoGG aF).
- Aufgrund des Ausschlusses einzelner Familienmitglieder vom Wohngeld nach § 1 Abs. 2 WoGG a.F. wird Wohngeld nur noch für die wohngeldberechtigten Personen geleistet, so dass die sogenannten Mischhaushalte entstanden. Wohngeldberechtigung und Antragsrecht (§ 1 Abs. 3 WoGG aF) können nunmehr auseinanderfallen, wenn der Antragsberechtigte vom Wohngeld ausgeschlossen ist.
- Der Antragsberechtigte bleibt aber weiterhin Empfänger des Wohngeldes (§ 25 Abs. 1 S. 1 WoGG aF), so dass die Wohngeldstelle an ihn mit befreiender Wirkung leisten kann.

---

9 BGBl. I 2001, 2954.
10 BGBl. I 2003, 2985 (Art. 25) und 2999 (Art. 61).

- Vom Wohngeld ausgeschlossene Personen rechnen nicht mehr zu den Familienmitgliedern (§ 4 Abs. 5 WoGG aF).
- Wohngeld wird bei einem Mischhaushalt nicht als Einkommen des Transferleistungsempfängers angerechnet (§ 1 Abs. 4 WoGG aF).
- Bei Mischhaushalten wird nur derjenige Anteil der Miete berücksichtigt, der auf die Wohngeldberechtigten und die nicht ausgeschlossenen Transferleistungsempfänger entfällt.
- Es wurde eine Belehrungspflicht über die Mitteilungspflichten der Wohngeldempfänger eingeführt (§ 29 Abs. 4 S. 3 WoGG aF).
- Die grundsätzliche Unpfändbarkeit von Wohngeld (§ 54 Abs. 2 Nr. 2a SGB I) wird beschränkt. Wohngeld kann nunmehr durch den Eigentümer oder einen ähnlichen Nutzungsberechtigten zur Erfüllung ausstehender Mietforderungen gepfändet werden. (§§ 5 und 6 WoGG aF jetzt §§ 9 und 10).

6. Wohngeld für Heimbewohner

12 Nach der Entscheidung des Bundesverwaltungsgerichtes vom 11.12.2003[11] war die Anrechnung der Hilfe zum Lebensunterhalt als Einkommen in Höhe von monatlich 1.100 DM (§ 8 WoGV in der bis zum 31.12.2003 geltenden Fassung[12]) nicht von der Ermächtigungsnorm des § 10 Abs. 2 Nr. 16 WoGG aF gedeckt. Durch das neunte Gesetz zur Änderung des Wohngeldgesetzes vom 7.7.2005[13] wurde die Anrechnung des Wohngeldes bei Heimbewohnern neu geregelt (§§ 10 a, 10 b WoGG aF) und für die Zeit nach der Gesetzesänderung der Zustand nach § 8 WoGV aF wiederhergestellt.

7. Wohngeldgesetz ab dem 1.1.2009

13 Mit dem Gesetz zur Neuregelung des Wohngeldrechtes und zur Änderung des Sozialgesetzbuches vom 24.9.2004[14] wurde ab dem 1.1.2009 das bis zum 31.12.2008 geltende Wohngeldrecht durch ein neues Gesetz ersetzt. Mit dem neuen Gesetz wurde eine neue Paragrafenfolge eingeführt. Die wesentlichen inhaltlichen Änderungen werden im Folgenden skizziert:

- Wegfall der Baualtersklassen bei den Höchstbeträgen für Miete und Belastung;
- Erhöhung der Höchstbeträge um 10% und der Tabellenwerte um 8%;
- Einführung eines Heizkostenzuschusses;
- aus Antragsberechtigten (§ 3 Abs. 2 WoGG aF) werden Wohngeldberechtigte;
- Erweiterung der Wohngeldberechtigung und Bestimmung einer wohngeldberechtigten Person (§§ 3 Abs. 3, 22 Abs. 2);

---

11 BVerwG 11.12.2003 – 5 C 83/02, BVerwGE 119, 322-329
12 BGBl. I 2001, 2722.
13 BGBl. I 2005, 2026.
14 BGBl. I 2008, 1856.

- umfassende Regelung von Wohngeldansprüchen von Ausländern (§ 3 Abs. 5);
- der Begriff des zu berücksichtigenden Haushaltsmitgliedes wird eingeführt;
- die Regelung über die vorübergehende Abwesenheit entfällt (§ 5 Abs. 1–4, § 4 Abs. 3 WoGG aF);
- Kinder können nunmehr als Haushaltsangehörige oder Wohngeldberechtigte bei dem jeweiligen Elternteil berücksichtigt werden, sofern sie gemeinsam sorgeberechtigt sind aber getrennt leben (§ 5 Abs. 6);
- die Todesfallvergünstigung (§ 6 Abs. 2) wurde eingeschränkt, wenn die Wohnung aufgegeben wurde oder der Verstorbene Transferleistungen bezog;
- der Übergang zwischen Wohngeld und Transferleistungen wurde umfassend geregelt (§ 7 Abs. 1 Satz 2, § 33, § 8);
- Wehrpflichtige (§§ 2bas. 1 S. 1, 41 Abs. 1 S. 1), freiwillig Wehrdienstleistende (§ 20 Abs. 1 S. 3) und Auszubildende, die Leistungen zur Ausbildungsförderung lediglich darlehensweise erhalten, sind nicht mehr vom Wohngeld ausgeschlossen;
- ein Abzug vom Wohngeld für überlassene Haushaltsgeräte erfolgte nicht mehr (§ 9 Abs. 2 Nr. 5, § 5 Abs. 2 Nr. 5 WoGG aF);
- die Absetzung von Leistungen an Ausländer bei einer Verpflichtungserklärung nach § 68 AufenthG (§ 11 Abs. 2 Nr. 5) und bei öffentlichen Leistungen zur Senkung der Miete (§ 11 Abs. 2 Nr. 4) wurden geregelt;
- es erfolgten umfassende Änderungen bei der Einkommensanrechnung, um Leistungen berufsständischer Versorgungseinrichtungen, steuerfreie Leistungen zur Altersvorsorge, Kapitalerträge, Unterhaltsleistungen wegen Pflegebedürftigkeit, Versorgungsleistungen, Leistungen Dritter oder die Kosten der Erziehung nach dem SGB VIII angemessen zu berücksichtigen;
- die Einkommensermittlung erfordert nun eine Prognose der Wohngeldbehörde über die Einkommensentwicklung im Bewilligungszeitraum (§ 24 Abs. 2 Satz 1). Außerdem wurden die Bestimmungen über die Anrechnung einmaliger Einnahmen und für die Umrechnung von schwankendem Einkommen geändert. Neu geregelt wurde auch die Einkommensermittlung im Hinblick auf die Einführung eines Abzugsbetrages für Unterhaltsleistungen für ein Kind, wenn getrennt lebende Eltern ihr Sorgerecht gemeinsam ausüben;
- die Auskunftspflicht wurde auf die Angabe des Geschlechtes (§ 23 Abs. 1 S. 2) und die Offenbarung von Kapitalerträgen ausgedehnt (§ 23 Abs. 4);
- das Wohngeld kann bei Heimunterbringung an den Sozialhilfeträger gezahlt werden (§ 26 Abs. 1 S. 2);
- die Aufrechnungsmöglichkeiten wurden erweitert (§ 29 Abs. 2, 3);

- es wurde eine gesamtschuldnerische Haftung der volljährigen Haushaltsangehörigen für die Erstattung überzahlten Wohngeldes eingeführt (§ 29 Abs. 1, vgl. auch § 50 SGB X);
- die amtliche Wohngeldtabelle (§ 2 Abs. 3 WoGG aF) wurde abgeschafft: Maßgeblich ist nun ausschließlich die Wohngeldformel (§ 19). Die Berechnung wird mittels elektronischer Datenverarbeitungsprogramme durchgeführt.

8. Entwicklung des Wohngeldrechtes nach der Reform seit dem 1.1.2009

14 Die nächste größere Änderung des WoGG brachte Art. 22 des Haushaltsbegleitgesetzes 2011,[15] durch den mit Wirkung zum 1.1.2011 der Zuschussbetrag für Heizkosten (§§ 11 Abs. 1 S. 1 Nr. 2, 12 Abs. 6, 27) ersatzlos gestrichen wurde.

15 Bei den weiteren Änderungen bis zum 1.4.2012[16] handelt es sich lediglich um sogenannte Folgeänderungen, die keine inhaltlichen Änderungen zur Folge hatten.

15 BGBl. I 2010, 1885.

16 Vgl Gesetz zur Verbesserung der Eingliederungschancen am Arbeitsmarkt BGBl. I 2011, 2854.

Wohngeldgesetz (WoGG)

Vom 24. September 2008 (BGBl. I, 1856)
(FNA 8601-3)
zuletzt geändert durch Art. 9 Abs. 5 SEPA-BegleitG vom 3. April 2013
(BGBl. I, 610)

Teil 1
Zweck des Wohngeldes und Wohngeldberechtigung

§ 1 Zweck des Wohngeldes

(1) Das Wohngeld dient der wirtschaftlichen Sicherung angemessenen und familiengerechten Wohnens.

(2) Das Wohngeld wird als Zuschuss zur Miete (Mietzuschuss) oder zur Belastung (Lastenzuschuss) für den selbst genutzten Wohnraum geleistet.

I. Entstehungsgeschichte, Allgemeines

Die Neufassung des § 1 durch das Gesetz zur Neuregelung des Wohngeldrechts und zur Änderung des Sozialgesetzbuchs vom 24.9.2008 unterteilte den bisherigen Abs. 1 in zwei Absätze.[1] In Abs. 2 sollte nunmehr die Unterscheidung zwischen Zuschuss zur Miete und zur Belastung für den selbst genutzten Wohnraum stärker hervorgehoben werden. 1

Die bisherigen Regelungen zum Wohngeldausschluss in den Abs. 2 und 5 aF wurden wegen der systematischen Nähe zum Begriff des Haushaltsmitgliedes in die §§ 7 und 8 Abs. 1 eingeordnet und ergänzt. Abs. 3 aF (Antragberechtigung der vom Wohngeld ausgeschlossenen Familienmitglieder in Mischhaushalten) wurde unter Anpassung an den neuen Haushaltsbegriff aus systematischen Gründen dem § 3 Abs. 4 zugeordnet. Abs. 4 aF (Nichtanrechnung des Wohngeldes als Einkommen bei anderen Sozialleistungen), wurde sprachlich geringfügig geändert und in § 40 eingefügt.[2] 2

II. Erläuterungen

1. Angemessener Wohnraum

Das Wohngeld soll Haushalten mit niedrigem Einkommen einen angemessenen, also einen einem Mindestwohnstandard entsprechenden Wohnraum wirtschaftlich ermöglichen und auf Dauer sichern. Allerdings wird der Mindestwohnstandard im Wohngeldgesetz nicht festgelegt. Vielmehr sind in 3

1 Vom 24.9.2008, BGBl. I, 1856.
2 BT-Drucks. 16/6543, 87.

§ 12 Abs. 1 Höchstbeträge für Miete und Belastung vorgesehen, aus denen sich die obere Grenze der Angemessenheit entnehmen lässt. Anders als in der Sozialhilfe und bei der Grundsicherung im Alter und bei voller Erwerbsminderung (§§ 9 Abs. 1, 35 Abs. 1 S. 1 SGB XII iVm § 42 Nr. 4 SGB XII) oder bei der Grundsicherung für Arbeitsuchende SGB II (§ 22 Abs. 1 S. 1 SGB II), bei denen die Wohnkosten einer individuellen, die Besonderheiten des Einzelfalles berücksichtigenden Angemessenheitskontrolle unterworfen sind,[3] findet im Wohngeldgesetz keine Angemessenheitskontrolle statt. Auch örtliche Besonderheiten, wie außerordentliche Miethöhen[4] oder der außergewöhnliche Wohnraumbedarf eines behinderten Menschen, finden keine Berücksichtigung.

4 Verfassungsrechtliche Bedenken gegen die Pauschalierung bestehen nicht. Aus den Art. 1, 20 Abs. 1 GG (Schutz der Menschenwürde, Sozialstaatsgebot) ergibt sich lediglich, dass der Gesetzgeber dem mittellosen Bürger durch Sozialleistungen die Mindestvoraussetzungen für ein menschwürdiges Dasein schaffen muss.[5] Hinsichtlich der Ausgestaltung hat er einen weiten Ermessensspielraum und kann sich der Pauschalierung und Typisierung bedienen.[6] Das Wohngeld ist lediglich eine Sozialleistung, die statt der Grundsicherung geleistet wird. Da die Grundsicherung grundsätzlich jedem Bürger offen steht und ein menschenwürdiges Dasein ermöglicht, weil u.A. auch die angemessenen Kosten für Unterkunft in tatsächlicher Höhe übernommen werden, ist eine fehlende individuelle Berücksichtigung des Bedarfes im Wohngeldrecht mit den genannten Grundrechten vereinbar.

2. Familiengerechtes Wohnen

5 Auch aus dem Gebot familiengerechten Wohnens (Art. 6 Abs. 1 GG), welches auf den Schutz von Ehe und Familie abstellt, ergibt sich kein Anspruch auf Individualisierung des Wohngeldes. Hierbei handelt es sich um einen Programmsatz, der in § 11 Abs. 1 WoGG umgesetzt wird, nach dem die Größe der Familien und deren Wohnbedarf nach der Anzahl der im Haushalt lebenden Personen berücksichtigt werden muss.

3. Rechtsanspruch

6 Wohngeld wird als Zuschuss zur Miete oder zu den Lasten des selbst genutzten Wohneigentums (Lastenzuschuss) geleistet. Aus dem Wortlaut des Gesetzes „wird ... geleistet“, ergibt sich der Rechtsanspruch auf die Leistung von Wohngeld. Die Leistung erfolgt als Zuschuss zur Miete oder vergleichbare Aufwendungen und verbleibt endgültig bei dem Berechtigten (§§ 7, 26

3 BSG 7.11.2006 – B 7 b AS 10/06 R.
4 Zu den Wohnkosten in Ballungsräumen vgl auch die Rspr zur Beamtenbesoldung BVerfG 6.3.2007 – 2 BvR 556/04 Rn 62.
5 BVerfG 29.5.1990 – 1 BvL 20/84, 1 BvL 26/84, 1 BvL 4/86; 9.2.2010 – 1 BvL 1/09, 3/09, 4/09.
6 BVerfG 9.2.2010 – 1 BvL 1/09, 3/09, 4/09 Rn 138.

Abs. 1 SGB I). Anders als nach § 17 Abs. 2 BAföG, §§ 9 Abs. 4, 22 Abs. 2 S. 2 SGB II oder §§ 37 Abs. 1 SGB XII ist im WoGG keine Leistung in Form eines rückzahlbaren Darlehen vorgesehen. Der Begriff Zuschuss hat im Wohngeldrecht eine weitere Bedeutung: Das Wohngeld mindert in der Regel nur die Belastungen des Mieters oder Eigentümers, weil anders als in der Grundsicherung keine vollständige Übernahme der Wohnkosten vorgesehen ist.

4. Miete, Belastungen

Der Zuschuss wird nur für den selbst genutzten Wohnraum geleistet.[7] Dies 7
betrifft sowohl die Miete als auch die Lasten des Wohneigentums. Ein Anspruch auf Wohngeld besteht nur für tatsächliche Belastungen, so dass der Anspruch auf Wohngeld bei Nichtzahlung von Miete oder der mit dem Eigentum verbundenen Belastungen nicht besteht.[8]

Miete ist das vereinbarte Entgelt für die Gebrauchsüberlassung von Wohnraum aufgrund von Mietverträgen oder ähnlichen Nutzungsverhältnissen einschließlich Umlagen, Zuschlägen und Vergütungen (§ 9 Abs. 1).

Belastung sind die Kosten für den Kapitaldienst und die Bewirtschaftung von Wohnraum in vereinbarter oder festgesetzter Höhe (§ 10 Abs. 1).

§ 2 Wohnraum

Wohnraum sind Räume, die vom Verfügungsberechtigten zum Wohnen bestimmt und hierfür nach ihrer baulichen Anlage und Ausstattung tatsächlich geeignet sind.

I. Entstehungsgeschichte

Der Wohnraumbegriff wurde erstmals mit Gesetz zur Änderung des Wohn- 1
geldgesetzes und anderer Gesetze (BGBl. I, 2671 vom 22.12.1999) eingeführt und trat mit dem 1.1.2001 als § 4 a in Kraft. § 4 a wurde fast wortgleich im § 2 übernommen.[1]

---

7 BT-Drucks. 16/6543, 87.

8 OVG MV 24.2.2009 – 2 L 244/08; VG Augsburg 25.1.2006 – Au 2 K 05.175; OVG Lüneburg 29.5.2012 – 4 LA 114/12.

1 BT-Drucks. 16/6543, 87 f.

II. Erläuterungen

1. Wohnraumbegriff

2 Die im Gesetz verwendete Definition des Wohnraumbegriffs lehnt sich an die Rechtsprechung an.[2] Sie dient der Abgrenzung zu nur vorübergehend nutzbaren Unterkünften, wie Notunterkünften usw. Während das Bundesverwaltungsgericht auf die bauordnungs- oder gar bauplanungsrechtliche Geeignetheit abgestellt hatte und deshalb z.B. den Lastzuschuss für ein nur als baurechtlich nutzbares Wochenendhaus versagt hatte,[3] kommt es nach dem Wortlaut der Regelung ausschließlich auf die tatsächliche Eignung zu Wohnzwecken an.[4] Die Räume müssen also lediglich von dem Verfügungsberechtigten zum Wohnen bestimmt sein.

2. Bauliche Anlage

3 Nach der früheren Rechtsprechung des Bundesverwaltungsgerichtes[5] konnte Wohngeld für bauliche Anlagen nur gewährt werden, wenn eine Dauernutzung zu Wohnzwecken (bau-)rechtlich zulässig war (dazu unten Rn. 6). Dies lässt zunächst darauf schließen, dass es sich bei den „baulichen Anlagen" nur um solche handelt, die nach den baurechtlichen Vorschriften zu Wohnzwecken genutzt werden dürfen. Als bauliche Anlagen werden aber in fast allen Bauordnungen der Länder nur solche Bauwerke bezeichnet, die fest mit dem Erdboden verbunden und aus Bauprodukten hergestellt sind. Wohnwagen oder Schiffe gehören hierzu also zunächst einmal nicht. Allerdings sehen einige Landesgesetze Ausnahmen vor: So sind nach der Bauordnung Bremen (§ 2 Abs. 1 Nr. 1) auch ortsfeste Wohnwagen als bauliche Anlage anzusehen, nach der Bauordnung Rheinland-Pfalz (§ 2 Abs. 1 Nr. 6) auch ortsfeste Schiffe.

Tatsächlich ist der Begriff der baulichen Anlage in § 2 nach dem Zweck des WoGG weit auszulegen und daher nicht auf Bauwerke im Sinne der Bauordnungen zu beschränken. Das WoGG soll ein angemessenes (menschenwürdiges) Wohnen ermöglichen. Dies ist aber auch in Wohnschiffen[6] oder Wohnwagen[7] möglich, sofern es an einer Mindestausstattung nicht mangelt. Ob nach die Rechtsprechung des BVerwG auch das Wohngeld bei Wohnschiffen oder Wohnwagen versagt werden muss, wurde bisher nicht entschieden. Das Bundesverwaltungsgericht hat bisher nur solche Wohnräume vom Wohngeld ausgeschlossen, deren Dauernutzung zu Wohnzwecken baurechtlich nicht gestattet ist, nicht aber von Wohnräumen deren Nutzung baurechtlich erlaubt ist.

---

2 BVerwG 18.1.1991 – 8 C 63.89, BVerwGE 87, 299.
3 BVerwG 18.01.1991 – 8 C 63.89 aaO Rn 10
4 BT-Drucks. 14/1636, 186.
5 BVerwG 18.1.1991 – 8 C 63.89, BVerwGE 87, 299.
6 Gutekunst/Stadler/Dietrich/Fröba, WoGG, § 2 Rn 7.
7 A.A. Gutekunst/Stadler/Dietrich/Fröba, WoGG, § 2 Rn 8.

3. Verfügungsberechtigte

Verfügungsberechtigt ist derjenige, der die Verfügungsmacht als Eigentümer, Nutzungsberechtigter, Mieter oder aufgrund anderer Nutzungsrechte über den (Wohn-)Raum hat. 4

4. Bestimmung zu Wohnzwecken

Zum Wohnen bestimmt sind Räume immer dann, wenn der Nutzungsberechtigte seinen Willen erkennbar zum Ausdruck bringt, dass diese Räume zum Wohnen genutzt werden sollen. Dies wird zB durch die Vermietung eines Raumes an einen Mieter oder die Ingebrauchnahme des Eigentümers zu eigenen Wohnzwecken sein. Neben diesem subjektiven Element ist außerdem erforderlich, dass die Wohnräume nach ihrer baulichen Anlage und Ausstattung objektiv zu Wohnzwecken geeignet sind. 5

5. Eignung zu Wohnzwecken

Die Eignung zu Wohnzwecken ist nicht davon abhängig, ob die landesrechtlichen Vorschriften über die Anforderungen an die Wohnbebauung erfüllt sind, denn § 2 stellt nur auf die tatsächliche Nutzungsfähigkeit ab. Welche Mindestanforderungen an eine Wohnung gestellt werden müssen, ergibt sich aus dem in § 1 Abs. 1 gesetzlich festgelegten Ziel, angemessenen und familiengerechten Wohnraum wirtschaftlich zu sichern. Als objektiver Mindeststandard sind daher die Regelungen über den angemessenen Wohnbedarf in der Grundsicherung und in der Sozialhilfe heranzuziehen.[8] Die vom BVerwG[9] vertretene Meinung, dem Wohnraumbegriff des WoGG entspreche ein Wohnraum nur dann, wenn er tatsächlich und (bau)rechtlich zur dauernden Wohnnutzung geeignet und vom Berechtigten dazu bestimmt sei, ist nach der Einführung des § 4 a WoGG[10] nicht mehr vertretbar. Die baurechtlichen Vorschriften können allerdings noch insoweit herangezogen werden als sie einen allgemeinen Mindeststandard der Einrichtung erfordern (zB notwendige Fenster § 48 Abs. 2 BauO-NW). Auf der anderen Seite wird ein Wohnraum, der eine gesetzlich vorgeschriebene Deckenhöhe von 2,40 m (§ 48 Abs. 1 BauO-NW) unterschreitet aber noch ausreichende Stehhöhe gewährleisten oder statt einer Toilette mit Wasserspülung über eine modernen Komposttoilette verfügt, als geeigneter Wohnraum iSd § 2 anzusehen sein. 6

6. Dauerhafte Nutzung

Nach dem Wortlaut des § 2 reichen eine Bestimmung zum Wohnen und die objektive Eignung für Wohnzwecke zum Ausfüllen des Begriffes Wohnraum aus. Eine gewisse Dauer, wie vom Bundesverwaltungsgericht in seiner Entscheidung vom 18. Januar 1991 verlangt,[11] ist nach dem Gesetzeswortlaut 7

8 BayVGH 22.12.2009 – 12 C 08.2140.
9 BVerwG 18.1.1991 – 8 C 63.89, BVerwGE 87, 299.
10 BGBl. I, 2671 vom 22.12.1999.
11 BVerwG 18.1.1991 – 8 C 63.89, BVerwGE 87, 299.

nicht erforderlich. In der Gesetzesbegründung wird angeführt, dass dem Begriff des Wohnens eine gewisse Dauer immanent sei, so dass eine gesonderte Erwähnung im Gesetz nicht für nötig erachtet wurde.[12] Hieraus lässt sich für die Auslegung des Wohnraumbegriffs wenig entnehmen, findet doch das menschliche Leben in der Zeit statt. Die Unterscheidung der dauerhaften von der vorübergehenden Nutzung dient lediglich zur Abgrenzung von Wohnunterkünften zu Notunterkünften und ähnlichen Einrichtungen. Im Gesetz findet sich kein Hinweis für eine Mindestdauer. Obdachlosenunterkünfte, Frauenhäuser, Hotels und Pensionen sind daher, sofern sie nach den Umständen des Einzelfalls zur Dauernutzung und nicht nur als Notunterkunft bestimmt sind, als Wohnraum anzusehen.

7. Wohnräume Einzelbeispiele

8 Eine Gartenlaube, die baurechtswidrig zu Wohnzwecken genutzt wird, ist jedenfalls dann als zu Wohnzwecken objektiv geeignet anzusehen, wenn ein Minimum an Ausstattung vorhanden ist.[13] Ein Wohnschiff mit festem Ankerplatz wird ebenfalls als ausreichender Wohnraum anzusehen sein.[14] Das gleiche gilt für Wohnwagen, wenn sie den Erfordernissen an eine dauerhafte Wohnnutzung (Wasser- und Stromanschluss usw.) entsprechen. Nicht zu Wohnzwecken geeignet, ist hingegen eine Wohnung ohne Wasser und Stromanschluss.[15]

Neben der Eignung zu Wohnzwecken muss auch eine Bestimmung zum dauerhaften Wohnen erfolgt sein. Daher sind etwa Geschäftsräume, die ausschließlich unternehmerischen und gewerblichen Zwecken dienen, nicht zu Wohnzwecken bestimmt. Allerdings können auch solche Geschäftsräume vom Eigentümer – auch entgegen der baurechtlichen Bestimmungen – umgewidmet werden. Nach dem Willen des Gesetzgebers sollte ein Anspruch auf Wohngeld auch für Wohnräume, die in Geschäftsgebäuden gelegen sind, möglich sein. In § 3 Abs. 1 sind die „Arten des Wohneigentums" (Eigenheim, Eigentumswohnung usw.) nicht mehr aufgeführt, so dass nunmehr auch für eine Wohnung in einem Geschäftsgebäude Wohngeld geleistet werden kann.[16]

Nicht zu Wohnzwecken bestimmt sind Wohnungen, die von dem Verfügungsberechtigten nur zur vorübergehenden Nutzung bestimmt sind.[17] Hierbei handelt es sich um Obdachlosenheime, Übergangswohnheime, Notunterkünfte, Frauenhäuser, Krankenhäuser, Kurheime usw., sofern sie zwar zur dauerhaften Nutzung geeignet, hierzu aber nicht bestimmt sind. Wiederum kommt eine Umwidmung durch die Verfügungsberechtigten in Frage, wenn

12 BT-Drucks. 14/1636, 183 zu § 4 a WoGG.
13 Anders noch zum alten Recht VG Berlin 1.3.2001 – 21 A 3.99.
14 Gutekunst/Stadler/Dietrich/Fröba, WoGG Kommentar, § 2 Rn 7.
15 BayVGH 22.12.2009 – 12 C 08.2140.
16 BT-Drucks. 16/6543, 88.
17 BVerwG 14.8.1992 – 8 C 39/91.

die Einrichtungen nach ihrer Gestaltung zur dauerhaften Wohnnutzung geeignet sind.

Zelte, Sammellager, Turnhallen und ähnliche Schlafstellen sind bereits aufgrund ihrer baulichen Substanz nicht geeignet, als Wohnungen iSd WoGG angesehen zu werden, denn sie entsprechen nicht den Anforderungen an ein menschenwürdiges Wohnen iSd des SGB II und XII. Die Wohnung iSd WoGG erfordert eine gewisse Abgeschlossenheit und überdies insbesondere das Vorhandensein einer Küche oder Kochstelle für die Zubereitung von Speisen.[18] Hiervon ist bei Heimen im Sinne des Heimgesetzes (§ 1 Abs. 1 HeimG) wegen § 3 Abs. 1 Nr. 3 WoGG eine Ausnahme zu machen.

§ 3 Wohngeldberechtigung

(1) [1]Wohngeldberechtigte Person ist für den Mietzuschuss jede natürliche Person, die Wohnraum gemietet hat und diesen selbst nutzt. [2]Ihr gleichgestellt sind

1. die nutzungsberechtigte Person des Wohnraums bei einem dem Mietverhältnis ähnlichen Nutzungsverhältnis (zur mietähnlichen Nutzung berechtigte Person), insbesondere die Person, die ein mietähnliches Dauerwohnrecht hat,
2. die Person, die Wohnraum im eigenen Haus, das mehr als zwei Wohnungen hat, bewohnt, und
3. die Person, die in einem Heim im Sinne des Heimgesetzes oder entsprechender Gesetze der Länder nicht nur vorübergehend aufgenommen ist.

(2) [1]Wohngeldberechtigte Person ist für den Lastenzuschuss jede natürliche Person, die Eigentum an selbst genutztem Wohnraum hat. [2]Ihr gleichgestellt sind

1. die erbbauberechtigte Person,
2. die Person, die ein eigentumsähnliches Dauerwohnrecht, ein Wohnungsrecht oder einen Nießbrauch innehat, und
3. die Person, die einen Anspruch auf Bestellung oder Übertragung des Eigentums, des Erbbaurechts, des eigentumsähnlichen Dauerwohnrechts, des Wohnungsrechts oder des Nießbrauchs hat.

[3]Die Sätze 1 und 2 gelten nicht im Fall des Absatzes 1 Satz 2 Nr. 2.

(3) [1]Erfüllen mehrere Personen für denselben Wohnraum die Voraussetzungen des Absatzes 1 oder des Absatzes 2 und sind sie zugleich Haushaltsmitglieder (§ 5), ist nur eine dieser Personen wohngeldberechtigt. [2]In diesem Fall bestimmen diese Personen die wohngeldberechtigte Person.

18 BVerwG 14.8.1992 – 8 C 39/91.

(4) Wohngeldberechtigt ist nach Maßgabe der Absätze 1 bis 3 auch, wer zwar nach den §§ 7 und 8 Abs. 1 vom Wohngeld ausgeschlossen ist, aber mit mindestens einem zu berücksichtigenden Haushaltsmitglied (§ 6) eine Wohn- und Wirtschaftsgemeinschaft (§ 5 Abs. 3 und 4) führt.

(5) [1]Ausländer im Sinne des § 2 Abs. 1 des Aufenthaltsgesetzes (ausländische Personen) sind nach Maßgabe der Absätze 1 bis 4 nur wohngeldberechtigt, wenn sie sich im Bundesgebiet tatsächlich aufhalten und

1. ein Aufenthaltsrecht nach dem Freizügigkeitsgesetz/EU haben,
2. einen Aufenthaltstitel oder eine Duldung nach dem Aufenthaltsgesetz haben,
3. ein Recht auf Aufenthalt nach einem völkerrechtlichen Abkommen haben,
4. eine Aufenthaltsgestattung nach dem Asylverfahrensgesetz haben,
5. die Rechtsstellung eines heimatlosen Ausländers im Sinne des Gesetzes über die Rechtsstellung heimatloser Ausländer im Bundesgebiet haben oder
6. auf Grund einer Rechtsverordnung vom Erfordernis eines Aufenthaltstitels befreit sind.

[2]Nicht wohngeldberechtigt sind ausländische Personen, die durch eine völkerrechtliche Vereinbarung von der Anwendung deutscher Vorschriften auf dem Gebiet der sozialen Sicherheit befreit sind.

I. Wohngeldberechtigte Personen – Mietzuschuss

1. Entstehungsgeschichte, Allgemeines

1 § 3 in der Fassung der der Neuregelung des WoGG vom 1.1.2009[1] regelt unabhängig von dem Antragserfordernis (§ 22 Abs. 1) den wohngeldberechtigten Personenkreis und für welche Aufwendungen dieser Personen Wohn-

1 BGBl. I, 1856 vom 24.9.2008.

geld in Form des Mietzuschusses oder des Lastenzuschusses, geleistet wird. In der bis zum 31.12.2008 geltenden Fassung des § 3 war nicht eindeutig geregelt, wer Inhaber des Anspruchs auf Wohngeld ist. Die gesetzestechnische Trennung von Anspruch (§ 3) und Antragserfordernis (§ 22) ändert nichts daran, dass der Antrag grundsätzlich Voraussetzung für den Wohngeldanspruch ist (§ 22 Abs. 1: „Wohngeld wird nur auf Antrag ... geleistet").

Durch den Begriff der wohngeldberechtigten Person soll weiterhin sprachlich klarer zwischen materieller Anspruchs- und verfahrenstechnischer Antragsregelung getrennt werden.[2] Eine solche Trennung ist notwendig, weil Leistungen nach dem WoGG nicht vor Antragstellung erbracht werden. Der Leistungsanspruch (auf Wohngeld) entsteht, wenn die gesetzlichen Voraussetzungen (§ 40 Abs. 1 SGB I) vorliegen, wozu auch der Antrag gehört. Dies wird durch die Regelung verdeutlicht, dass auch ein Antrag, der bei einem unzuständigen Leistungsträger gestellt wurde, bereits mit Eingang bei diesem unzuständigen Leistungsträger als bei dem zuständigen Leistungsträger gestellt gilt (§ 16 Abs. 2 Satz 2 SGB I). Eine Trennung von Antrag und Anspruch ist auch wegen der Anwendung des § 28 SGB X erforderlich. Hiernach kann von der gesonderten Antragstellung (auf Wohngeld) abgesehen werden, wenn der Leistungsberechtigte einen Antrag auf eine andere Sozialleistung gestellt hat und diese Leistung versagt wurde. Dies betrifft insbesondere Anträge auf Leistungen nach dem SGB II und SGB XII aber auch zB auf Leistungen nach dem BAföG.

Beispiel:

Der A hat Einkünfte aus nicht-selbstständiger Arbeit und stellt am 29.10.2013 einen Antrag auf Leistungen nach dem SGB II. Diese Leistung wird durch Bescheid des Leistungsträgers nach dem SGB II vom 3.12.2013 abgelehnt, weil das Einkommen des A zu hoch ist und Hilfebedürftigkeit nach § 7 SGB II nicht bestehe.

Der A kann nunmehr einen Antrag auf Wohngeld stellen. Sein Wohngeldantrag wirkt auf den Zeitpunkt zurück, an dem er den Antrag auf Leistungen nach dem SGB II gestellt hat und zwar auf den 29.10.2013.

2. Personenkreis

Wohngeldberechtigte Person ist jede natürliche Einzelperson (§ 1 BGB). 2
Ausgenommen sind nach dem Wortlaut des Abs. 1 juristische Personen und Personengesamtheiten, wie Mietergemeinschaften (BGB-Gesellschaften) und Personengesellschaften (des Handelsrechts oder nach anderen Gesetzen).

3. Mietverhältnisse

Mieter sind neben den Vermietern die Vertragsparteien eines Mietvertrages 3
(§§ 535, 549 Abs. 1 BGB). Eines rechtlich wirksamen Mietvertrages bedarf

2 BT-Drucks. 559/07, 54.

es nicht.[3] Vielmehr kann in diesem Fall ein mietähnliches Nutzungsverhältnis im Sinne von Abs. 1 Satz 2 Nr. 1 vorliegen.

4 Auch ein Untermietvertrag ist ein Mietvertrag im Sinne des Abs. 1. Zur Wirksamkeit des Untermietvertrags bedarf es keiner wirksamen Erlaubnis zur Untervermietung nach § 540 BGB, denn die Erlaubnis zur Untervermietung betrifft nur das Verhältnis des Hauptmieters zum Vermieter.[4]

Gegenstand eines Mietvertrags muss ein den Anforderungen des § 2 entsprechender Wohnraum sein. Nicht ausreichend ist eine Unterkunft, die das Führen eines selbstständigen Haushaltes nicht mehr ermöglicht.[5] Eine selbstständige Haushaltsführung ist nicht möglich, wenn dem Untermieter keine Räume zur alleinigen Nutzung überlassen werden, es folglich an der Abgeschlossenheit fehlt.[6] Der Wohnraum muss auch deshalb abgeschlossen sein, weil die Bewohner einer Wohnung andernfalls eine Wohngemeinschaft (§ 5 Abs. 3) bilden, die wohngeldrechtlich gemeinsam beurteilt wird.

5 Werden neben der Überlassung des Wohnraums noch andere Leistungen geschuldet, so besteht ein Anspruch auf Mietzuschuss nur dann, wenn die Überlassung des Wohnraumes überwiegender Vertragsbestandteil ist. Besteht neben dem Anspruch auf Wohnnutzung noch ein untergeordneter Anspruch auf Wartung und Pflege, wie dies bei dem sogenannten betreuten Wohnen teilweise der Fall ist, steht dies dem Anspruch auf Wohngeld nicht entgegen. Bei gemischten Verträgen wird der Schwerpunkt des Vertrages nach dem auf die jeweilige Leistung entfallenden Wert zu beurteilen sein.

6 Auch Mietverträge unter Verwandten können einen Anspruch auf Mietzuschuss zur Folge haben. Sie müssen tatsächlich auch durchgeführt werden, dh der Wohnraum muss genutzt und der Mietzins regelmäßig gezahlt werden. Ob ein Mietvertrag dem von der Rechtsprechung zum Einkommensteuerrecht entwickelten Fremdvergleich[7] standhalten muss, erscheint fraglich.[8] Das Steuerrecht hat teilweise andere Anknüpfungspunkte als das WoGG. Während es beim Fremdvergleich im Steuerrecht darum geht, ob die streitigen Aufwendungen des Vermieters in einem sachlichen Zusammenhang mit der Erzielung von Einkünften stehen oder dem steuerlich nicht relevanten, privaten Bereich zugehörig sind, kommt es beim Wohngeld darauf an, ob durch die Leistung von Wohngeld der mindestangemessene Anspruch auf Wohnraum erfüllt werden kann.[9] Gegen einen überhöhten Mietpreis sieht das Gesetz in § 12 Abs. 1 Höchstbeträge vor. Im Übrigen können Leistungen

3 BVerwG 16.1.1980 – 8 C 56/79.
4 Anders VG Gelsenkirchen 19.3.2007 – 11 K 3041/06.
5 VG Gelsenkirchen 19.3.2007 – 11 K 3041/06.
6 Vgl zu § 2 Rn 8.
7 BFH 19.10.1999 – IX R 80/97, BFH/NV 2000, 429 und vom 10.5.2006 – IX R 35/05, BFH/NV 2006, 1648.
8 So Gutekunst/Stadler/Dietrich/Fröba, WoGG, § 3 Rn 30.
9 Vgl zum Anspruch auf Leistungen nach dem SGB II BSG 3.3.2009 – B 4 AS 37/08 R; 7.5.2009 – B 14 AS 31/07 R.

nach dem allgemeinen Missbrauchstatbestand versagt werden (§ 21 Nr. 3). Wegen einzelner Missbrauchstatbestände wird auf die Kommentierung zu § 21 verwiesen.

Ein Anspruch auf Wohngeld besteht nur für den vom Berechtigten selbst genutzten Wohnraum. Kein Anspruch besteht demnach, wenn der Anspruchsteller die gemietete Wohnung an einen Dritten weitergibt, etwa indem er die Wohnung untervermietet, auch wenn diese Person selbst wohngeldberechtigt ist. 7

4. Mietähnliche Nutzungsverhältnisse

a) Allgemeines

Ein Anspruch auf Mietzuschuss besteht auch dann, wenn ein dem Mietvertrag ähnliches Nutzungsverhältnis besteht (§ 3 Abs. 1 Satz 2 Nr. 1). Mietvertragsähnliche Nutzungsverhältnisse sind entgeltliche Nutzungsverhältnisse, wie die Weiternutzung einer Wohnung oder eines Wohnraumes nach der Kündigung durch den Vermieter.[10] Hierzu zählen weiterhin die im Gesetz als nicht abschließendes Beispiel genannten Dauerwohnrechte, wenn sie entgeltlich sind. Die Entgeltlichkeit ist im Gegensatz zur Leihe wesentliches Merkmal der Miete. Ein Dauerwohnrecht (§ 1093 BGB) wird daher nur dann als mietähnliches Nutzungsverhältnis anzusehen sein, wenn die wesentlichen Vertragsbestandteile mit denen eines Mietvertrages übereinstimmen. Zu diesen Bestandteilen gehören die zeitweise Gebrauchsüberlassung während der Mietzeit und die grundsätzliche Instandhaltungspflicht des Vermieters. Die Lasten, wie Grundsteuer, müssen grundsätzlich vom Eigentümer getragen werden. Eine Überwälzung auf den Wohnberechtigten, wie auf den Mieter ist jedoch zulässig. Das Dauerwohnrecht darf wie das Recht zum Besitz aus dem Mietvertrag (§§ 540, 563 BGB) weder vererblich noch übertragbar sein. 8

b) Dauerwohnrecht nach § 31 WoEigG

Ein Dauerwohnrecht nach §§ 31 ff. WoEigG ist wegen des eigentumsähnlichen Charakters kein mietähnliches Nutzungsrecht.[11] 9

c) Werkdienstwohnungen

Um eine Werkdienstwohnung handelt es sich, wenn der Wohnraum in unmittelbarer Beziehung oder Nähe zur Arbeitsstätte steht, so dass seine Überlassung nach der Art der Arbeitsleistung erforderlich ist.[12] Die rechtliche Beurteilung solcher Wohnverhältnisse richtet sich ausschließlich nach arbeitsrechtlichen Grundsätzen.[13] Soweit die Werkdienstwohnung zu den Bedin- 10

10 BVerwG 4.11.1994 – 8 C 28/93.
11 Vgl BSG 5.2.2008 – B 2 U 3/07 R.
12 BAGE 64, 75 = AP Nr. 16 zu § 2 ArbGG 1979; BAG 23.8.1989 – 5 AZR 569/88, AP Nr. 3 zu § 565 e BGB; BAG 28.7.1992 – 1 ABR 22/92.
13 BAG 15.12.1992 – 1 AZR 308/92.

gungen für reguläre Mietverhältnisse überlassen wird, handelt es sich um ein mietähnliches Wohnverhältnis iSd Abs. 2.

Sind die Bedingungen wie bei einer Werkdienstwohnung mietvertragsähnlich, so ist auch die durch Verwaltungsakt an einen Beamten im Rahmen eines Dienstverhältnisses überlassene Dienstwohnung als eine mietvertragsähnliche Nutzung anzusehen. Es kann hier dahingestellt bleiben, dass das Bundesverwaltungsgericht[14] ausdrücklich festgestellt hat, dass es sich bei einer beamtenrechtlich überlassenen Mietwohnung nicht um ein mietvertragsähnliches Nutzungsverhältnis handelt, denn für die „Wohngeldfähigkeit" der Wohnung kommt es nicht darauf an, ob es sich um ein Mietverhältnis im Sinnes des Bürgerlichen Gesetzbuches handelt.

d) Genossenschaftswohnungen

11 Die Überlassung einer Wohnung im Rahmen eines Genossenschaftsverhältnisses wird überwiegend als Mietverhältnis angesehen, so dass hier nicht auf ein mietähnliches Rechtsverhältnis zurückgegriffen werden muss.[15]

e) Einweisung Obdachloser

12 Werden Obdachlosen aufgrund einer polizeirechtlichen Ordnungsverfügung (zB § 14 Abs. 1 OBG NRW) in eine Wohnung oder eine Obdachlosenunterkunft eingewiesen, so besteht ebenfalls ein mietrechtähnliches Nutzungsverhältnis. Ein Anspruch auf Wohngeld besteht hier jedoch nicht, sofern es sich um eine Obdachlosenunterkunft handelt, die nicht zur dauernden Nutzung bestimmt ist.

f) Mietähnliches Dauerwohnrecht

13 Ein mietähnliches Dauerwohnrecht liegt vor, wenn sich – erstens – die Bemessung des vom Benutzer verlangten Entgelts zumindest in ihren Grundzügen mit einer Miete vergleichen lässt und – zweitens – der Benutzer zu einer abgesonderten und selbstständigen Nutzung der überlassenen Räume berechtigt ist und zu diesem Zweck Besitz an ihnen hat.[16] Das aufgrund eines schuldrechtlichen oder dinglichen Überlassungsvertrags unentgeltlich eingeräumte Wohnrecht ist daher kein mietähnliches Dauerwohnrecht, weil die periodische Entrichtung eines Mietzinses wesentlicher Bestandteil des Mietvertrages ist.

5. Eigentümer von Mehrfamilienhäusern

14 Personen, die in einem Haus wohnen, dass in ihrem Eigentum steht und mehr als zwei Wohnungen hat, erhalten kein Wohngeld als Lastenzuschuss, sondern Wohngeld als Mietzuschuss. Diese Personen müssen nicht Alleineigentümer sein, Miteigentum ist ausreichend. Die Gleichbehandlung der Ei-

14 BVerwG 21.9.2000 – 2 C 5/99 Rn 46.
15 OLG Karlsruhe 21.1.1985 – 3 REMiet 8/84.
16 BVerwG 14.8.1991 – 8 C 39/91, BVerwGE 90, 315 ff.

gentümer eines Mehrfamilienhauses mit einem Mieter führt dazu, dass das Wohngeld nicht als Lastenzuschuss in Höhe der tatsächlich gemachten Lasten berechnet wird, sondern nach § 7 WoGV. Es ist demnach nur der Betrag (der Belastung) zugrunde zu legen, der dem Mietzins für eine vergleichbare Mietwohnung entspricht (§ 7 Abs. 1 Satz 1 WoGV). Durch die Gleichstellung mit Mietern wird verhindert, dass an Eigentümer und Mieter in demselben Haus unterschiedliche Leistungen erbracht werden. Soweit sich die Wohnungen nach ihrer Größe oder Ausstattung unterscheiden, sind im Verhältnis zu den im Haus gelegenen Mietwohnungen Zu- oder Abschläge vorzunehmen (§ 7 Abs. 1 Satz 2 WoGV). Die Gleichstellung des (Mit-)Eigentümers eines Mehrfamilienhauses mit einem Mieter führt allerdings nicht dazu, dass er unabhängig von seiner tatsächlichen Belastung für Zinsen und Kapitaldienst einen „Mietzuschuss" erhält, denn Wohngeld wird nur bei einer tatsächlichen Belastung geleistet.[17] Der Eigentümer, der einen Mietzuschuss erhält, steht deshalb auch nicht besser als der Bezieher eines Lastenzuschusses.[18]

6. Mietzuschuss für Heimbewohner

a) Begriff des Heimbewohners

Heimbewohner sind Personen, die nicht nur vorübergehend in einem Heim im Sinne des Heimgesetzes aufgenommen sind. 15

Ein Heim im Sinne des Heimgesetzes ist eine Einrichtungen, die dem Zweck dient, ältere Menschen oder pflegebedürftige oder behinderte Volljährige aufzunehmen, ihnen Wohnraum zu überlassen sowie Betreuung und Verpflegung zur Verfügung zu stellen oder vorzuhalten, und die in ihrem Bestand von Wechsel und Zahl der Bewohnerinnen und Bewohner unabhängig sind und entgeltlich betrieben werden (§ 1 Abs. 1 HeimG).

Bei der Überlassung des Heimplatzes an den Heimbewohner steht nicht der Wohnraum im Vordergrund, sondern die Betreuung und Verpflegung. Wären die Heimbewohner nicht ausdrücklich in das WoGG aufgenommen, könnten jedenfalls solche Heimbewohner, die in Mehrbettzimmern untergebracht sind, kein Wohngeld erhalten. Denn ein Anspruch auf Wohngeld besteht nur, wenn der Berechtigte einen zumindest räumlich abtrennbaren Bereich der Wohnung bewohnt.[19] Bei Abs. 1 S. 2 Nr. 3 handelt es sich um eine Ausnahmevorschrift, die auf vergleichbare „Wohnformen" nicht angewendet werden kann. Diese Regelung ist daher auf Kinderheime (§ 34 SGB VIII) und ähnliche Einrichtungen nicht übertragbar.[20] Nach der Ziffer 3.13 Nr. 6 der WoGVwV ist die Unterbringung in Kinder- und Lehrlingsheimen oder SOS-Kinderdörfern, die nach dem SGB VIII gefördert werden gleichwohl

17 Vgl zu § 1 Rn 6; BVerwG 12.10.1967 – VIII C 85.66 Rn 19.
18 So wohl aber Gutekunst/Stadtler/Dietrich/Fröba, WoGG, § 3 Rn 59.
19 BVerwG 14.8.1992 – 8 C 39.91, BVerwGE 90, 315.
20 Vgl OVG NRW 5.12.2001 – 14 A 2775/00 für ein Jugendwohnheim, das nach dem SGB VIII gefördert wird.

nach dem WoGG förderfähig, weil es sich um eine dem Mietverhältnis ähnliches Nutzungsverhältnis handelt

Ein wirksamer Heimvertrag ist für den Anspruch auf einen Mietzuschuss nicht erforderlich.[21]

16 Der Anspruch auf Wohngeld für Heimbewohner kann nach § 7 Abs. 1 Satz 1, Abs. 2 Satz 1 ausgeschlossen sein, wenn sie Hilfe zum Lebensunterhalt und nicht nur Hilfe zur Pflege nach dem SGB XII erhalten.[22] Der Ausschluss von Leistungen nach § 7 und 8 ist unabhängig davon zu behandeln, inwieweit für Wohnraum Wohngeld erbracht werden kann.

Hinweis:

Die zitierten Entscheidungen berücksichtigen noch nicht das Wahlrecht des Leistungsberechtigten, wenn dieser durch die Inanspruchnahme von Wohngeld die Hilfebedürftigkeit vermeiden kann (§ 7 Abs. 1 Satz 3 Nr. 2, Abs. 2 Satz 2 Nr. 2).

b) Dauerhafte Unterbringung

17 Wohngeld wird an Heimbewohner nur bei dauerhafter Heimunterbringung geleistet. Ein Anspruch auf Wohngeld besteht nicht, wenn die Unterbringung in dem Heim nur vorübergehend ist. Eine vorübergehende Unterbringung liegt vor, wenn der Aufenthalt von Anbeginn auf bis zu drei Monate beschränkt ist (§ 1 Abs. 4 HeimG). Da das Heimgesetz keine Anwendung findet, wenn der Aufenthalt auf bis zu drei Monaten beschränkt ist, und die vorübergehende Unterbringung in Abs. 1 Nr. 3 ausdrücklich erwähnt ist, scheint das WoGG einen eigenen Begriff des „vorübergehend aufgenommen" sein zu verwenden.[23]

Der Begriff der vorübergehenden Aufnahme dient dazu, die dauerhafte von der kurzzeitigen Unterbringung zu unterscheiden, denn auch in Heimen nach dem Heimgesetz kann beispielsweise eine Kurzzeitpflege (§ 42 Abs. 1 SGB XI) durchgeführt werden. Für solche kurzzeitigen Aufnahmen besteht kein Anspruch auf Wohngeld. Wegen der Dauer kann hier auch eine Anlehnung an das Pflegeversicherungsgesetz (§ 14 Abs. 1 SGB XI) erfolgen, dauerhaft ist danach eine Unterbringung von mindestens sechs Monaten.

II. Wohngeldberechtigte Personen, Lastenzuschuss

18 Das Wohngeld als Lastenzuschuss (§ 1 Abs. 1) erhalten Personen, die Eigentümer eines selbst genutzten Wohnraums sind. Eigentum an einem Wohnraum ist das umfassende Herrschaftsrecht über eine Sache (Wohnraum). Der Eigentümer kann mit ihr nach Belieben verfahren, sofern Gesetze oder Rechte Dritter dem nicht entgegenstehen (§ 903 BGB).

---

21 BVerwG 29.9.2005 – 5 C 7/03.
22 Vgl VGH BW 3.6.2009 – 12 S 2854/07; BayVGH 27.4.2010 – 12 BV 08.3353.
23 Anders Gutekunst/Stadtler/Dietrich/Fröba, WoGG, § 3 Rn 66.

Eigentümer eines Wohnraums im Sinne des Abs. 2 ist auch der Miteigentümer. Leben die Miteigentümer nicht in einer Haushaltsgemeinschaft (§ 5 Abs. 1), wird man für den Anspruch auf Lastenzuschuss verlangen können, dass die einzelnen Wohnräume den Miteigentümern zur alleinigen Nutzung übertragen werden,[24] weil andernfalls mangels Abgeschlossenheit kein Wohnraum iSd § 2 vorliegt. 19

Anders als in § 3 Abs. 3 WoGG 2002 wird im Gesetz nicht mehr nach den Formen des Wohneigentums unterschieden. In der Vorschrift waren namentlich das Eigenheim, die Eigentumswohnung und die Kleinsiedlung benannt. Mit der Aufhebung der Beschränkung auf diese Wohnformen sollten auch Wohnräume in Gebäuden, die nicht überwiegend zu Wohnzwecken genutzt werden, gefördert werden und zwar insbesondere auch Wohnräume in überwiegend gewerblich genutzten Gebäuden.[25] 20

In Abs. 2 Satz 2 sind eigentumsähnliche Wohnformen genannt, aus denen sich ein Anspruch auf Lastenzuschuss herleiten lässt. 21

- Dem Erbbauberechtigten steht das vererbliche und veräußerbare Recht zu, ein Gebäude auf einem Grundstück zu errichten und zu betreiben (§ 1 Abs. 1 ErbbauRG). Ein Erbbaurecht kann auch an einer Eigentumswohnung bestehen (§ 30 WoEigG). Das Erbbaurecht besteht in diesem Fall an dem Sondereigentum an einer (Eigentums-)Wohnung und hinsichtlich des Grundstückes in einem Erbbaurecht. 22

- Ein Nießbrauch an einem Wohnraum besteht, wenn das Grundstück oder die (Eigentums-)Wohnung in der Weise belastet ist, dass derjenige, zu dessen Gunsten der Nießbrauch besteht, berechtigt ist, die (Wohn-)Nutzungen der Sache zu ziehen (§ 1030 Abs. 1 BGB). Die Bestellung des Nießbrauchs an einem Grundstück oder einer (Eigentums-)Wohnung erfolgt durch Einigung und Eintragung ins Grundbuch (§§ 1031, 926 BGB). 23
- Das Wohnungsrecht gibt dem Berechtigten ein ähnliches Recht, wie dem Nießbrauchsberechtigten. Inhalt des Rechtes ist die Nutzung eines Gebäudes oder Gebäudeteils ausschließlich zu Wohnzwecken (§ 1092 BGB). Das Wohnungsrecht unterscheidet sich von dem Nießbrauch an einem Grundstück, Gebäude oder Gebäudeteil dadurch, dass eine anderweitige Nutzung etwa als Geschäftsraum nicht zulässig ist und dass die Überlassung an Dritte einer besonderen Gestattung bedarf.[26]
- Ein Dauerwohnrecht muss eigentumsähnlich ausgestaltet sein. Ein Dauerwohnrecht nach §§ 31 Abs. 1, 33 Abs. 1 WoEigG ist eigentumsähnlich ausgestaltet, denn es schließt den Eigentümer von der Nutzung aus und ist veräußerlich sowie vererblich. Andere Dauerwohnrechte sind nur

24 Vgl hierzu § 2 Rn 8.
25 BT-Drucks. 16/6543, 88.
26 HK-BGB/Staudinger, § 1093 Rn 1.

dann eigentumsähnlich, wenn Nutzungen und Lasten wie bei einem Eigentümer durch den Berechtigten getragen werden müssen. Auf die Veräußerbarkeit oder die Vererblichkeit kann es nicht ankommen, denn diese ist bei dem Wohnungsrecht nach § 1093 BGB nicht Voraussetzung.[27] Die Einbeziehung sonstiger (eigentumsähnlicher) Wohnrechte liefe leer, wenn es auf die Veräußerbarkeit oder die Vererblichkeit ankäme.[28]

24 ▪ Nach Abs. 2 Nr. 3 reicht schließlich auch der (schuldrechtliche) Anspruch auf Bestellung oder Übertragung des Eigentums, des Erbbaurechts, des eigentumsähnlichen Dauerwohnrechts, des Wohnungsrechts oder des Nießbrauchs zur Begründung eines Anspruchs auf Lastenzuschuss aus. Bei dem Anspruch auf Übertragung des Eigentums ist der wirksame schuldrechtliche Vertrag ausreichend (§ 311 b Abs. 1 Satz 1 BGB). Ein sachenrechtlicher Übertragungsvertrag (Auflassung, §§ 873 Abs. 1, 925 Abs. 1 BGB) ist nicht erforderlich.[29] Auch in diesem Fall ist erforderlich, dass der zukünftigen Eigentümer, Nießbraucher usw. tatsächlich belastet ist.

25 Personen, die einen Nießbrauch oder ein anderes in Abs. 2 Satz 2 genanntes Recht an einem Gebäude mit mehr als zwei Wohnungen haben, haben wie Eigentümer eines Mehrfamilienhauses mit mehr als zwei Wohnungen nur einen Anspruch auf Wohngeld als Mietzuschuss und nicht als Lastenzuschuss (oben Rn 14).

III. Mehrzahl von Anspruchsberechtigten

26 Erfüllen mehrere Personen in einer Wohngemeinschaft den Anspruch auf Wohngeld in einer Haushaltsgemeinschaft, so ist nur eine der Personen anspruchsberechtigt. Im Wohngeldrecht besteht abweichend von den Regelungen im SGB II und SGB XII kein „Einzelanspruch" eines jeden Mitglieds der Haushaltsgemeinschaft (§§ 19, 28 SGB II, §§ 19 Abs. 1, 42 SGB XII). Anspruchsberechtigt ist auch nicht mehr, wie nach § 3 Abs. 5 WoGG a.F., der Haushaltungsvorstand, der den größten Teil der Unterhaltskosten trägt, sondern die Person, die als Mieter oder Eigentümer den Wohnraum nutzt. Sind mehrere Personen Mitmieter oder Miteigentümer, was bei Ehepaaren häufig der Fall ist, so müssen diese Personen durch übereinstimmende Erklärung nach Abs. 4 S. 1 die wohngeldberechtigte Person bestimmen. Nach § 22 Abs. 2 wird vermutet, dass die zuerst den Antrag stellende Person bei einer Mehrzahl von Wohngeldberechtigten in einem Haushalt von den übrigen Mitgliedern der Haushaltsgemeinschaft zur Beantragung bevollmächtigt wurde. Mitglieder der Haushaltsgemeinschaft, die nicht Mieter oder Eigentümer (wie regelmäßig die haushaltsangehörigen Kinder) sind, haben kein eigenes Rechts auf Wohngeld. Sie können lediglich als Vertreter für den

27 A.A. Gutekunst/Stadtler/Dietrich/Fröba, WoGG, § 3 Rn 93.
28 Vgl die Rspr zu § 12 Abs. 8 DV, zu § 33 BVG, BSG 16.3.1982 – 9a/9 RV 32/81.
29 BVerwG 25.9.1992 – 8 C 66/90.

Wohngeldberechtigten (§ 13 Abs. 1 SGB X) einen Antrag auf Wohngeld stellen (§ 36 Abs. 1 S. 1 SGB I). Eine Ausnahme von dieser Regelung besteht für Mieter oder Eigentümer einer Wohnung und von Personen, die von Leistungen des Miet- oder Lastenzuschusses ausgeschlossen sind.

IV. Ausschluss des Wohngeldanspruchs beim Bezug von Existenzsicherungsleistungen

Nach § 7 sind insbesondere Empfänger von Grundsicherung für Arbeit- 27
suchende, Grundsicherung im Alter und bei voller Erwerbsminderung auf Dauer und Sozialhilfe (SGB II und SGB XII) vom Wohngeld ausgeschlossen. Leben diese mit Nichthilfeempfängern in einer Haushaltsgemeinschaft, so erhalten sie, wenn sie nicht Mieter oder Eigentümer sind, kein Wohngeld. Die Wohnkosten für die ausgeschlossenen Personen können als Kosten der Unterkunft im Rahmen der Transferleistungen anteilig übernommen werden.[30]

Beispiel:

Die 23 Jahre alte T wohnt mit ihren Eltern zusammen in einer Wohnung. Mieter der Wohnung sind nur die Eltern. Die Eltern erhalten Arbeitslosengeld II nach § 19 Abs. 1 Satz 1 SGB II. Die Regelleistung und die anteiligen Kosten für Unterkunft und Heizung kann die T aus ihrem Arbeitseinkommen decken.

Die T hat keinen Anspruch auf Leistungen nach dem SGB II, weil sie nicht bedürftig ist und auch nicht mit ihren Eltern eine Bedarfsgemeinschaft bildet (§ 7 Abs. 1 Nr. 3 iVm § 9 Abs. 1 SGB II und § 7 Abs. 3 Nr. 4 SGB II). Da die Eltern vom Wohngeld ausgeschlossen sind, können sie keinen Anspruch auf Wohngeld für die T geltend machen. Die T hat keinen Anspruch auf Wohngeld, weil sie nicht Mieter der Wohnung ist. Diesen Konflikt löst Abs. 4. Die Eltern bilden mit der T eine Wohn- und Wirtschaftsgemeinschaft (§ 5 Abs. 1 Nr. 4 Abs. 3, 4), so dass die Eltern den Wohngeldanspruch über die T vermittelt erhalten.

V. Ansprüche von Ausländern

Ausländer, die die Voraussetzungen nach dem WoGG erfüllen haben nach 28
Maßgabe des Abs. 5 einen Anspruch auf Wohngeld. Ausländer ist jeder, der nicht Deutscher im Sinne des Art. 116 Abs. 1 GG ist (§ 2 Abs. 1 AufenthG). Der Ausländer muss sich im Bundesgebiet tatsächlich aufhalten. Der Begriff des tatsächlichen Aufenthaltes ist im Gesetz nicht definiert. Vom tatsächlichen Aufenthalt ist der gewöhnliche Aufenthalt zu unterscheiden. Den gewöhnlichen Aufenthalt hat eine Person dort, wo sie sich unter Umständen

30 Kosten der Unterkunft werden in Mischhaushalten nach Kopfteilen aufgeteilt, vgl BVerwG 21.1.1988 – 5 C 68/85; BSG 27.2.2008 – B 14/11 b AS 55/06 R; zu den Ausnahmen BSG 29.11.2012 – B 14 AS 36/12 R.

aufhält, die erkennen lassen, dass sie sich an diesem Ort oder in diesem Gebiet nicht nur vorübergehend aufhält (§ 30 Abs. 3 Satz 2 SGB I).

Nach der Gesetzbegründung soll ein Aufenthalt bis zu drei Monaten nicht geeignet sein einen Anspruch auf Wohngeld zu vermitteln.[31] Es ist hier davon auszugehen, dass die Begriffe gewöhnlicher und tatsächlicher Aufenthalt synonym verwendet werden, denn auch dem Begriff tatsächlicher Aufenthalt wohnt, wie dem gewöhnlichen Aufenthalt, eine gewisse Dauerhaftigkeit inne.[32] Zur Begründung eines gewöhnlicher Aufenthalts ist ein dauerhafter oder längerer Aufenthalt nicht erforderlich; es genügt vielmehr, dass sich der Betreffende bis auf Weiteres (im Sinne eines zukunftsoffenen Verbleibs) an dem Ort oder in dem Gebiet aufhält und dort den Mittelpunkt seiner Lebensbeziehungen hat.[33] Nach der Rspr des Bundessozialgerichtes ergibt sich die konkrete rechtliche Bedeutung des Ausdrucks „gewöhnlicher Aufenthalt“ erst aus demjenigen Gesetz, in dem der Ausdruck verwendet wird, so dass es für die Auslegung auf den Sinn und Zweck dieses Gesetzes ankommt.[34] Nach beiden Ansichten gilt für in Bezug auf das WoGG, dass allein der nach außen deutlich gewordene Wille des Berechtigten erkennen lässt, ob dieser einen dauerhaften Aufenthalt beabsichtigt. Hiernach richtet es sich, ob ein Bedürfnis für angemessenes und familiengerechtes Wohnen besteht.

Ausländer, die sich im Bundesgebiet illegal aufhalten, haben keinen Anspruch auf Wohngeld. Sie können allenfalls einen Anspruch auf Kosten der Unterkunft nach dem Asylbewerberleistungsgesetz (§§ 1 Abs. 1 Nr. 2, Nr. 5 IVM 3 Abs. 1 Satz 1AsylbLG), dass als spezielleres Recht dem Wohngeldrecht vorgeht und auch zum Leistungsausschluss (§ 7 Abs. 1 Satz 1 Nr. 8) führt.

29 Ausländer haben nur dann einen Anspruch auf Wohngeld, wenn sie sich rechtmäßig im Bundesgebiet aufhalten und über eine der in Abs. 5 Satz 1 unter Nr. 1 bis 6 genannten Aufenthaltsberechtigungen (Aufenthaltstitel) verfügen. Anders als in anderen Gesetzen für Transferleistungen, wie etwa bei der Grundsicherung für Arbeitsuchende (vgl § 7 Abs. 1Satz 1 Nr. 4 SGB II), ist die Anspruchsvoraussetzung des rechtmäßigen Aufenthaltes hier ausdrücklich benannt. Mit der Regelung sollten die Berechtigung und der Ausschluss von Ausländern beim Anspruch auf Wohngeld gesetzlich geregelt werden.[35] Diese waren bisher nur in der Verwaltungsvorschrift zum WoGG geregelt (Teil A Nr. 1.02 WoGVwV 2002).

30 Nach dem WoGG sind Ausländer, die sich nur kurzzeitig in Deutschland aufhalten, dh während der ersten drei Monate ihres Aufenthalts, zwar nicht

31 BT-Drucks. 16/6543, 89.
32 Vgl BVerwG 26.2.2009 – 10 C 50/07 Rn 33.
33 BVerwG 26.9.2002 – 5 C 46.01; 2.4.2009 – 5 C 2/08.
34 BSG 3.4.2001 – B 4 RA 90/00 R.
35 BT-Drucks. 16/6543, 89.

grundsätzlich vom Wohngeld ausgeschlossen.[36] Ist der Aufenthalt des Ausländers, der mit einem auf den Aufenthalt von drei Monaten begrenzten Visum (§ 6 Abs. 2 AufenthG) einreist, auf diesen Zeitraum begrenzt, wird jedoch in der Regel kein gewöhnlicher tatsächlicher Aufenthalt in Deutschland vorliegen (§ 30 Abs. 3 Satz 2 SGB I). In solchen Fällen ist daher immer der tatsächliche gewöhnliche Aufenthalt und nicht nur die Rechtmäßigkeit des Aufenthaltes zu prüfen.[37]

Das Gesetz knüpft den Wohngeldanspruch an einzelne Aufenthaltstitel bzw 31
Aufenthaltsrechte an. Diese sind im Einzelnen:

- ein Aufenthaltsrecht nach dem für Unionsbürger und deren Familienangehörige, dh für alle Staatsangehörigen anderer Mitgliedstaaten der Europäischen Union, geltenden Freizügigkeitsgesetz (§ 2 Abs. 1 FreizügG/EU). Unionsbürger genießen Freizügigkeit, wenn ihr Aufenthalt auf einem in § 2 Abs. 1 FreizügG/EU genannten Grund beruht. Dh. wenn der Antragsteller zB Arbeitnehmer oder im Bundesgebiet selbstständig erwerbstätig ist. Arbeitnehmer im Sinne des FreizügG/EU sind Personen, die in einem Arbeitsverhältnis sind (§§ 7 Abs. 1 S. 1, 8 Abs. 1 SGB IV) und deren Beschäftigung nicht nur ganz geringfügig ist, wobei eine wöchentliche Beschäftigungsdauer von zehn bis zwölf Stunden ausreichend sein soll.[38] Die Beschäftigung muss rechtmäßig sein. Für die Unionsbürger aus Rumänien und Bulgarien ist noch bis zum 31.12.2013 eine Arbeitserlaubnis erforderlich (§ 284 SGB III). Eine selbstständige Erwerbstätigkeit liegt vor, wenn diese rechtmäßig ausgeübt wird. Eine formale Anmeldung zB eines Gewerbes ist allein nicht ausreichend, die selbstständige Erwerbstätigkeit muss zusätzlich nicht nur im ganz geringfügigen Ausmaß tatsächlich ausgeübt werden.[39]
- Nach Abs. 5 Nr. 2 besteht ein Anspruch auf Wohngeld, wenn ein Auf- 32
enthaltstitel oder eine Duldung nach dem Aufenthaltsgesetz vorliegt. Aufenthaltstitel sind insbesondere das Visum (§ 6 AufenthG), die Aufenthaltserlaubnis (§ 7 AufenthG) und die Niederlassungserlaubnis (§ 9 AufenthG). Eine Duldung liegt vor, wenn die Abschiebung des Ausländers vorübergehend ausgesetzt ist (§ 60 a AufenthG). Der Ausländer erhält über die Aussetzung der Abschiebung von der Ausländerbehörde eine Bescheinigung (§ 60 a Abs. 4 AufenthG). Die Duldung erlischt mit dem Verlassen des Bundesgebietes (§ 60 a Abs. 5 S. 1 AufenthG), ohne dass es eines Verwaltungsvollzuges durch einen Aufhebungsbescheid bedarf, und lebt bei erneuter Einreise nicht wieder auf.

36 Vgl § 7 Abs. 1 S. 2 Nr. 1 SGB II.
37 BT-Drucks. 16/6543, 89.
38 EUGH 4.2.2010 – C-14/09 zum Arbeitnehmerbegriff bei geringfügiger Beschäftigung; EUGH 4.6.2009 – C-22/08, C-23/08; LSG BW 8.8.2012 – L 13 AS 2355/12 ER-B = 7,5 Stunden und 100 EUR monatlich nicht ausreichend.
39 LSG BB – L 20 AS 2/12 B ER, L 20 AS 50/12 B PKH.

33 ■ Ein Recht auf Aufenthalt nach völkerrechtlichen Vereinbarungen (§ 3 Abs. 5 Nr. 3) ergibt sich aus zwischenstaatlichem Recht, zB Freundschafts-, Handels- und Niederlassungsabkommen.[40]

34 ■ Einen Anspruch auf Wohngeld hat nach Nr. 4 auch ein Ausländer, dem der Aufenthalt nach dem Asylverfahrensgesetz gestattet ist. Eine Aufenthaltsgestattung hat derjenige, der zur Durchführung des Asylverfahrens um Asyl nachsucht (§ 55 Abs. 1 Satz 1 AsylVfG). Hält sich ein Ausländer mit einer Aufenthaltsgestattung in einer Aufnahmeeinrichtung (§ 44 Abs. 1 AsylVfG „Asylbewerberheim") auf, so besteht kein Anspruch auf Wohngeld für diese Unterkunft, weil es sich nicht um Wohnraum im Sinne des § 2 handelt.[41] Denn die Aufnahmeeinrichtungen dienen nur zum vorübergehenden Aufenthalt bis zur Entscheidung über den Asylantrag (§ 57 Abs. 1 AsylVfG). Personen, die nur einen Anspruch auf Grundleistungen nach § 3 AsylbLG haben, sind vom Wohngeld ausgeschlossen (§ 7 Abs. 1 Satz 1 Nr. 8).

35 ■ Heimatlose Ausländer, die nach dem Gesetz über die Rechtsstellung heimatloser Ausländer (HAuslG) im Bundesgebiet deutschen Staatsangehörigen gleichgestellt sind (§ 19 HAuslG), haben ebenfalls einen Anspruch auf Wohngeld nach § 3 Abs. 5 Nr. 5. Heimatlose Ausländer sind Personen, die infolge der Kriegshandlungen des zweiten Weltkrieges von einer internationalen Organisation am 30.6.1950 auf dem Gebiet der Bundesrepublik Deutschland oder Westberlin aufgenommen waren und nicht Deutsche im Sinne des Grundgesetzes sind oder von einer solchen Person abstammen (§ 1 HAuslG). Hierbei handelt es sich insbesondere um verschleppte Zwangsarbeiter.

36 ■ Nr. 6 bestimmt schließlich, dass auch aufgrund einer Rechtsverordnung von einem Aufenthaltstitel befreite Personen einen Anspruch auf Wohngeld haben. Hierzu zählen zB Staatsangehörige der Schweiz (§ 28 AufenthV).

37 Ausländer die dem deutschen (Sozial-)Recht nicht unterliegen, wie zB Ausländer, die Mitglieder der in Deutschland stationierten NATO-Truppen und deren Angehörige (Gefolge), sowie Vertreter ausländischer Botschaften und Konsulate sind vom Wohngeld ausgeschlossen (§ 3 Abs. 5 S. 2).[42] Die in Satz 2 genannten völkerrechtlichen Abkommen sind insbesondere

- das Zusatzabkommen zum NATO-Truppenstatut vom 3.8.1959 (BGBl. II 1961, 1183) für die Mitglieder einer in der Bundesrepublik Deutschland stationierten Truppe der NATO-Streitkräfte, die Mitglieder

40 Eine Auflistung der völkerrechtlichen Verträge findet sich unter Ziffer 21.2.1 AufenthG-VwV Amtsblatt BMI 26.10.2009; http://www.verwaltungsvorschriften-im-internet.de/pdf/BMI-MI3-20091026-SF-A001.pdf, letzter Aufruf 12.1.2013.
41 Vgl hierzu Anmerkungen § 2 Rn 7 bis 8; BVerwG 14.8.1992 – 8 C 39/91.
42 BT-Drucks. 16/6543, 89.

des zivilen Gefolges dieser Truppe sowie deren nichtdeutsche Angehörige,

- das Wiener Übereinkommen über diplomatische Beziehungen vom 18.4.1961 (BGBl. II 1964, 957),
- und das Wiener Übereinkommen über konsularische Beziehungen vom 24.4.1963 (BGBl. II 1969, 1585) für Personen in Bezug auf ihre Dienste für den Entsendestaat, einschließlich ihrer Familienmitglieder sowie in der Regel der ausländischen Mitglieder des ausschließlich für diese Personen tätigen Hauspersonals.

Teil 2
Berechnung und Höhe des Wohngeldes

Kapitel 1 Berechnungsgrößen des Wohngeldes

§ 4 Berechnungsgrößen des Wohngeldes

Das Wohngeld richtet sich nach

1. der Anzahl der zu berücksichtigenden Haushaltsmitglieder (§§ 5 bis 8),
2. der zu berücksichtigenden Miete oder Belastung (§§ 9 bis 12) und
3. dem Gesamteinkommen (§§ 13 bis 18) und ist nach § 19 zu berechnen.

I. Entstehungsgeschichte, Allgemeines

1 In dem bis zum 31.12.2008 gültigen WoGG aF war diese Regelung nicht enthalten. Die Berechnungsgrößen (Tatbestandsvoraussetzungen des Wohngeldanspruchs) waren nur aus der Wohngeldformel (§ 2 WoGG aF) ersichtlich und daher gesetzestechnisch ausreichend bestimmt jedoch sprachlich unzureichend dargestellt.

II. Erläuterungen

2 Die Regelung gibt einen Überblick, auf welche Weise die Höhe des Wohngeldes ermittelt wird. Das Wohngeld wird aus drei Tatbestandsvoraussetzungen berechnet, die eine abschließende Aufzählung darstellen. Andere Faktoren, wie etwa ein zur Verfügung stehendes Vermögen sind bei der Ermittlung des Wohngeldes nur ausnahmsweise zu berücksichtigen. Das Vermögen des Wohngeldberechtigten oder eines in einer Haushaltsgemeinschaft lebenden Angehörigen wird nur dann berücksichtigt, wenn es erheblich und die Inanspruchnahme von Wohngeld darüber hinaus auch missbräuchlich ist (§ 21 Nr. 3, vgl hierzu die Anmerkungen zu § 21).

Kapitel 2 Haushaltsmitglieder

§ 5 Haushaltsmitglieder

(1) [1]Haushaltsmitglied ist die wohngeldberechtigte Person, wenn der Wohnraum, für den sie Wohngeld beantragt, der Mittelpunkt ihrer Lebensbeziehungen ist. [2]Haushaltsmitglied ist auch, wer

1. als Ehegatte eines Haushaltsmitgliedes von diesem nicht dauernd getrennt lebt,
2. als Lebenspartner oder Lebenspartnerin eines Haushaltsmitgliedes von diesem nicht dauernd getrennt lebt,

3. mit einem Haushaltsmitglied so zusammenlebt, dass nach verständiger Würdigung der wechselseitige Wille anzunehmen ist, Verantwortung füreinander zu tragen und füreinander einzustehen,
4. mit einem Haushaltsmitglied in gerader Linie oder zweiten oder dritten Grades in der Seitenlinie verwandt oder verschwägert ist,
5. ohne Rücksicht auf das Alter Pflegekind eines Haushaltsmitgliedes ist,
6. Pflegemutter oder Pflegevater eines Haushaltsmitgliedes ist

und mit der wohngeldberechtigten Person in einer Wohn- und Wirtschaftsgemeinschaft lebt, wenn der Wohnraum, für den Wohngeld beantragt wird, der jeweilige Mittelpunkt der Lebensbeziehungen ist.

(2) Ein wechselseitiger Wille, Verantwortung füreinander zu tragen und füreinander einzustehen, wird vermutet, wenn mindestens eine der Voraussetzungen nach den Nummern 1 bis 4 des § 7 Abs. 3 a des Zweiten Buches Sozialgesetzbuch erfüllt ist.

(3) Eine Wohngemeinschaft liegt vor, wenn Personen Wohnraum gemeinsam bewohnen.

(4) [1]Eine Wirtschaftsgemeinschaft liegt vor, wenn Personen sich ganz oder teilweise gemeinsam mit dem täglichen Lebensbedarf versorgen. [2]Sie wird vermutet, wenn Personen in einer Wohngemeinschaft leben.

(5) Ausländische Personen sind nur Haushaltsmitglieder nach Absatz 1 Satz 2, wenn sie die Voraussetzungen der Wohngeldberechtigung nach § 3 Abs. 5 erfüllen.

(6) [1]Haben nicht nur vorübergehend getrennt lebende Eltern das gemeinsame Sorgerecht für ein Kind oder mehrere Kinder und halten sie für die Kinderbetreuung zusätzlichen Wohnraum bereit, ist jedes annähernd zu gleichen Teilen betreute Kind bei beiden Elternteilen Haushaltsmitglied. [2]Betreuen die Eltern mindestens zwei dieser Kinder nicht zu annähernd gleichen Teilen, ist bei dem Elternteil mit dem geringeren Betreuungsanteil nur das jüngste dieser nicht zu annähernd gleichen Teilen betreuten Kinder Haushaltsmitglied. [3]Für Pflegekinder und Pflegeeltern gelten die Sätze 1 und 2 entsprechend.

I. Entstehungsgeschichte, Allgemeines

1 Die jetzige Fassung des § 5 ist seit dem 1.1.2009 in Kraft.[1] In der bis zum 31.12.2008 geltenden Fassung war der Kreis der Wohngeldberechtigten in § 4 WoGG aF geregelt. In dieser Regelung wurden bis zum 31.12.2008 die zum Haushalt rechnenden Familienmitglieder aufgezählt. Die Neuregelung erweitert diesen Begriff und bezieht weitere familiennahe Personen mit ein.

II. Erläuterungen

1. Allgemeines

2 Aus § 4 ergibt sich, wer als Haushaltsmitglied bei der Berechnung des Wohngeldes berücksichtigt wird. Nach Abs. 1 S. 1 ist Haushaltsmitglied zunächst die wohngeldberechtigte Person nach § 3.

Der Begriff des Haushaltsmitglieds knüpft an die Haushaltsgemeinschaft, dh die Wohn- und Wirtschaftsgemeinschaft, an und löst sich von dem bisherigen Familienbegriff. Gehört eine Person zu einem Haushalt, dh ist sie Haushaltsmitglied im Sinne des WoGG, hat dies wohngeldrechtlich erhebliche Bedeutung. Die Zahl der zum Haushalt des Wohngeldberechtigten gehörenden Personen bestimmt nämlich, bis zu welcher Höhe eine Miete oder Belastung zu berücksichtigen ist (§§ 12 Abs. 1, 19 Abs. 1 S. 1). Umgekehrt kommt es bei der Ermittlung von Gesamt- (§ 13 Abs. 1) und Jahreseinkommen (§ 14 Abs. 1 S. 1) auf das Einkommen aller Haushaltsmitglieder an. Die Haushaltsmitglieder werden bei den Abzugs- und Freibeträgen (§§ 16, 17, 18), den Auskunftspflichten (§ 23), dem Kreis, der als Zahlungsempfänger in Frage kommt (§ 26 Abs. 1 S. 2), der Änderung des Wohngeldes, der Unwirksamkeit der Bewilligungsbescheide, der Haftung für einen Rückzahlungsanspruch nach § 50 SGB X und der Rückzahlung im Todesfall (§§ 27 bis 30) berücksichtigt.

3 Die Wohnung, für die Wohngeld beantragt wird, muss für die jeweiligen Haushaltsmitglieder Mittelpunkt der Lebensbeziehungen sein. Eine Wohnung ist dann Mittelpunkt der Lebensbeziehungen, wenn die Person, die Wohngeld beansprucht, in dieser Wohnung oder als Haushaltsmitglied Nutznießer des Wohngeldes ist, sich dort überwiegend zum Wohnen aufhält, von dort familiäre Beziehungen pflegt und verschiedene Aktivitäten des Lebens, wie Arbeiten und Freizeitbeschäftigungen usw nachgeht. Der Begriff des Lebensmittelpunktes oder Mittelpunkt der Lebensbeziehungen ist enger als der Begriff des Wohnsitzes oder des ständigen Aufenthaltes (§ 30 Abs. 2 SGB I), denn er dient dazu, einen Haupt- von einem Nebenwohnsitz abzugrenzen.

Aus der Anforderung „Mittelpunkt der Lebensbeziehungen“ ergibt sich auch, dass ein Anspruch auf Wohngeld nur für eine Wohnung bestehen kann, denn der Begriff Mittelpunkt schließt aus, dass für einen anderen

1 BGBl. I, 1856 vom 24.9.2009.

Wohnraum ein Wohngeldanspruch besteht.[2] Derselbe Zweck wird im Einkommensteuerrecht (§ 9 Abs. 2 S. 6 EStG) verfolgt: Der Bürger soll nur die Fahrten von einer Wohnung zu seiner regelmäßigen Arbeitsstelle geltend machen können.

Demgegenüber kann ein Wohnsitz an mehreren Orten begründet werden. Der gewöhnliche Aufenthalt muss sich auch nicht auf einen konkreten Wohnort beschränken, sondern kann in einem eingegrenzten Gebiet, wie einer Gemeinde, liegen. Auch der in § 12 Abs. 2 MRRG verwendete Begriff des Schwerpunktes der Lebensbeziehungen verfolgt zur Bestimmung des Hauptwohnsitzes wohl das gleiche Ziel, wenn es von dem einen Schwerpunkt spricht. Hier soll der Haupt- von dem Nebenwohnsitz abgegrenzt werden, so dass der Hauptwohnsitz bestimmt werden kann.

Auch die weiteren in Abs. 1 genannten Personen müssen ihren Lebensmittelpunkt in der Wohnung haben, für die Leistungen beantragt wird.[3]

Die Frage nach dem Mittelpunkt der Lebensbeziehungen lässt sich nur für den Einzelfall ermitteln. Dabei sind im Zweifelsfall alle (Hilfs-)Tatsachen, die für oder gegen einen bestimmten Lebensmittelpunkt sprechen, gegeneinander abzuwägen. Die polizeiliche Meldung kann eine Hilfstatsache sein, die auf den Mittelpunkt der Lebensbeziehungen ebenso hinweist, wie der Schulbesuch oder regelmäßige Fahrten zu einer Arbeitsstätte von einer Wohnung.[4]

2. Einzelne Haushaltsmitglieder

Haushaltsmitglied sind neben dem Wohngeldberechtigen (§ 5 Abs. 1 Satz 1) 4
auch die in Satz 2 genannten Personen und zwar:

a) Ehegatten (Nr. 1)

Haushaltsmitglieder sind auch die nicht dauernd getrennt lebenden Ehegat- 5
ten. Ehegatten leben dauernd getrennt, wenn zwischen ihnen keine häusliche Gemeinschaft mehr besteht und ein Ehegatte diese nicht herstellen will, weil er die eheliche Gemeinschaft ablehnt (§ 1567 Abs. 1 BGB). Es ist nicht anzunehmen, dass das Wohngeldrecht einen anderen Begriff des „Getrenntlebens" verwendet als das Bürgerliche Gesetzbuch. Anders als bei der Bedarfsgemeinschaft nach dem SGB II (§ 7 Abs. 3 Nr. 3 Buchst. a SGB II) muss im Wohngeldrecht zwischen den Ehepartnern eine Wohn- und Wirtschaftsgemeinschaft weiter bestehen, auch wenn die Ehegatten ohne die Ehe abzulehnen, in getrennten Wohnungen leben.[5] Dies ergibt sich sowohl aus dem Wortlaut der Regelung als auch aus der Einführung des Begriffes der Haus-

2 BT-Drucks. 16/6543, 90.
3 Gutekunst/Stadtler/Dietrich/Fröba, WoGG, § 5 Rn 5; Buchsbaum/Hartmann, § 5 Rn 19.
4 OVG Berlin-Brandenburg, 23.9.2010 – OVG 6 N 52.10 Rn 12.
5 BSG, 18.2.2010 – B 4 AS 49/09 R.

haltsgemeinschaft, die immer eine Wohngemeinschaft voraussetzt (§ 5 Abs. 3).[6]

Nach dem Ziel des Gesetzes, der wirtschaftlichen Sicherung des familiengerechten Wohnraums, wird auf die tatsächliche Bedarfslage abgestellt. Ein Wohnraumbedarf besteht für eine Person dauerhaft nicht mehr, wenn die Wohngemeinschaft aufgehoben ist. Nur auf diese Weise kann auch vermieden werden, dass bei Unterbringung in einem Heim im Sinne des Heimgesetzes (§ 3 Abs. 1 Nr. 3) weiterhin ein Anspruch auf „Mehrfachleistung" besteht. Bei Unterbringung in einem Pflegeheim wird in vielen Fällen kein dauerndes Getrenntleben vorliegen; allerdings haben die Ehegatten dann ggf jeder einen gesonderten Anspruch auf Wohngeld.

b) Lebenspartner (Nr. 2)

6 Lebenspartner nach § 1 Abs. 1 LPartG werden wie Ehegatten behandelt. Auf sie sind die Anmerkungen zu den Ehegatten entsprechend anzuwenden.

c) Eheähnliche- und partnerschaftsähnliche Haushaltsmitglieder (Nr. 3)

7 Der Gesetzeswortlaut orientiert sich an der Entscheidung des Bundesverfassungsgerichtes zur eheähnlichen Lebensgemeinschaft.[7] Erforderlich für eine eheähnliche Gemeinschaft ist eine über eine bloße Wohn- und Wirtschaftsgemeinschaft hinausgehende Einstandsgemeinschaft; mithin der wechselseitige Wille füreinander einzustehen und Verantwortung füreinander zu tragen. Ebenso wie in der Bedarfsgemeinschaft nach dem SGB II (§ 7 Abs. 3 a SGB II) wird der Wille füreinander einzustehen vermutet (siehe § 5 Abs. 2 Rn 11). Da auch eine Wirtschaftsgemeinschaft vermutet wird, wenn eine Wohnung gemeinsam bewohnt wird (s. § 5 Abs. 4 Satz Rn 13), kann die Wohngeldstelle bei einem von nur zwei Personen gemeinsam abgeschlossenen Mietvertrag immer davon ausgehen, dass eine Einstandsgemeinschaft (Haushaltsgemeinschaft) besteht und zwar unabhängig ob es sich um Personen unterschiedlichen oder gleichen Geschlechtes handelt.

d) Verwandte und verschwägerte Haushaltsmitglieder (Nr. 4)

8 Zu den Haushaltsmitgliedern gehören auch die verwandten und verschwägerten Angehörigen bis zum dritten Grad. Der Grad der Verwandtschaft bestimmt sich nach der Zahl der sie vermittelnden Geburten (§ 1589 Abs. 1 Satz 3 BGB) bzw nach dem Grad der sie vermittelnden Verwandtschaft (§ 1589 Abs. 1 Satz 2 BGB). Verwandte ersten Grades sind die Eltern, Kinder, Großeltern, Enkelkinder, Urgroßeltern und Urenkel. Im zweiten Grad verwandt sind Geschwister und Stiefgeschwister. Verwandte des dritten Grades sind Onkel, Tanten, Nichten und Neffen, dh die Geschwister der Eltern bzw die Kinder der Geschwister der Person, von der die Verwandschaftsbe-

6 BT-Drucks. 16/6543, 90; Gutekunst/Stadtler/Dietrich/Fröba, WoGG, § 5 Rn 25; Buchsbaum/Hartmann, § 5 Rn 17

7 BVerfG 17.11.1992 – 1 BvL 8/87 Rn 95.

stimmung ausgeht. Verwandte vierten Grades sind die Großtanten und Großonkel, sowie die Großneffen und Großnichten, dh die Abkömmlinge der Geschwister der Großeltern und die Kinder der Neffen und Nichten.

Im ersten Grad verschwägert sind die Verwandten gerader Linie des Ehegatten, dh die Schwiegereltern und Schwiegerkinder und im zweiten Grad verschwägert die Verwandten des Ehegatten in der Seitenlinie, zB die Geschwister des Ehegatten. Im dritten Grad verschwägert sind die Tanten und Nichten des Ehegatten.

e) Pflegekinder eines Haushaltsmitgliedes (Nr. 5)

Im Gesetz finden sich verschiedene Definitionen des Begriffs Pflegekind. 9

Im Kindergeldrecht ist ein Pflegekind eine Person, mit der der Berechtigte durch ein familienähnliches, auf Dauer berechnetes Band verbunden ist, sofern er es nicht zu Erwerbszwecken in seinen Haushalt aufgenommen hat und ein Obhut- und Pflegeverhältnis zu den Eltern nicht mehr besteht (§ 2 Abs. 1 Nr. 2 BKKG, § 32 Abs. 1 Nr. 2 EStG).[8]

Nach der Abgabenordnung sind Pflegekinder durch ein auf längere Dauer angelegtes Pflegeverhältnis mit häuslicher Gemeinschaft wie Eltern und Kind miteinander verbunden (§ 15 Abs. 1 Nr. 8 AO, § 25 Abs. 5 Nr. 1 BAföG, § 56 Abs. 2 Nr. 2 SGB I).

Im Wohngeldrecht wird ein ähnliches Ziel wie im Kindergeldrecht verfolgt, denn es sollen jeweils nur einmal Leistungen erbracht werden. Das Kindergeld dient der Entlastung des Erziehenden und wird nur an einen Berechtigten ausbezahlt. Gibt es mehrere Kindergeldberechtigte, so erfolgt ein interner Ausgleich auf andere Weise, zB durch hälftige Anrechnung auf den Barunterhalt (§ 1612b Abs. 1 BGB). Im Wohngeldrecht soll nur für jeweils einen Berechtigten bzw für eine in den Haushalt aufgenommene Person Wohngeld geleistet werden. Wohngeld kann daher nur für ein Kind geleistet werden, zu dem dauerhaft ein Pflegeverhältnis besteht und bei dem ein (dauerhaftes) Obhuts- und Pflegeverhältnis zu den (leiblichen) Eltern nicht mehr besteht, denn dieses ist zwangsläufig mit einem längeren Aufenthalt bei den Eltern verbunden, weil die Pflege des Kindes nur im Zusammenhang mit dem Wohnen ausgeübt werden kann. Ein Obhut- und Pflegeverhältnis zu den Eltern besteht nicht dadurch, dass das Pflegekind regelmäßig, von vornherein auf einen eingeschränkten Zeitraum diese besucht und sich zB an den Wochenenden dort aufhält.[9]

In der Praxis dürfte die im Rahmen der Jugendhilfe (§§ 27 Abs. 4, 33 SGB VIII) erbrachte Vollzeitpflege in aller Regel die Voraussetzungen einer dauerhaften Inobhutnahme bei den Pflegeltern erfüllen.

8 VG Göttingen 9.9.2008 – 2 A 537/05.
9 FG Köln 17.9.2009 – 10 K 1150/07; BFH 20.6.2001 – VI R 224/98.

f) Pflegeeltern eines Haushaltsmitgliedes (Nr. 6)

10 Ist der Wohngeldberechtigte ein Pflegekind, weil zB die Pflegeeltern wegen eines Transferleistungsbezuges vom Wohngeld ausgeschlossen sind, so gehören auch die Pflegeeltern zu dem Haushalt des Pflegekindes. Hinsichtlich der Beurteilung ob ein Pflegeeltern-, oder Pflegekindverhältnis besteht, kann auf die vorherigen Ausführungen zu den Pflegekindern verwiesen werden.

g) Einstandsgemeinschaft

11 In Abs. 2 wird hinsichtlich der Einstandsgemeinschaft auf die Regelung des § 7 Abs. 3 a SGB II zur Vermutungswirkung verwiesen. Die von der Rechtsprechung der Sozialgerichte und des Bundesverfassungsgerichtes entwickelten Kriterien können bei der Auslegung des Abs. 2 herangezogen werden.[10]

Die Vermutungsregelung betrifft nur die Frage, ob eine Einstandsgemeinschaft besteht, nicht jedoch die für die Einstandsgemeinschaft erforderliche Wohn- und Wirtschaftsgemeinschaft. Im Rechtskreis der Grundsicherung für Arbeitsuchende ist nach § 7 Abs. 3 Nr. 3 Buchst. c SGB II erforderlich, dass zwischen den Personen, bei denen eine Einstandsgemeinschaft vermutet werden kann, eine Haushaltsgemeinschaft besteht. Für das Bestehen der Haushaltsgemeinschaft iSd §§ 7 Abs. 3, 9 Abs. 5 SGB II ist eine Wohn- und Wirtschaftsgemeinschaft erforderlich, dh es muss ein Wirtschaften aus einem Topf vorliegen,[11] wofür der Träger der Grundsicherung die objektive Beweislast trägt.[12] Diese Regelung kann auch für das Wohngeldrecht gelten.[13]

3. Definition der Wohngemeinschaft (Abs. 3)

12 Eine Wohngemeinschaft besteht nach Abs. 3, wenn eine Wohnung gemeinsam bewohnt wird. Die Regelung stellt auf den tatsächlichen Zustand der gemeinsamen Nutzung der Wohnung ab und nicht auf die rechtlichen Verhältnisse, wie Eigentum an der Wohnung oder eines Rechtes zum Besitz kraft eines Mietvertrages. Nach außen wird die Wohnung abgeschlossen sein (vgl. § 2 Rn 4), von einer gemeinsamen Nutzung der Wohnung kann allerdings dann nicht mehr ausgegangen werden, wenn einzelne Teile der Wohnung, dh Zimmer, den Wohnungsnutzern zur alleinigen Nutzung übertragen sind. Das betrifft insbesondere Untermietverhältnisse und Mietverhältnisse, in denen eine Wohnung zum überwiegenden Teil von der gemeinsamen Nutzung ausgenommen ist. Von einer gemeinsamen Nutzung kann nämlich gesprochen werden, wenn der überwiegende Teil der Wohnung (mehr als 50 %) als gemeinsame Wohnung genutzt wird. Eine Wohngemeinschaft ist immer dann auszuschließen, wenn ausschließlich Nebenräume gemeinschaftlich genutzt werden.

---

10 BT-Drucks. 16/8918, 47.
11 BSG 19.2.2009 – B 4 AS 68/07 R.
12 BSG 27.1.2009 – B 14 AS 6/08 R.
13 Vgl Gutekunst/Stadtler/Dietrich/Fröba, § 5 Rn 55.

Im Wohngeldrecht wird eine Wirtschaftsgemeinschaft vermutet, wenn Personen in einer Wohngemeinschaft leben. Diese Vermutungsregel könnte im Wohngeldrecht, anders als in der Grundsicherung, auch auf die Einstehensgemeinschaft angewendet werden. Eine solche Vermutung macht den Verweis auf § 7 Abs. 3a Nr. 1 SGB II überflüssig, denn hier wird ein Zusammenleben von länger als einem Jahr verlangt. Partner bzw Haushaltsmitglieder können nur in einem gemeinsamen Haushalt zusammenleben (§ 7 Abs. 3 Buchst. c SGB II), so dass die Vermutungswirkung für den Bestand einer Wirtschaftsgemeinschaft hier nicht eingreifen kann. 13

Nach dem Wortlaut des Abs. 2 muss ausdrücklich nur eine der in § 7 Abs. 3a SGB II genannten Hilfstatsachen vorliegen, damit die Vermutungswirkung greift. Auch nach dem Wortlaut des § 7 Abs. 3a SGB II ist nur eine Hilfstatsache erforderlich, aber auch ausreichend. Nach dem Urteil des Bundesverfassungsgerichtes vom 17.11.1992 zu § 137 Abs. 2a AFG (Arbeitslosenhilfe) liegt eine eheähnliche Gemeinschaft bei verfassungskonformer Auslegung der Vorschrift nur dann vor, wenn zwischen den Partnern so enge Bindungen bestehen, dass von ihnen ein gegenseitiges Einstehen in den Not- und Wechselfällen des Lebens erwartet werden kann (Verantwortungs- und Einstehensgemeinschaft).[14] Das Bundesverfassungsgericht hat in der zitierten Entscheidung ausdrücklich auf das Bestehen mehrerer Hilfstatsachen abgestellt und dabei namentlich das langjährige Zusammenleben, die Versorgung im Haushalt lebender gemeinsamer Kinder und die Befugnis, über Einkommen und Vermögensgegenstände des Partners zu verfügen, benannt. Die Rechtsprechung hat hierzu nicht explizit Stellung genommen; insbesondere liegt noch keine Entscheidung des Bundessozialgerichtes zur aktuellen Rechtslage vor. Der Gesetzgeber hat die Beweislastregel in Kenntnis der Rechtsprechung des Bundessozialgerichtes[15] zur Anwendung der Sperrzeitregelung beim Nachzug von Partnern einer eheähnlichen Gemeinschaft/nichtehelichen Lebensgemeinschaft eingeführt. Das Bundessozialgericht hat für das Vorliegen einer eheähnlichen Gemeinschaft im Lichte der Rechtsprechung des Bundesverfassungsgerichtes strenge Anforderungen an das Bestehen einer eheähnlichen Gemeinschaft gestellt und folgende Voraussetzungen aufgestellt: 14

„Eheähnlich ist eine Verbindung zweier Partner unterschiedlichen Geschlechts nur dann, wenn sie auf Dauer angelegt ist, daneben keine weitere Lebensgemeinschaft gleicher Art zulässt und sich durch innere Bindungen auszeichnet, die ein gegenseitiges Einstehen der Partner in den Not- und Wechselfällen des Lebens begründen, also über die Beziehungen einer reinen Haushalts- und Wirtschaftsgemeinschaft hinausgehen.“[16]

---

14 BVerfG 17.11.1992 – 1 BvL 8/87; dem folgend BVerwG 17.5.1995 – 5 C 16/93.
15 BSG 17.10.2002 – B 7 AL 96/00 R.
16 BSG 17.10.2002 – B 7 AL 96/00 R Rn 77; BVerwG 17.5.1995 – 5 C 16/93.

Der wechselseitige Wille, Verantwortung füreinander zu tragen ist hier nur ein Tatbestandsmerkmal, welches anhand von Indiztatsachen geprüft werden muss. Es ist zunächst anhand aller Indiztatsachen zu prüfen, ob überhaupt eine auf Dauer angelegte Partnerschaft vorliegt und daneben keine andere Lebensgemeinschaft zulässt. Dann ist in einem weiteren Schritt zu prüfen, ob eine Wohn- und Wirtschaftsgemeinschaft (Haushaltsgemeinschaft) vorliegt. Nur bei dem dritten Schritt, dem wechselseitigen Willen füreinander Verantwortung zu tragen und füreinander einzustehen, greift die gesetzliche Vermutung. Die Verwaltung und die Gerichte müssen daher die ersten beiden Tatbestandsmerkmale anhand von Hilfstatsachen prüfen und können sich auf die Tatbestandserleichterung nur hinsichtlich der inneren Tatsache, also des Willens der Partner, auf die Beweiserleichterung zurückziehen.[17]

Die Beweiserleichterung, die zudem widerlegt werden kann, wird daher bei richtiger Anwendung der Vorgaben des Bundessozialgerichtes[18] praktisch keine große Rolle spielen, so dass die Reduktion auf eine Indiztatsache beim wechselseitigen Willen den verfassungsrechtlichen Vorgaben entspricht.[19] Zusätzlich wird man an die Widerlegung der Vermutung im Hinblick auf die Vorgaben des Bundesverfassungsgerichtes keine allzu hohen Anforderungen stellen können.

Liegt daher allein ein Tatbestandsmerkmal des § 7 Abs. 3 a Nr. 1 bis 4 SGB II vor, ergibt sich hieraus noch nicht, dass eine eheähnliche Gemeinschaft vorliegt.

Beispiel:

Die Partner leben noch nicht ein Jahr in einem gemeinsamen Haushalt zusammen. Dann gilt lediglich die Vermutungsregelung für den inneren Willen nicht. Es müssen allerdings die übrigen Tatbestandsvoraussetzungen erfüllt sein.

15 Nach Abs. 3 liegt eine Wohngemeinschaft vor, wenn Personen einen Wohnraum gemeinsam bewohnen. Der Gesetzgeber stellt auf die Abgeschlossenheit des Wohnraumes ab,[20] weil ein Einzelanspruch auf Wohngeld nur für einen in gewisser Weise abgegrenzten Wohnraum bestehen kann.[21] Dies ist dann der Fall, wenn ein selbstständiger Haushalt geführt werden kann. Hiervon abzugrenzen sind Wohnverhältnisse, in denen wesentliche Teile der Wohnung zur alleinigen Nutzung der Bewohner bestimmt sind. In diesen Fällen wird in der Regel ein eigenständiger Anspruch auf Wohngeld bestehen. Die Frage, ob im Einzelfall eine Wohngemeinschaft im Sinne des Abs. 3

17 Vgl hierzu LSG Sachsen 10.9.2009 – L 7 AS 414/09 B ER; hierzu sehr instruktiv BSG 23.8.2012 – B 4 AS 34/12 R.
18 BSG 17.10.2002 – B 7 AL 96/00 R Rn 77.
19 A.A. LPK-SGB II/Brühl/Schoch, 3. Aufl., § 7 Rn 85.
20 BT-Drucks. 16/6543, 91.
21 Vgl BVerwG 14.8.1992 – 8 C 39/91.

vorliegt erfordert eine wertende Betrachtung und ist daher darauf auszurichten, in welchem Umfang in einer abgeschlossenen Wohnung Wohnräume gemeinschaftlich und zur Einzelnutzung übertragen werden.

Beispiel:

Eine „reine Wohngemeinschaft", in der jeder Bewohner sein eigenes Zimmer zur alleinigen Nutzung hat, für dieses auch einen abgrenzbaren Anteil an den Gesamtkosten trägt und in der Gemeinschaftsräume (zB Küche, Bad) gemeinsam genutzt werden, nutzt keinen „Wohnraum" gemeinsam, denn der Schwerpunkt der Wohnnutzung liegt hier auf der Nutzung des allein zugewiesenen Wohnraumes.

Die Wirtschaftsgemeinschaft liegt vor, wenn die Personen, die in dieser Gemeinschaft verbunden sind „aus einem Topf" wirtschaften.[22] Hierzu gehört insbesondere die Versorgung mit den Gegenständen des täglichen Bedarfs.

In Abs. 3 Satz 2 wird die widerlegliche Vermutung aufgestellt, dass eine Wirtschaftsgemeinschaft besteht, wenn die Personen in einer Wohngemeinschaft leben. Die Widerlegung der Vermutung erfordert den vollen Gegenbeweis, dass eine Wirtschaftsgemeinschaft nicht besteht.[23] Diese zu § 18 Nr. 4 Hs 2 WoGG in der bis zum 31.12.2008 geltenden Fassung ergangenen Rechtsprechung ist auf das WoGG 2009 anzuwenden, da die Regelung wortgleich übernommen wurde.

In Abs. 5 wird bestimmt, dass ausländische Personen, die nach § 3 Abs. 5 keinen Anspruch auf Wohngeld haben auch nicht als Haushaltsmitglieder vom Wohngeldberechtigten berücksichtigt werden und hierdurch mittelbar am Wohngeldanspruch des Berechtigten teilhaben. 16

Abs. 6 regelt die Zugehörigkeit von Kindern zum Haushalt der gemeinsam sorgeberechtigten Eltern. Hier wird eine Ausnahme von dem Grundsatz gemacht, dass eine Person nicht für mehrere Wohnungen Anspruch auf Wohngeld haben kann, bzw dass eine Person nicht den Wohngeldanspruch für mehrere Wohnungen erhöhen kann.[24] Die Eltern dürfen nicht nur vorübergehend getrennt leben. Ehegatten leben getrennt, wenn zwischen ihnen keine häusliche Gemeinschaft mehr besteht und ein Ehegatte sie erkennbar nicht herstellen will, weil er die eheliche Gemeinschaft ablehnt (§ 1567 Abs. 1 BGB). Dies ist bei getrennt lebenden geschiedenen Ehepaaren regelmäßig der Fall und betrifft auch Fälle, in denen die Eltern zu keinem Zeitpunkt zusammengelebt haben. Weiterhin werden hierdurch Kinder erfasst, deren Eltern ohne geschieden zu sein, dauernd getrennt leben (§ 1687 Abs. 1 BGB). Nach der Scheidung besteht das gemeinsame Sorgerecht der Eltern fort (§§ 1626 Abs. 1, 1626 a Abs. 1 BGB). Nur wenn die Eltern nie verheiratet waren und 17

22 BVerwG 4.11.1994 – 8 C 28/93; 24.8.1990 – 8 C 65/89.
23 BVerwG 24.8.1990 – 8 C 65/89 Rn 84.
24 BT-Drucks. 16/6543, 91.

keine Sorgeerklärung abgegeben haben, hat die Mutter die alleinige elterliche Sorge (§ 1626 a Abs. 2 BGB). Das Sorgerecht kann auf Antrag oder von Amts wegen auf einen Elternteil übertragen werden (§§ 1671 Abs. 1, 1680 Abs. 3 BGB). Das gemeinsame Sorgerecht ist ggf durch Vorlage der Urkunde über die Sorgeerklärung durch die Antragsteller nachzuweisen.

18 Die getrennt lebenden Eltern müssen zusätzlichen Wohnraum für das nicht ständig in ihren Haushalten lebende Kind bereithalten. Nicht erforderlich ist, dass ein zusätzlicher Raum für das Kind vorgehalten wird.[25] Zusätzlicher Wohnraum muss so beschaffen sein, dass ein Kind auf Dauer in die Wohnung des teilweise betreuenden Elternteils aufgenommen werden kann. Eine Wohnung des aufnehmenden Elternteiles ist hierzu ungeeignet, wenn nach der Verkehrsauffassung die Wohnung nur für eine Person oder für ein Paar geeignet ist.[26]

Beispiel:

Die Mutter des Kindes K lebt mit ihrem neuen Lebensgefährten in einer Zweizimmerwohnung, bestehend aus einem Schlaf- und Wohnzimmer. Beide Zimmer werden von allen Bewohnern genutzt.

In diesem Fall ist die Nutzung für das Kind nachdem es dem Säuglingsalter entwachsen ist wohl nicht mehr zumutbar, so dass eine dauerhafte Aufnahme nicht möglich ist. Gesonderter Wohnraum wird nicht vorgehalten.

19 Die Eltern müssen das Kind jeweils zu gleichen Teilen betreuen. Nach dem Wortlaut „... annähernd zu gleichen Teilen ...“ ist eine genaue Verteilung im Verhältnis von 50:50 nicht erforderlich, so dass nach der Literatur[27] eine Verteilung des Betreuungsumfangs zwischen den Eltern im Verhältnis von 1/3 zu 2/3 (33,33% zu 66,66%) ausreichend ist. Dem ist uneingeschränkt zuzustimmen.

20 Abs. 6 Satz 2 behandelt den Fall, dass getrennt lebende Eltern mehr als ein Kind betreuen. Werden diese Kinder nicht zu annähernd gleichen Teilen betreut, so wird nur das jeweils jüngste Kind als Haushaltsmitglied des minderbetreuenden Elternteils angerechnet, mithin des Elternteils, der die Kinder jeweils weniger als ein Drittel betreut. Auch der Elternteil, der die Kinder nur minderbetreut, muss zusätzlichen Wohnraum für die Kinder bereithalten und es müssen beide oder mehrere Kinder betreut werden. Werden mehr als zwei Kinder (minder-)betreut, so wird unabhängig von der Zahl nur ein Kind als Haushaltsmitglied angerechnet und zwar auch dann, wenn durch die Zahl der Kinder ein Betreuungsanteil von 66,66% überschritten wird. Aus der Sicht der Anspruchsberechtigten kann es daher sinnvoll sein, den Betreuungsbedarf geringfügig zu erhöhen.

25 BT-Drucks. 16/6543, 91.
26 Vgl Gutekunst/Stadtler/Dietrich/Fröba, WoGG, § 5 Rn 83.
27 Gutekunst/Stadtler/Dietrich/Fröba, WoGG, § 5 Rn 84.

Beispiel:

Die Kinder K 1 und K 2 sind von Montag bis Freitag im Haushalt der Mutter und von Samstag bis Sonntag im Haushalt des Vaters untergebracht. Das Verhältnis beträgt 5:2, so dass nur ein Kind dem Haushalt des Vaters zugerechnet wird. Erhöht er seinen Betreuungsbetrag zB dadurch, dass er die Kinder bereits freitags ab 12 Uhr in Betreuung nimmt, beträgt das Betreuungsverhältnis 4,5:2,5, so dass die Hälfte der Betreuung der Mutter erreicht ist. Durch die Änderung der Betreuung werden die Kinder nun jeweils zum Haushalt beider Eltern gezählt. Eine weitere günstige Aufteilung der Betreuung besteht darin, dass die Kinder von Freitagabend 18 Uhr bis Montagmorgen 8 Uhr bei dem Vater verbleiben. Die Betreuungszeit des Vaters beträgt dann 62 Stunden und die der Mutter 102 Stunden. Auch in diesem Fall wird ggf. für beide Kinder an beide Eltern Wohngeld geleistet.

Die Zeit des Schulbesuches und der Besuch von Kindertagesstätten bleiben bei der Berechnung unberücksichtigt.

Nach Satz 3 des Abs. 6 sind die Sätze 1 und 2 für Pflegekinder und Pflegeel- 21
tern entsprechend anzuwenden. Bei strikter Anwendung der Sätze 1 und 2 müssten die Pflegeeltern auch das gemeinsame Sorgerecht für das Kind oder die Kinder haben. Gemeinsames Sorgerecht können nur die leiblichen Eltern der Kinder haben (§§ 1626 Abs. 1 S. 1, 1626 a Abs. 1 BGB). Auf die Pflegepersonen können nur Teile der elterlichen Sorge übertragen werden (§ 1630 Abs. 1 S. 3 BGB), so dass das Erfordernis eines gemeinsamen (vollen) Sorgerechtes der Pflegeeltern nicht Inhalt der Regelung des Satz 3 sein kann. Satz 3 kann daher nicht als „Rechtsgrund", sondern nur als „Rechtsfolgenverweisung" gemeint sein. Der Begriff der Pflegeeltern ist nicht auf die institutionalisierte Pflege im Rahmen der Kinder- und Jugendhilfe beschränkt, so dass es ausreicht, wenn die Kinder berechtigt in deren Haushalt aufgenommen worden sind und dort erzogen werden. Den Pflegeeltern muss daher das Recht zur Betreuung übertragen sein.

Beispiel:

Das Kind K wird abwechselnd von den Großeltern mütterlicher- und väterlicherseits, jeweils in einem eigenen Haushalt, versorgt. In solch einem Fall ist bei etwa gleich häufiger Betreuung der Satz 1 und bei Minderbetreuung der Satz 2 anzuwenden.

§ 6 Zu berücksichtigende Haushaltsmitglieder

(1) Bei der Berechnung des Wohngeldes sind vorbehaltlich des Absatzes 2 und der §§ 7 und 8 sämtliche Haushaltsmitglieder zu berücksichtigen (zu berücksichtigende Haushaltsmitglieder).

(2) [1]Stirbt ein zu berücksichtigendes Haushaltsmitglied, ist dies für die Dauer von zwölf Monaten nach dem Sterbemonat ohne Einfluss auf die bisher maßgebende Anzahl der zu berücksichtigenden Haushaltsmitglieder. [2]Satz 1 ist nicht mehr anzuwenden, wenn nach dem Todesfall

1. die Wohnung aufgegeben wird,
2. die Zahl der zu berücksichtigenden Haushaltsmitglieder sich mindestens auf den Stand vor dem Todesfall erhöht oder
3. der auf den Verstorbenen entfallende Anteil der Kosten der Unterkunft in einer Leistung nach § 7 Abs. 1 mindestens teilweise berücksichtigt wird.

I. Entstehungsgeschichte, Allgemeines

1 Die vorstehende Norm regelt, inwieweit die nach § 5 ermittelten Haushaltsmitglieder bei der Berechnung des Wohngeldes berücksichtigt werden. In Abs. 2 wird der Sonderfall geregelt, dass ein Haushaltsmitglied während des Bezugszeitraumes verstirbt.

2 Die Regelung des Abs. 2 Satz 1 erfolgte bis zum 31.12.2008 in § 4 Abs. 4 Satz 1 WoGG. Die Regelung ist weitgehend inhaltsgleich übernommen worden. Eine wesentliche Änderung besteht darin, dass die Übergangszeit nach dem Tod des Haushaltsmitgliedes von 24 auf zwölf Monate reduziert wurde. Satz 2 des Abs. 2 wurde in den Nr. 1 und 2 aus der bis zum 31.12.2008 geltenden Regelung übernommen und die Nr. 3 wurde neu angefügt.

II. Erläuterungen

3 Abs. 1 regelt, dass grundsätzlich alle in § 5 erfassten Haushaltsmitglieder zu berücksichtigen sind. In §§ 7, 8 werden demgegenüber die Haushaltsmitglieder, die nicht zu berücksichtigen sind, aufgeführt. Haushaltsmitglieder sind die Personen, die mit dem Wohngeldberechtigten den Wohnraum gemeinsam bewohnen und mit ihm in einer Wirtschaftsgemeinschaft zusammenleben (siehe § 5 Rn 15).

4 Nach Abs. 2 wird ein Haushaltsmitglied zwölf Monate nach seinem Tod noch weiterhin als solches angerechnet. Damit soll – ähnlich wie bei der Suchfrist nach § 22 Abs. 1 Satz 3 SGB II – dem Wohngeldberechtigten die Möglichkeit gegeben werden seine Wohnsituation innerhalb einer angemessenen Frist von zwölf Monaten an die geänderte familiäre Situation anzupassen. Allein aufgrund der mietvertraglichen Kündigungsfrist von drei Monaten (§ 573c Abs. 1 S. 1 BGB) ist die „Anpassungsfähigkeit" des Mieters einer Wohnung begrenzt. Das Gleiche gilt im verstärkten Maße für Bezieher von Wohngeld als Lastenzuschuss, denn Wohneigentum lässt sich in der Regel noch schlechter als gemieteter Wohnraum an die geänderten Lebensverhältnisse anpassen. Ein Anspruch auf die Todesfallvergünstigung besteht un-

abhängig von dem zwölfmonatigen Bewilligungszeitraum (§ 27 Abs. 1). Das Haushaltsmitglied muss daher nicht zum Zeitpunkt der Antragstellung noch leben. Die Todesfallvergünstigung bleibt auf die Zeit von zwölf Monaten nach dem Tod beschränkt, so dass der Bewilligungsbescheid für unterschiedliche Zeiträume eine unterschiedliche Höhe aufweist. Da es sich bei der Todesfallvergünstigung um eine nach den allgemeinen Auslegungsgrundsätzen eng auszulegende Ausnahmevorschrift handelt, ist eine entsprechende Anwendung auf Personen, die anderweitig aus der Haushaltsgemeinschaft ausgeschieden sind, nicht anzuwenden.[1]

Der Zweck der Todesfallvergünstigung, dem Wohngeldberechtigten eine 5
Zeit der Anpassung zuzubilligen, kann später wegfallen, weil die typische „Anpassungssituation" entfällt. Das Gesetz sieht deshalb in Abs. 2 Satz 2 abschließende Ausnahmen von der Ausnahme vor. Bei Aufgabe der Wohnung wird Wohngeld nur noch für die tatsächliche Personenzahl gewährt. Diese Regelung präzisiert lediglich den Grundsatz, dass Wohngeld nur für einen Wohnraum geleistet wird. Da die Regelung nach Satz 1 nur die Nachteile aus dem Todesfall ausgleichen soll, sollen andererseits keine Vorteile dadurch erwachsen, dass die Nachteile durch Aufnahme einer Ersatzperson in den Haushalt kompensiert werden (Satz 2 Nr. 2).

Des Weiteren ist die Todesfallvergünstigung ausgeschlossen, wenn ein nach 6
dem Todesfall in den Haushalt aufgenommenes Haushaltsmitglied wegen des Bezugs von Leistungen der Grundsicherung oder ersetzenden Leistungen nach § 7 Abs. 1 Satz 1 vom Wohngeldbezug ausgeschlossen ist. Bei diesen Personen müssen Leistungen zur Sicherung der Unterkunft wenigstens teilweise erbracht werden. Bei Empfängern von Grundsicherungsleistungen nach dem SGB II und SGB XII werden die angemessenen Kosten der Unterkunft in voller Höhe übernommen (§ 22 Abs. 1 Satz 1 SGB II, § 35 Abs. 1 Satz 1 SGB XII). Der Hilfebedürftige erhält allerdings nur den auf ihn entfallenden Teil der Unterkunftskosten, dh diese Kosten werden – unabhängig von ihrem konkreten Wohnbedarf – durch die Anzahl der Personen, die gemeinsam eine Wohnung bewohnen geteilt.[2] Zu einer „Unterdeckung" kann es bei dem vom Wohngeld ausgeschlossenen Hilfebedürftigen nur dann kommen, wenn die anteiligen Wohnkosten von dem jeweiligen Träger der Grundsicherung als unangemessen bewertet und daher nur anteilig übernommen werden. Diese „Unterdeckung" ist auch zulasten der Wohngeldberechtigten hinnehmbar, weil dem verfassungsrechtlichen Anspruch auf Existenzsicherung (Art. 1 Abs. 1, 20 Abs. 1 GG) mit der Übernahme angemessener Wohnkosten genügt wird.

1 So auch Gutekunst/Stadtler/Dietrich/Fröba, WoGG, § 6 Rn 11.
2 BSG 31.10.2007 – B 14/11 b AS 7/07 R zur Grundsicherung der Arbeitsuchenden; BVerwG 21.1.1988 – 5 C 68/85 zur Sozialhilfe.

§ 7 Ausschluss vom Wohngeld

(1) [1]Vom Wohngeld ausgeschlossen sind Empfänger und Empfängerinnen von

1. Arbeitslosengeld II und Sozialgeld nach dem Zweiten Buch Sozialgesetzbuch, auch in den Fällen des § 25 des Zweiten Buches Sozialgesetzbuch,
2. Zuschüssen nach § 27 Absatz 3 des Zweiten Buches Sozialgesetzbuch,
3. Übergangsgeld in Höhe des Betrages des Arbeitslosengeldes II nach § 21 Abs. 4 Satz 1 des Sechsten Buches Sozialgesetzbuch,
4. Verletztengeld in Höhe des Betrages des Arbeitslosengeldes II nach § 47 Abs. 2 des Siebten Buches Sozialgesetzbuch,
5. Grundsicherung im Alter und bei Erwerbsminderung nach dem Zwölften Buch Sozialgesetzbuch,
6. Hilfe zum Lebensunterhalt nach dem Zwölften Buch Sozialgesetzbuch,
7. a) ergänzender Hilfe zum Lebensunterhalt oder
   b) anderen Hilfen in einer stationären Einrichtung, die den Lebensunterhalt umfassen,

   nach dem Bundesversorgungsgesetz oder nach einem Gesetz, das dieses für anwendbar erklärt,
8. Leistungen in besonderen Fällen und Grundleistungen nach dem Asylbewerberleistungsgesetz oder
9. Leistungen nach dem Achten Buch Sozialgesetzbuch in Haushalten, zu denen ausschließlich Personen gehören, die diese Leistungen empfangen,

wenn bei deren Berechnung Kosten der Unterkunft berücksichtigt worden sind (Leistungen). [2]Der Ausschluss besteht in den Fällen des Satzes 1 Nr. 3 und 4, wenn bei der Berechnung des Arbeitslosengeldes II Kosten der Unterkunft berücksichtigt worden sind. [3]Der Ausschluss besteht nicht, wenn

1. die Leistungen nach den Sätzen 1 und 2 ausschließlich als Darlehen gewährt werden oder
2. durch Wohngeld die Hilfebedürftigkeit im Sinne des § 9 des Zweiten Buches Sozialgesetzbuch, des § 19 Abs. 1 und 2 des Zwölften Buches Sozialgesetzbuch oder des § 27 a des Bundesversorgungsgesetzes vermieden oder beseitigt werden kann und

   a) die Leistungen nach Satz 1 Nr. 1 bis 7 während der Dauer des Verwaltungsverfahrens zur Feststellung von Grund und Höhe dieser Leistungen noch nicht erbracht worden sind oder
   b) der zuständige Träger eine der in Satz 1 Nr. 1 bis 7 genannten Leistungen als nachrangig verpflichteter Leistungsträger nach § 104 des Zehnten Buches Sozialgesetzbuch erbringt.

(2) [1]Ausgeschlossen sind auch Haushaltsmitglieder, die in

1. § 7 Abs. 3 des Zweiten Buches Sozialgesetzbuch, auch in den Fällen des Übergangs- oder Verletztengeldes nach Absatz 1 Satz 1 Nr. 3 und 4 bei der Berechnung des Arbeitslosengeldes II,
2. § 19 Abs. 1 und 4 sowie den §§ 20 und 43 Abs. 1 des Zwölften Buches Sozialgesetzbuch,
3. § 27 a Satz 2 des Bundesversorgungsgesetzes in Verbindung mit § 19 Abs. 1 des Zwölften Buches Sozialgesetzbuch oder
4. § 1 Abs. 1 Nr. 6 des Asylbewerberleistungsgesetzes

genannt und bei der gemeinsamen Ermittlung ihres Bedarfs oder nach § 43 Abs. 1 des Zwölften Buches Sozialgesetzbuch bei der Ermittlung der Leistung nach Absatz 1 Satz 1 Nr. 5 berücksichtigt worden sind. [2]Der Ausschluss besteht nicht, wenn

1. die Leistungen nach Absatz 1 Satz 1 und 2 ausschließlich als Darlehen gewährt werden oder
2. die Voraussetzungen des Absatzes 1 Satz 3 Nr. 2 vorliegen.

(3) Ausgeschlossen sind auch Haushaltsmitglieder, deren Leistungen nach Absatz 1 auf Grund einer Sanktion vollständig weggefallen sind.

I. Entstehungsgeschichte, Allgemeines

Bis zum 31.12.2004 hatten auch Empfänger von Hilfe zum Lebensunterhalt unabhängig von ihrem Anspruch auf Übernahme der angemessenen Kosten der Unterkunft einen Anspruch auf Wohngeld.[1] Erst durch das vierte Gesetz für moderne Dienstleistungen am Arbeitsmarkt wurden die Empfänger von Leistungen der Grundsicherung (Transferleistungsempfänger) vom Wohngeldbezug ausgenommen.[2] 1

1 BGBl. I 2002, 474 idF der Änderung des Vierten Gesetzes für moderne Dienstleistungen am Arbeitsmarkt „Hartz IV“ v. 24.12.2003, BGBl. I, 2954; Änderungen nur bis zum 20.12.2004.

2 Die Ausnahmen wurden ursprünglich in § 1 Abs. 2 WoGG 2002 geregelt, vgl. BGBl. I 2003, 2954 Rn 113.

II. Erläuterungen

1. Ausschlusstatbestände

2 Bezieher von Arbeitslosengeld II oder Sozialgeld nach dem SGB II haben nach §§ 19, 22, 23 SGB II einen Anspruch auf Übernahme der angemessenen Kosten der Unterkunft und Heizung einschließlich der ggf in den Unterkunftskosten enthaltenen Kosten der Warmwasserbereitung. Da der Ausschluss vom Wohngeld den Anspruch auf Sicherung des Existenzminimums nicht berührt, ist dieser Ausschluss aus Gründen der Verwaltungsvereinfachung gerechtfertigt. Der Ausschluss von Wohngeld tritt nicht nur ein, wenn an den Leistungsberechtigten nach dem SGB II der Regelbedarf und die Kosten der Unterkunft gezahlt werden, denn zum Arbeitslosengeld II gehören neben den Regelleistungen nach § 20 SGB II auch die Leistungen für Mehrbedarfe bei Lebensunterhalt (§ 21 SGB II), dh für werdende Mütter, Alleinerziehende, bei Ernährungsmehrbedarf und bei Beziehern von Sozialgeld zB der Mehrbedarf für Behinderte (§ 23 Abs. 1 Nr. 4 SGB II). Das Gleiche gilt, wenn der Leistungsträger nach dem SGB II vorläufige Leistungen auf das Übergangsgeld bei einer Rehabilitationsleistung nach § 21 Abs. 4 Satz 1, 1. Halbsatz SGB VI oder Verletztengeld nach dem SGB VII leistet (§ 25 SGB II). Auch im letzten Fall werden Leistungen für Unterkunft und Heizung erbracht (§ 22 Abs. 1 SGB II).

3 Abs. 1 Nr. 2 betrifft in erster Linie Auszubildende, die Berufsausbildungsbeihilfe, Ausbildungsgeld nach dem SGB III oder Leistungen nach dem Bundesausbildungsförderungsgesetz beziehen. Sofern diese Personen aufgrund ihrer Bedarfssituation einen Anspruch auf einen Zuschuss zu den Kosten für Unterkunft und Heizung aus § 27 Abs. 3 SGB II haben, sind sie ebenfalls vom Wohngeld ausgeschlossen. Konkret bezieht sich dieser Ausschluss vor allem auf Studenten, die bei ihren Eltern wohnen (§ 13 Abs. 1, 2 Nr. 1 BAföG), und Auszubildende, die nicht bei ihren Eltern wohnen. Ausgenommen hiervon sind wiederum Bezieher von Mini-BAföG oder Mini-Berufsausbildungsbeihilfe. Dieser Personenkreis kann allerdings dann vom Wohngeldbezug ausgenommen sein, wenn er Leistungen zum Unterhalt nach dem SGB II erhält (§ 7 Abs. 6 SGB II).Bezieher von Mini-BAföG, die in § 7 Abs. 6 Nr. 2 SGB II erfasst werden, gehören nicht zu den Auszubildenden nach § 27 Abs. 1 Satz 1 SGB II, weil diese Regelung nur auf die in § 7 Abs. 5 SGB II und nicht auf die § 7 Abs. 6 SGB II genannten Auszubildenden verweist.

4 In den Nr. 3 und 4 des Abs. 1 sind die Empfänger von Übergangsgeld und Verletztengeld aufgeführt, die ihre Leistungen nach § 25 SGB II nur vorläufig vom Träger der Existenzsicherungsleistungen erhalten.

- Personen, die unmittelbar vor ihrer Arbeitsunfähigkeit oder einer medizinischen Rehabilitationsmaßnahme Leistungen nach dem SGB II bezogen haben, erhalten Übergangsgeld in Höhe der Leistungen nach dem SGB II (§ 21 Abs. 4 Satz 1, 2. Halbsatz SGB VI).

- Verletztengeld ist die von der Berufsgenossenschaft ausgezahlte Lohnersatzleistung die bei Arbeitsunfähigkeit aufgrund eines Arbeitsunfalls geleistet wird (§ 45 Abs. 1 SGB VII). Unfallversicherte, die Arbeitslosengeld II erhalten haben, erhalten ebenfalls Verletztengeld in Höhe der Leistungen nach dem SGB II (§ 47 Abs. 2 S. 2 SGB VII).

Da in beiden Fällen die Kosten der Unterkunft bereits bei der Berechnung der Sozialleistung in angemessenen Umfang berücksichtigt wurden, hätte die Leistung von Wohngeld zur Folge, dass ein Bedarf mehrfach erfüllt wird. Bezieher dieser Leistungen sind daher ausdrücklich ausgenommen.

Ebenso wie die Bezieher von Leistungen nach dem SGB II sind auch Bezieher 5
von Leistungen zum Lebensunterhalt nach dem SGB XII, einschließlich der Grundsicherung im Alter und bei voller Erwerbsminderung, sowie Bezieher von Leistungen in besonderen Fällen und von Grundleistungen nach dem Asylbewerberleistungsgesetz vom Wohngeldbezug ausgeschlossen.

Bezieher von Leistungen nach dem Bundesversorgungsgesetz (BVG) sind nicht wohngeldberechtigt, wenn sie neben den Unterhaltsleistungen nach dem BVG ergänzende Hilfe zum Lebensunterhalt in entsprechender Anwendung des SGB XII (vgl § 27a BVG) oder Hilfe in einer stationären Einrichtung erhalten, zB Hilfe zur Pflege in einer vollstationären Einrichtung (§ 26c Abs. 2 S. 1 BVG). Ebenfalls ausgeschlossen sind Bezieher von Leistungen in denen das BVG entsprechend anzuwenden ist. Das sind zB das Opferentschädigungsgesetz (§ 1 Abs. 1 OEG) und die Entschädigung bei einem Impfschaden nach § 60 Abs. 1 Infektionsschutzgesetz.

Asylbewerber und andere Personen, die Leistungen nach dem Asylbewerberleistungsgesetz erhalten, sind vom Wohngeld ausgeschlossen. Das Asylbewerberleistungsgesetz unterscheidet zwei Formen der Leistungen: Die Grundleistungen (§ 3 AsylbLG) und die Leistungen in besonderen Fällen (§ 2 AsylbLG). Die Leistungen in besonderen Fällen entsprechenden Leistungen für den Regelbedarf und den Leistungen für Unterkunft und Heizung nach dem SGB XII (§ 27a Abs. 1 SGB XII), die Grundleistungen sind gegenüber den Leistungen nach dem SGB XII herabsetzt und umfassen nur den notwendigsten Lebensbedarf, der allerdings wegen des Rechtes auf eine menschenwürdiges Existenzminimum evident unzureichend ist.[3]

Vom Wohngeld sind auch Personen ausgeschlossen, die Leistungen nach 6
dem Kinder- und Jugendhilfegesetz (SGB VIII) beziehen, sofern alle anderen Angehörigen des betreffenden Haushaltes Leistungen nach dem SGB VIII erhalten. Hier ist insbesondere an die Unterbringung in einem Erziehungsheim oder einer sonstigen betreuten Wohnform zu denken (§§ 34, 39 Abs. 1 SGB VIII).

3 BVerfG, 18.07.2012 – 1 Bvl 10/10, 1 BvL 2/11 mit Übergangsregelung.

7 Bei der Berechnung der Leistungen nach Abs. 1 Satz 1 müssen die Kosten der Unterkunft berücksichtigt worden sein. Bei den genannten Leistungen ist dies regelmäßig der Fall, denn die Leistungen umfassen in der Regel den gesamten Lebensbedarf, mithin auch die Kosten der Unterkunft und Heizung.

8 Satz 2 behandelt den Fall, dass während des Bezuges von Arbeitslosengeld II die Kosten der Unterkunft berücksichtigt wurden. Wurden keine Kosten der Unterkunft berücksichtigt, etwa weil der Leistungsberechtigte, ohne Mitglied einer Bedarfsgemeinschaft zu sein, mit anderen Personen in einer Haushaltsgemeinschaft nach § 9 Abs. 5 SGB II lebt und keinen eigenen Betrag zu den Unterkunftskosten leisten muss, kann ein Anspruch auf Wohngeld alleine oder zusammen mit dem ausgeschlossenen Mitglied der Bedarfsgemeinschaft bestehen.

Beispiel:

Der 26 Jahre alte K lebt bei seiner Mutter und bezieht die Regelleistungen in Höhe von 364 EUR nach § 20 Abs. 2 SGB II. Bei der Ausübung eines Mini-Jobs erleidet er einen Arbeitsunfall. Während des Verletztengeldbezuges bezieht er eine eigene Wohnung. In diesem Fall kann der K neben dem Verletztengeld von der Berufsgenossenschaft einen Anspruch auf Wohngeld haben, weil bei der Berechnung von Leistungen nach dem SGB II keine Kosten der Unterkunft berücksichtigt wurden.

2. Ausnahmen vom Leistungsausschluss

9 Satz 3 bestimmt die Ausnahmen vom Leistungsausschluss.

a) Transferleistungen nach dem SGB II und XII als Darlehen

10 Werden die Leistungen nach den Sätzen 1 und 2 ausschließlich als Darlehen gewährt, erhält der Hilfebedürftige also zB Arbeitslosengeld II, Sozialgeld, Grundsicherung oder Sozialhilfe als Darlehen (§ 24 Abs. 1, 4 und 5 SGB II; §§ 37 Abs. 1, 38 Abs. 1 SGB XII), so kann daneben Wohngeld gewährt werden. Denn das Darlehen dient nur zur Überbrückung einer vorübergehenden Notlage bis zu dem Zeitpunkt in dem ein der Verwertung unterliegender Vermögensgegenstand „versilbert“ wird. Diese Regelung trägt dem Umstand Rechnung, dass der Hilfebedürftige zwar auf der einen Seite nach den § 12 SGB II und § 86 SGB XII grundsätzlich dazu verpflichtet ist, ein eventuell vorhandenes Vermögen zur Bedarfsdeckung zu verwerten, während § 21 Nr. 3 auf der anderen Seite bestimmt, dass die Inanspruchnahme von Wohngeld nur bei erheblichem Vermögen missbräuchlich ist. Da der Anspruch auf Wohngeld nicht rückwirkend – etwa bei Fälligkeit des Darlehens – geltend gemacht werden kann, ist es angemessen, die betroffenen Personen von vorne herein nicht von den Leistungen auszuschließen.

b) „BAföG-Empfänger“ im Härtefall und Wohngeld

11 BAföG-Empfänger sind nach § 7 Abs. 5 SGB II an und für sich von den Leistungen nach dem SGB II ausgeschlossen. Bei Überschreiten der Förderungs-

höchstdauer können sie aber in Härtefällen einen Anspruch auf Unterhaltsleistungen nach § 27 Abs. 4 SGB II haben. Da auch diese Leistungen als Darlehen gewährt werden, sind die Empfänger nicht vom Bezug von Wohngeld ausgeschlossen.[4]

c) Anspruchskonkurrenz und Nachrang der Transferleistungen

In § 7 Abs. 1 S. 3 Nr. 2 wird der Fall geregelt, dass sowohl ein Anspruch auf Leistungen nach dem WoGG als auch nach SGB II, SGB XII oder dem BVG besteht. Wegen des Ausschlusses nach Satz 1 und 2 kann der Anspruch auf Wohngeld an und für sich nicht geltend gemacht werden. Dies gilt aber dann nicht, wenn durch den Bezug von Wohngeld und ggf weiteren Leistungen, wie zB dem Kinderzuschlag nach § 6 a BKKG, die für die Leistungsgewährung nach SGB II, SGB XII oder dem BVG erforderliche Hilfebedürftigkeit anfänglich oder nachträglich entfällt. Ein Anspruch auf Wohngeld besteht daher dann, wenn 12

- die Hilfebedürftigkeit im Sinne von § 9 SGB II, § 19 Abs. 1, 2 SGB XII, § 27 a BVG vermieden werden kann **und**
- die Leistung nach S. 1 Nr. 1 bis 7 noch nicht beschieden und erbracht wurde **oder**
- der Träger der Leistungen nach S. 1 Nr. 1 bis 7 trotz des Vorrangs der Leistungen nach dem WoGG Leistungen erbracht hat und der Träger nach dem WoGG zur Erstattung verpflichtet ist (§ 104 SGB X). Die Empfänger von Leistungen der Grundsicherung können daher, sobald unter Hinzurechnung des Wohngeldes keine Hilfebedürftigkeit in der Grundsicherung mehr besteht, in den Wohngeldbezug überwechseln.

d) Konkurrenz während des Antragsverfahrens

Das WoGG differenziert nochmals zwischen der Zeit des Antragsverfahrens und der Zeit des eigentlichen Leistungsbezuges: In Buchst. a wird die Zeit während Stellung des Antrags auf Leistungen nach dem SGB II, SGB XII und BVG behandelt. Dabei ist zu beachten, dass nach § 8 Abs. 1 Satz 1 bereits die Antragstellung zum Ausschluss von Leistungen nach dem WoGG führt.[5] 13

e) Konkurrenz während des Bezugs von Transferleistungen

Durch die Regelung in Buchst. b wird während des laufenden Leistungsbezuges ein Übergang in den Wohngeldbezug ermöglicht, wenn hierdurch die Hilfebedürftigkeit vermieden werden kann.[6] Die Rückabwicklung des „Vorleistungsverhältnisses“ erfolgt nach § 104 SGB X ohne Beteiligung des Leistungsempfängers. Allerdings ändert diese Regelung nichts daran, dass Wohngeld erst ab dem Monat der Antragstellung geleistet wird (vgl § 25 Abs. 2). Ein rückwirkender Wechsel ist also ausgeschlossen. 14

4 Zur besonderen Härte vgl. BSG, 1.7.2009 – B 4 AS 67/08 R, info also 2009, 231
5 Vgl BT-Drucks. 16/10812, 8.
6 Vgl BT-Drucks. 16/10812, 8 Rn 115.

f) Ausschluss einzelner Haushaltsmitglieder

15 Abs. 2 regelt in Satz 1 den Ausschluss einzelner Haushaltsmitglieder vom Wohngeldbezug und in Satz 2 wiederum die Ausnahmen hiervon. In Nr. 1 sind die Mitglieder der Bedarfsgemeinschaft (§ 7 Abs. 3 SGB II) genannt, die bei der Ermittlung des Bedarfs nach dem SGB II (§§ 19 ff SGB II) berücksichtigt worden sind. Diese Mitglieder der Bedarfsgemeinschaft dürfen selbst keinen Anspruch auf Leistungen nach dem SGB II haben.

Beispiel:

Die B ist Studentin und hat wegen Überschreitung der Förderungshöchstdauer keinen Anspruch auf Leistungen nach dem BAföG (§§ 15 Abs. 1, 15 a Abs. 1 BAföG). Sie lebt mit ihren beiden Kindern in einer Bedarfsgemeinschaft (§ 7 Abs. 3 Nr. 2 SGB II). Sie hat jedoch keinen Anspruch auf Leistungen nach dem SGB II, weil sie sich in einer Ausbildung (Studium) befindet, die dem Grund nach förderfähig nach dem BAföG ist (§ 7 Abs. 5 SGB II).

16 Das Gleiche trifft bei Personen zu, die statt der Leistungen nach dem SGB II Übergangsgeld oder Verletztengeld unter Berücksichtigung und in Höhe der Leistungen nach dem SGB II erhalten (§ 21 Abs. 4, 2. Hs SGB VI, § 47 Abs. 2 Satz 2 SGB VII).

17 Personen, die nach dem Recht der Sozialhilfe oder der Grundsicherung im Alter und bei voller Erwerbsminderung selbst keinen Anspruch auf Leistungen zum Lebensunterhalt nach dem SGB XII haben, haben wie Mitglieder einer Bedarfsgemeinschaft (§ 7 Abs. 3 SGB II) keinen Anspruch auf Wohngeld. Hierzu zählen die Ehegatten, Lebenspartner, die eheähnlichen Partner und die minderjährigen unverheirateten Kinder, die mit ihren Eltern in einem Haushalt leben (§§ 19 Abs. 1, 20 SGB X), sowie Schwangere, die bei ihren Eltern oder einem Elternteil leben (§ 19 Abs. 4 SGB XII). Darüber hinaus zählen Partner von Grundsicherungsempfängern (§ 43 Abs. 1 SGB XII) zu dieser Gruppe. Alle diese Personen müssen bei der Ermittlung des Bedarfes der Anspruchsberechtigten in der Sozialhilfe oder Grundsicherung im Alter und bei voller Erwerbsminderung berücksichtigt worden sein, ohne dass sie selbst einen eigenen Anspruch auf diese Leistung haben.

18 In den Nr. 3 und 4 des Abs. 2 Satz 1 sind noch diejenigen Haushaltsmitglieder aufgeführt, die in einem Haushalt von Empfängern sozialhilfeähnlicher Leistungen nach dem Bundesversorgungsgesetz oder dem Asylbewerberleistungsgesetz leben. Für diesen Personenkreis gilt das Gleiche wie bei den vorbenannten.

3. Ausnahmen vom Ausschluss bei Haushaltsangehörigen

19 In Abs. 2 Satz 2 wird für den in Abs. 1 Satz 1 genannten Personenkreis klargestellt, dass der Ausschluss von Wohngeld dann nicht erfolgt, wenn der Leistungsberechtigte die Transferleistung/Grundsicherungsleistung nur als Darlehen erhält oder die Hilfebedürftigkeit des Leistungsempfängers hin-

sichtlich der Grundsicherungsleistungen während des Antragsverfahrens oder später vermieden werden kann.

4. Ausschluss bei einer Sanktion

In Abs. 3 ist geregelt, dass sanktionierte Empfänger von Grundsicherungs-/ 20
Transferleistungen, insbesondere, wenn sie aufgrund der Sanktion keinerlei Leistungen mehr beziehen, ebenfalls vom Wohngeldbezug ausgeschlossen sind. Mit dieser Regelung soll vermieden werden, dass zB nach § 31 SGB II mit einer Sanktion belegte Leistungsempfänger auf den Wohngeldbezug ausweichen.

§ 8 Dauer des Ausschlusses vom Wohngeld und Verzicht auf Leistungen

(1) [1]Der Ausschluss vom Wohngeld besteht vorbehaltlich des § 7 Abs. 1 Satz 3 Nr. 2 und Abs. 2 Satz 2 Nr. 2 für die Dauer des Verwaltungsverfahrens zur Feststellung von Grund und Höhe der Leistungen nach § 7 Abs. 1. [2]Der Ausschluss besteht vorbehaltlich des § 7 Abs. 1 Satz 3 Nr. 2 und Abs. 2 Satz 2 Nr. 2

1. nach der Antragstellung auf eine Leistung nach § 7 Abs. 1 ab dem Ersten
   a) des Monats, für den der Antrag gestellt worden ist, oder
   b) des nächsten Monats, wenn die Leistung nach § 7 Abs. 1 nicht vom Ersten eines Monats an beantragt wird,
2. nach der Bewilligung einer Leistung nach § 7 Abs. 1 ab dem Ersten
   a) des Monats, für den die Leistung nach § 7 Abs. 1 bewilligt wird, oder
   b) des nächsten Monats, wenn die Leistung nach § 7 Abs. 1 nicht vom Ersten eines Monats an bewilligt wird,
3. bis zum Letzten
   a) des Monats, wenn die Leistung nach § 7 Abs. 1 bis zum Letzten eines Monats bewilligt wird, oder
   b) des Vormonats, wenn die Leistung nach § 7 Abs. 1 nicht bis zum Letzten eines Monats bewilligt wird.

[3]Der Ausschluss gilt für den Zeitraum als nicht erfolgt, für den der Antrag auf eine Leistung nach § 7 Abs. 1 zurückgenommen, die Leistung nach § 7 Abs. 1 abgelehnt, versagt, entzogen oder ausschließlich als Darlehen gewährt wird.

(2) Verzichten Haushaltsmitglieder auf die Leistungen nach § 7 Abs. 1, um Wohngeld zu beantragen, gilt ihr Ausschluss vom Zeitpunkt der Wirkung des Verzichts an als nicht erfolgt; § 46 Abs. 2 des Ersten Buches Sozialgesetzbuch ist in diesem Fall nicht anzuwenden.

I. Entstehungsgeschichte, Allgemeines

1 § 8 ist seit dem 1.1.2009 in der Fassung des ersten Gesetzes zur Änderung des Wohngeldgesetzes[1] in der derzeitigen Form in Kraft. Die Regelung ersetzt in seinem Abs. 1 den bisherigen § 1 Abs. 2 Satz 5 und 6 WoGG a.F. und in seinem Abs. 2 den bisherigen § 1 Abs. 5 WoGG a.F.

II. Erläuterungen

1. Ausschluss während des Verfahrens auf Grundsicherungsleistungen/ Transferleistungen

2 Bereits während des Verwaltungsverfahrens auf Bewilligung von Transferleistungen, wie zB der Grundsicherung für Arbeitsuchende oder Sozialhilfe, besteht kein Anspruch auf Wohngeld. Das Verwaltungsverfahren entfaltet gegenüber dem Wohngeldanspruch eine Sperrwirkung und ist eine von Amts wegen zu beachtende rechtsvernichtende Einwendung. Eine Ausnahme besteht nur für den Fall des § 7 Abs. 1 Satz 3 Nr. 2 Buchstabe a, wenn die Transferleistung während der Dauer des Verwaltungsverfahrens hinsichtlich Grund und Höhe noch nicht festgestellt wurde und (Transfer-)Leistungen noch nicht erbracht wurden.

2. Beginn und Ende des Wohngeldausschlusses im Verwaltungsverfahren

3 Nach Abs. 1 Satz 2 Nr. 1 und Nr. 2 bestimmt sich der Beginn des Ausschlusses des Anspruchs auf Wohngeld. Die Regelung trägt dem Umstand Rechnung, dass die Grundsicherungsleistungen taggenau gewährt werden (vgl § 41 Abs. 1 Satz 1 SGB II, §§ 40 Abs. 1, 41 SGB I iVm §§ 19 Abs. 1, 41 Abs. 1 SGB XII). Demgegenüber wird das Wohngeld grundsätzlich immer für den vollen Monat gewährt, denn der Bewilligungszeitraum beginnt grundsätzlich am ersten des Monats, in dem der Wohngeldantrag gestellt wird (§ 25 Abs. 1 Satz 1).

Beispiel:

Der Hilfebedürftige H beantragt Leistungen nach dem SGB II oder nach dem WoGG am 15.3.2010. Die Leistungen für Unterkunft und Heizung werden dem H ab dem 15.3. gewährt (§§ 37 Abs. 1, 41 Abs. 1 S. 1 SGB II). Wird am 15.3 ein Antrag auf Wohngeld gestellt, so erfolgt die Leistungsbewilligung für den gesamten Monat März, denn dies ist der Bewilligungszeitraum (§ 25 Abs. 2 Satz 1).

1 BGBl. I 2008, 2963.

§ 8 Abs. 1 Satz 1 Nr. 1 Buchstabe a regelt den Ausschluss der Leistung von Wohngeld ab dem ersten des Monats, wenn der Antrag auf Transfer-/Grundsicherungsleistungen ab dem ersten des Monats gestellt wurde und Buchst. b, den Fall wenn die Leistung erst für den nächsten Monat beantragt wird. 4

Der unter Buchstabe b geregelte Fall berücksichtigt zwei Konstellationen. 5
Zum einen den Fall, dass der Transferleistungsempfänger seinen Leistungsantrag auf Leistungen ab dem Folgemonat stellt. Der Leistungsträger ist an den Antrag gebunden und darf nicht darüber hinaus Feststellungen oder Regelungen treffen (§ 18 Satz 2 Nr. 2 SGB X).

Der zweite Fall tritt ein, wenn der Hilfebedürftige auf die Transferleistung für den laufenden Monat nach Antragstellung verzichtet (§ 8 Abs. 2).

In Satz 2 Nr. 2 werden die Fälle behandelt, in denen die Bewilligung der 6
Transferleistung ab dem ersten des Monats (Buchst. a) oder im laufenden Monat (Buchst. b) erfolgt. Wird die Transferleistung ab dem Monatsersten bewilligt, so ist der Anspruch auf Wohngeld für diesen Monat ausgeschlossen. Bei Bewilligung der Transferleistung nach dem Monatsersten, dh. im laufenden Monat, beginnt der Ausschluss des Wohngeldes erst ab dem Folgemonat. Diese Regelung soll dem Hilfebedürftigen ermöglichen, für den Teil des Monats Wohngeld zu erhalten für den ihm keine Transferleistungen bewilligt wurden.

Da der Anspruch auf Wohngeld für den laufenden Monat, in dem die Trans- 7
ferleistung nur teilweise gewährt wird, nicht ausgeschlossen ist, können Wohngeld und die Transferleistung nebeneinander gewährt werden. Dabei ist zu unterscheiden, ob das Wohngeld den Bedarf des Hilfebedürftigen mindert oder als Einkommen angerechnet wird. Wohngeld ist grundsätzlich als Einkommen anzurechnen (§ 11 Abs. 1 SGB II, § 82 Abs. 1 S. 1 SGB XII). Einkommen ist nach der im Sozialhilferecht geltenden **modifizierten Zuflußtheorie** vom Vermögen zu unterscheiden.[2] Danach ist alles das, was im Bedarfszeitraum tatsächlich zufließt als Einkommen, und was vorhanden ist, als Vermögen anzusehen, es sei denn das Recht bestimmt etwas anderes. Bei Sozialhilfeleistungen, die nur auf Antrag gewährt werden, wie das Arbeitslosengeld II oder die Grundsicherung im Alter und bei voller Erwerbsminderung, kommt es auf den Zeitpunkt an, in dem der Antrag gestellt wird.[3]

Abs. 1 Satz 2 Nr. 3 Buchst. a und b regeln das Ende des Leistungsausschlus- 8
ses bei Bewilligung von Transferleistungen. Wenn der Bewilligungszeitraum für die Transferleistung bis zum letzten Tag des Monats reicht, endet der Ausschluss des Wohngeldes ebenfalls zum Ende des Monats. Sofern der Bewilligungszeitraum vor dem Letzten des Monats abläuft, endet der Ausschluss mit dem Ende des Vormonates, so dass Wohngeld für den lau-

2 Vgl BVerwG 18.2.1999 – 5 C 35/97.
3 BSG 7.5.2009 – B 14 AS 4/08 R.

fenden Monat, in dem teilweise Transferleistungen erbracht wurden, gewährt werden kann.

9 Nimmt der Hilfebedürftige seinen Antrag auf Transferleistungen zurück, bestimmt Abs. 1 Satz 3, dass der Ausschluss für den Zeitraum der Rücknahme als nicht erfolgt gilt. Die „Entfallfiktion“ ist an die Regelung des § 1953 Abs. 1 BGB angelehnt.[4] Nach dem Willen des Gesetzgebers soll hier insbesondere in den Fällen die nachträgliche Gewährung von Wohngeld noch erfolgen können, wenn der Antrag auf die Transferleistung abgelehnt wird.[5]

10 Neben der Antragsrücknahme und der Ablehnung des Antrags führt auch die Versagung oder Entziehung der Transferleistung wegen fehlender Mitwirkung des Antragstellers (§§ 60, 66 SGB I) im Transferleistungsverfahren zu einem Entfallen der Leistung. Auch wenn die Leistung bei einer Versagung bei Nachholung der Mitwirkung durch den Hilfebedürftigen nicht dauerhaft verwehrt werden kann, unterliegt die Nachgewährung dem Ermessen des Leistungsträgers (§ 67 SGB I).

11 Wird die Transferleistung ausschließlich als Darlehen gewährt, ist daneben der Anspruch auf Wohngeld nicht ausgeschlossen (§ 7 Abs. 1 Satz 3 Nr. 1). Das ist zB der Fall, wenn der Leistungsberechtigte nach dem SGB II Unterhaltsleistungen zur Überbrückung einer Notlage bis zur Veräußerung eines Vermögenswertes erhält (§ 24 Abs. 5 SGB II). Wird die Transferleistung ausschließlich als Darlehen gewährt, bedeutet dies nicht in jedem Fall, dass der Leistungsausschluss von Anfang an (§ 7 Abs. 1 Satz 2 Nr. 1) entfällt. Erhalten Transferleistungsempfänger, die Leistungen zunächst als Zuschuss und wird der Zuschuss gewährende Bescheid durch (teilweise) Rücknahme des Leistungsbescheides (§§ 44, 45, 48 SGB X) in einen Darlehensbescheid umgewandelt, entfällt der Leistungsausschluss nachträglich. Die „Entfallfiktion“ führt daher rückwirkend zum nachträglichen Wegfall des Ausschlusses.

3. Folgen eines Verzichts auf Grundsicherungsleistungen

12 In Abs. 2 werden die Rechtsfolgen geregelt, wenn ein nach dem SGB II oder SGB XII leistungsberechtigtes Haushaltsmitglied auf seinen Anspruch auf Grundsicherung verzichtet. Der Verzicht wirkt nur ex nunc, dh ab der Erklärung des Verzichts. Der Verzicht auf Sozialleistungen kann nur schriftlich (§ 126 Abs. 1 BGB) erklärt werden (§ 46 Abs. 1 SGB I). Es handelt sich um eine einseitige, gestaltende, empfangsbedürftige schriftliche Erklärung gegenüber dem verpflichteten Leistungsträger.[6]

13 Ein teilweiser Verzicht auf die Grundsicherungsleistung ist nicht ausreichend, denn nach dem Wortlaut des Abs. 2 soll auf „die Leistungen“ nach § 7 Abs. 1 SGB II insgesamt verzichtet werden, dh auf den Regelbedarf (zB § 20 SGB II), die Mehrbedarfe (§ 21 SGB II) und die Bedarfe für Unterkunft

4 Vgl BT-Drucks. 16/6543, 92.
5 BT-Drucks. 16/6543 Rn 97.
6 BVerwG 16.10.2997 – 2 C 10/97.

und Heizung (§ 22 SGB II). Ein Teilverzicht ist zwar grundsätzlich möglich,[7] doch vermag dieser nicht die Sperrwirkung des § 7 Abs. 1 bzw § 8 Abs. 1 Satz 2 WoGG zu beseitigen, weil immer noch ein Anspruch auf die Transferleistung besteht. Der Verzicht wird unter Abwesenden wirksam, wenn er dem Leistungsträger, der für die Leistung zuständig ist, zugeht (§ 130 Abs. 1, 3 BGB).

Der Verzicht wirkt ab dem Wirksamwerden für die Zukunft und kann jederzeit für die Zukunft widerrufen werden (§ 46 Abs. 1 2. Halbsatz SGB I). 14

Der Verzicht führt dazu, dass nicht mehr der Träger der Grundsicherung, sondern nur der Wohngeldträger belastet wird. Da durch den Verzicht des transferleistungsberechtigten Haushaltsmitgliedes der Wohngeldträger belastet wird, ist dieser Verzicht nach § 46 Abs. 2 SGB I unwirksam. § 46 Abs. 2 SGB I soll verhindern, dass Rechtsvorschriften umgangen[8] und unzuständige Leistungsträger beansprucht werden. Da der Gesetzgeber dem Transferleistungsbezieher ein echtes Wahlrecht schaffen wollte, wurde die Anwendung des § 46 Abs. 2 SGB I bei dem Verzicht auf Grundsicherungsleistung ausgeschlossen. Verzichten Personen auf Wohngeld und werden sie dadurch Leistungsberechtigt nach dem SGB II oder SGB XII, so ist dieser Verzicht nach § 46 Abs. 2 SGB I unwirksam, weil Wohngeld dem Anspruch auf Grundsicherung und Sozialhilfe vorgeht (§ 9, 12 a SGB II; § 2 Abs. 1 SGB XII). 15

Kapitel 3 Miete und Belastung

§ 9 Miete

(1) Miete ist das vereinbarte Entgelt für die Gebrauchsüberlassung von Wohnraum auf Grund von Mietverträgen oder ähnlichen Nutzungsverhältnissen einschließlich Umlagen, Zuschlägen und Vergütungen.

(2) Von der Miete nach Absatz 1 sind abzuziehen:

1. **Betriebskosten für zentrale Heizungs- und Warmwasserversorgungsanlagen sowie zentrale Brennstoffversorgungsanlagen,**
2. **Kosten der eigenständig gewerblichen Lieferung von Wärme und Warmwasser, soweit sie den in Nummer 1 bezeichneten Kosten entsprechen,**
3. **Untermietzuschläge,**
4. **Zuschläge für die Nutzung von Wohnraum zu anderen als Wohnzwecken,**
5. **Vergütungen für die Überlassung von Möbeln mit Ausnahme von üblichen Einbaumöbeln.**

(3) [1]Im Fall des § 3 Abs. 1 Satz 2 Nr. 2 ist als Miete der Mietwert des Wohnraums zu Grunde zu legen. [2]Im Fall des § 3 Abs. 1 Satz 2 Nr. 3 ist als Miete der Höchstbetrag nach § 12 Abs. 1 zu Grunde zu legen.

7 BSG 27.11.1991 – 4 RA 10/91; SozR 3-1200 § 46 Nr. 3.
8 BSG 12.12.21991 – 7 Rar 24/91.

I. Entstehungsgeschichte, Allgemeines

1 § 9 ist seit dem 1.1.2009 in der Fassung des ersten Gesetzes zur Änderung des Wohngeldgesetzes[1] in der derzeitigen Form in Kraft. Die Regelung ersetzt § 5 WoGG 2008.

II. Erläuterungen

1. Vereinbartes Entgelt für die Gebrauchsüberlassung

2 Miete ist die Gegenleistung für die Gebrauchsüberlassung von Wohnraum aufgrund eines Mietvertrages (§ 535 Abs. 2 BGB). Bei einem gemischten Mietvertrag sowohl über Wohnraum, als auch über Geschäftsräume, sind die nicht zu Wohnzwecken dienenden Räume, wie zB Garagen, Stellplätze und Hausgeräte (§ 2 Abs. 2 WoGV), nicht zu berücksichtigen.[2] Lässt sich ein Anteil für die Gebrauchsüberlassung von Geschäftsräumen oder in § 2 Abs. 2 WoGV genannten Räumen oder Flächen nicht aus dem Mietvertrag entnehmen, sind die Anteile nach Ausschöpfen der Amtsermittlungspflicht (§ 20 Abs. 1 SGB X) notfalls zu schätzen.[3] Mit vertraglich vereinbartem Entgelt wird klargestellt, dass nur die vereinbarte Miete und nicht eine einseitig vom Mieter geminderte Miete gemeint ist.[4] Eine vereinbarte Mietminderung ist zu berücksichtigen.[5] Bei einem (Rechts-)Streit zwischen Mieter und Vermieter über die Höhe der Minderung ist das Wohngeld zunächst weiterzuzahlen.[6] Wird die Miete tatsächlich nicht gezahlt, kommt es nicht auf die Mietvereinbarung an, denn in diesem Fall entfällt der Anspruch auf Wohngeld (§ 28 Abs. 2 Satz 1).

3 Die Vorschrift ist nur auf Miet- und ähnliche Nutzungsverhältnisse anwendbar; bei Wohneigentum gilt die Parallelvorschrift des § 10.

4 Zur Miete gehören die in festen Beträgen vereinbarte **Nettokaltmiete** oder Grundmiete, dh der Mietzins für die Gebrauchsüberlassung der Wohnung, sowie die verbrauchsabhängigen **Betriebskosten** nach der Betriebskostenverordnung (BetrKV) und der Heizkostenverordnung (HeizkostenV) als umlagefähige Nebenkosten. Nicht hierzu gehören allgemeine Kosten der Lebensführung, die zur Unterhaltung eines Haushaltes gehören, wie der Haushaltsstrom für die Beleuchtung oder den Betrieb von Haushaltsgeräten und die Kosten für die Kochfeuerung. Das vereinbarte Entgelt ist unabhängig von

1 BGBl. I vom 22.12.2008, 2963.
2 Vgl zur Situation nach § 7 a Abs. 2 S. 3 USG; VGH München 28.3.2002 – 3 B 98.1373.
3 BSG 21.6.2011 – B 4 AS 21/10 R.
4 BT-Drucks. 16/6543, 93.
5 BT-Drucks. 16/6543, 93; OVG Lüneburg 19.9.2011 – 4 PA 4/11.
6 OVG Lüneburg aaO Rn 5.

der Wirksamkeit des Mietvertrages auch hinsichtlich der Höhe für das Wohngeld maßgeblich, so dass zB die Geschäftsunfähigkeit des Mieters- oder Vermieters sich auf den Anspruch auf Wohngeld nicht auswirkt. Als Miete kann nur eine Entgeltleistung in Form von Geld infrage kommen.

Andere Gegenleistungen, wie etwa die **Arbeitsleistung** im Rahmen eines Mietverhältnisses, sind als Sach- und Dienstleistungen nicht zu berücksichtigen (§ 4 Abs. 1 WoGV). Werden Sach- und Dienstleistungen des Mieters vom Mieter erbracht und erhält er hierfür eine Vergütung, so ist diese andererseits unbeachtlich (§ 4 Abs. 2 WoGV). 5

Unter **Umlagen** sind die nach den §§ 20 ff der Neubaumietenverordnung 1970 (NMW 1970) genannten Betriebskosten gemeint. Diese entsprechen weitestgehend den Betriebskosten nach der BetrKV, die bereits Bestandteil der Miete sind. 6

Vergütungen sind zB die Entgelte für die Überlassung eines Hausgartens, einer Garage oder eines Stellplatzes (§ 27 S. 1 NWM 1970). **Zuschläge** sind Entgelte zB für die Gestattung der Untervermietung (§ 26 Abs. 1 Nr. 2 NWM 1970) usw. 7

2. Abzugsbeträge vom vereinbarten Entgelt

In Abs. 2 werden die **nicht wohngeldfähigen Bestandteile** der Miete aufgeführt. 8

Zu den **Betriebskosten** für die zentrale Heizungs- und Warmwasserversorgung oder für die zentrale Brennstoffversorgung (§ 9 Abs. 2 Nr. 1) gehören die in § 1 Abs. 1 HeizkostenV, § 2 Nr. 4 Buchst. a BetrKV genannten Kosten (§ 6 Abs. 1 Nr. 1 WoGV). Hinsichtlich der eigenständigen gewerblichen Lieferung von Wärme und Wasser verweist § 6 Abs. 1 Nr. WoGV auf § 2 Nr. 4 Buchst. a, b, und d sowie Nr. 5 Buchst. a und c der BetrKV. Zu den Kosten der zentralen Brennstoffversorgung, gehören die Kosten der verbrauchten Brennstoffe und ihre Lieferung, die Kosten des Betriebsstroms und die Kosten der Überwachung sowie die Kosten der Reinigung der Anlage (§ 2 Nr. 4 Buchst. b BetrKV). Dies sind Kosten für die Lieferung von Gas-, Öl oder ähnlichen Brennstoffen, die im Wohngebäude zentral verteilt werden. 9

Ausgenommen sind die in den Beträgen für die Lieferung enthaltenen Kosten für den Kapitaldienst (dieser Einrichtungen), Kosten der anfallenden Abschreibung und Verwaltungs- und Instandhaltungskosten (§ 6 Abs. 1 S. 3 WoGV). Diese Kosten werden der Miete zugerechnet.

Sind die Kosten nicht in der Miete gesondert ausgewiesen und können sie nicht oder nur mit unverhältnismäßigen Schwierigkeiten ermittelt werden, so bestimmt § 6 Abs. 2 Nr. 1 WoGV, dass 0,80 Euro je qm Wohnfläche als Betriebskosten zu Grunde zu legen sind.

In Nr. 2 werden die Kosten für die eigenständige Lieferung von **Wärme und Warmwasser** ausgeschlossen. Hierbei handelt es sich um die in § 2 Nr. 4 10

Buchst. c und Nr. 5 Buchst. b BKV genannten Kosten (§ 6 Abs. 1 Nr. 2 WoGV). Auch bei den Kosten für die Lieferung von Wasser und Wärme gelten dieselben Regeln bei Kapitaldienst, Abschreibungs-, Verwaltungs- und Instandhaltungskosten (§ 6 Abs. 1 S. 3 WoGV), so dass

- für Betriebskosten für zentrale Heizungs- und Brennstoffversorgungsanlagen oder die eigenständig gewerbliche Lieferung von Wärme 0,80 EUR monatlich je Quadratmeter Wohnfläche und
- für Betriebskosten für zentrale Warmwasserversorgungsanlagen oder die eigenständig gewerbliche Lieferung von Warmwasser 0,15 EUR monatlich je Quadratmeter Wohnfläche zu berücksichtigen sind.

11 Nach Nr. 3 werden **Untermietzuschläge** vom Wohngeld ausgenommen. Sind die Untermietzuschläge in der Miete enthalten, so werden sie, wenn der Wohnraum an eine Person vermietet wird mit 2,50 EUR und wenn mit zwei und mehr Personen ein Untermietverhältnis besteht, mit 5,00 EUR monatlich berücksichtigt (§ 6 Abs. 2 Nr. 3 WoGV).

12 In Nr. 4 ist die Behandlung von **Zuschlägen geregelt, die für eine andere Nutzung als zu Wohnzwecken erhoben** werden. Das betrifft insbesondere Zuschläge für eine gewerbliche oder berufliche Nutzung. Diese Zuschläge sind nicht wohngeldfähig. Lassen sich die Zuschläge nicht ermitteln, werden sie mit 30% der auf den Raum entfallenden Miete angesetzt (§ 6 Abs. 2 Satz 3 Nr. 2 WoGV).

13 Nach Nr. 5 ist die **Vergütung** für das **Überlassen von Möbeln** nicht wohngeldfähig. Hierbei handelt es sich um Kosten, die üblicherweise nicht zu den Kosten der Miete gehören, sondern sozialhilferechtlich zum Regelbedarf gehören (§ 5 Abs. 1 Satz 2 Abteilung 4 RBEG bzw § 6 Abs. 1 Satz 2 Abteilung 4 RBEG). Ist die Wohnung möbliert und kein Zuschlag für die Möblierung gesondert ausgewiesen, so werden bei einer Teilmöblierung 10% der auf den teilmöbliert gemieteten Wohnraum entfallenden Miete und bei der Vollmöblierung 20% der auf den vollmöbliert gemieteten Wohnraum entfallenden Miete abgesetzt (§ 6 Abs. 2 S. 3 Nr. 1 Buchst. a und Buchst. b WoGV). Ausgenommen sind übliche Einbaumöbel, wie eine Einbauküche, Wandschränke und ähnliches. Ein Abzug für die Kosten für die Überlassung von Kühlschränken und Waschmaschinen erfolgt seit der Neuregelung ab dem 1.1.2009 nicht mehr.

3. Miete im Mehrfamilienhaus des Eigentümers und bei Heimbewohnern

14 Abs. 3 behandelt zwei Fälle und zwar den Fall, dass eine wohngeldberechtigte Person, die Wohnraum **im eigenen Haus** bewohnt, **das mehr als zwei Wohnungen** hat und den Fall, dass Personen in **Heimen** leben (§ 3 Abs. 1 Nr. 2 und Nr. 3). Bei den Bewohnern eines im Eigentum stehenden Miethauses könnte eine Berechnung als Lastenzuschuss dazu führen, dass der Eigentümer im Verhältnis zu den Mietern im selben Haus besser oder schlechter gestellt wird. Der Eigentümer kann daher auf der einen Seite keine höheren

Aufwendungen für seine Unterkunft geltend machen als ein Mieter für eine vergleichbare, in demselben Haus gelegene Wohnung. Auf der anderen Seite kann er nur diejenigen Kosten geltend machen, die ihm tatsächlich entstehen, denn er erhält Wohngeld nur für die tatsächlich anfallenden Kosten der Unterkunft (§ 1 Abs. 2).[7]

Bei den Bewohnern von **Heimen** spielen die Kosten der Unterkunft („Hotelkosten“) im Verhältnis zu den anderen Kosten der Heimunterbringung nur eine untergeordnete Rolle. Zusätzlich könnte bei „Mehrbettzimmern“ mangels Abgeschlossenheit der Unterkunft ein Wohngeldanspruch ausgeschlossen sein. Die Pauschalierung auf den jeweiligen Höchstbetrag nach der Tabelle zu § 12 Abs. 1 dient in erster Linie der Verwaltungsvereinfachung. In der Wohngeldverwaltungsvorschrift ist nicht mehr ausdrücklich vorgesehen, dass in Heimen lebende Ehegatten nach dem Anhang zu § 12 Abs. 1 als zwei Haushaltsmitglieder angesehen werden (vgl WoGV 11.11). Dies dürfte nur dann der Fall sein, wenn die Ehegatten in dem Heim eine gemeinsame Wohnung bewohnen und sich dadurch die typischen Ersparnisse ergeben, wie sie sich bei mehreren Bewohnern einer Wohnung ergeben. 15

§ 10 Belastung

(1) Belastung sind die Kosten für den Kapitaldienst und die Bewirtschaftung von Wohnraum in vereinbarter oder festgesetzter Höhe.

(2) [1]Die Belastung ist von der Wohngeldbehörde (§ 24 Abs. 1 Satz 1) in einer Wohngeld-Lastenberechnung zu ermitteln. [2]Von einer vollständigen Wohngeld-Lastenberechnung kann abgesehen werden, wenn die auf den Wohnraum entfallende Belastung aus Zinsen und Tilgungen den nach § 12 Abs. 1 maßgebenden Höchstbetrag erreicht oder übersteigt.

I. Entstehungsgeschichte, Allgemeines

§ 9 ist seit dem 01. Januar 2009 in der Fassung des ersten Gesetzes zur Änderung des Wohngeldgesetzes[1] in der derzeitigen Form in Kraft. Die Regelung ersetzt § 5 WoGG 2008. 1

7 Hier zuletzt ohne Gegenstimme OVG Lüneburg 29.5.2012 – 4 LA 114/12.

1 Vom 22.12.2008, BGBl. I 2963.

II. Erläuterungen

1. Belastungen des Eigentümers durch Kapitaldienst und Bewirtschaftungskosten

2 Wohngeld für selbstgenutztes Eigentum wird im Gegensatz zum Mietzuschuss als **Lastenzuschuss** geleistet (§ 1 Abs. 2). Abs. 1 bestimmt die wesentlichen **Bestandteile** des Lastenzuschusses und zwar den Kapitaldienst und die Kosten der Bewirtschaftung. Es handelt sich um eine Parallelvorschrift zu § 9. Welche einzelnen Kostenfaktoren zum Kapitaldienst gehören ist in § 12 WoGV geregelt. Die einzelnen Belastungen aus der Bewirtschaftung sind in § 13 WoGV aufgeführt. Tritt an Stelle des Kapitaldienstes und der Bewirtschaftungskosten ein Nutzungsentgelt, so ist § 15 Abs. 1 WoGV heranzuziehen. Die Ermächtigungsgrundlage für die Wohngeldverordnung ergibt sich aus § 38 Nr. 1 Buchst. a. Im Gegensatz zur Regelung des § 6 Abs. 1 WoGG aF werden als Belastungen nur solche angesehen, die zwischen den Vertragsparteien des Kapitaldienstes zB eines Darlehensvertrage oder den Vertragsparteien eines Versorgungsvertrages vereinbart oder festgesetzt wurden. Mit der Festsetzung sind sowohl einseitige privatrechtliche Leistungsbestimmungen aufgrund eines vereinbarten Leistungsbestimmungsrechtes als auch jegliche öffentlich-rechtliche Bestimmungen zB in einer kommunalen Satzung für Abgaben für Wasserversorgung usw mit eingeschlossen.[2]

3 **Kapitaldienst** sind im Wesentlichen die Aufwendungen des Eigentümers für Zins und Tilgung eines Kredites zur Finanzierung. Welche Positionen hierzu im Einzelnen gehören ergibt sich aus § 12 WoGV.

§ 12 WoGV Belastung aus dem Kapitaldienst

(1) Als Belastung aus dem Kapitaldienst sind auszuweisen:

1. die Zinsen und laufenden Nebenleistungen, insbesondere Verwaltungskostenbeiträge der ausgewiesenen Fremdmittel,
2. die Tilgungen der ausgewiesenen Fremdmittel,
3. die laufenden Bürgschaftskosten der ausgewiesenen Fremdmittel,
4. die Erbbauzinsen, Renten und sonstigen wiederkehrenden Leistungen zur Finanzierung der in § 11 genannten Zwecke.

Als Tilgungen sind auch die

a) Prämien für Personenversicherungen zur Rückzahlung von Festgeldhypotheken und
b) Bausparbeiträge, wenn der angesparte Betrag für die Rückzahlung von Fremdmitteln zweckgebunden ist,

in Höhe von 2 Prozent dieser Fremdmittel auszuweisen.

(2) Für die in Absatz 1 Nr. 1 und 2 genannte Belastung aus dem Kapitaldienst darf höchstens die vereinbarte Jahresleistung angesetzt werden. Ist die tatsächliche Leistung geringer, ist die geringere Leistung anzusetzen.

4 Welche Aufwendungen zur **Bewirtschaftung** gehören ist in § 13 Abs. 1 WoGV festgelegt und zwar handelt es sich hierbei um die Instandhaltungs- und die Betriebskosten ohne die Heiz- und Verwaltungskosten. Die Betriebs-

2 BT-Drucks.16/6543, 93.

kosten sind die Kosten nach § 2 BKV. Die Instandhaltungskosten bilden zusammen mit den Betriebskosten die Kosten der Belastung aus der Bewirtschaftung (§ 13 Abs. 1 WoGV). Die Kosten aus der Belastung (Instandhaltungs- und Betriebskosten) sind pauschaliert und betragen 20 EUR pro Jahr je Quadratmeter Wohnfläche (§ 13 Abs. 2 Satz 1 WoGV). Sind in dem Wohngebäude Gewerbeflächen vorhanden, so werden auch diese hinsichtlich der Belastung aus der Bewirtschaftung mit dem Betrag von pauschal 20 EUR pro Jahr und Quadratmeter berücksichtigt. Die Verwaltungskosten sind in tatsächlicher Höhe anzusetzen, wenn sie an Dritte geleistet werden (§ 13 Abs. 2 Satz 2 WoGV). Nicht angesetzt werden können eigene Verwaltungskosten, dh der Aufwand, der dadurch entsteht, dass die Betriebskosten für die selbstgenutzte Immobile abgeführt oder Nebenkosten bezahlt werden (§ 13 Abs. 2 S. 3 WoGV). Die Übernahme solcher Kosten widerspricht dem Vorbehalt des Gesetzes (§ 31 SGB I), weil es hierfür keine Anspruchsnorm gibt, was § 13 Abs. 2 Satz 3 WoGV klarstellt. Die Regelung des § 13 Abs. 2 WoGV ist von der Ermächtigungsnorm gedeckt und zwar sowohl hinsichtlich des Ausschlusses der eigenen Verwaltungskosten als auch der Pauschalierung (§ 38 Nr. 1 Buchst. a und Buchst. b). Die Berechtigung zur Pauschalierung erstreckt sich sowohl auf die zu berücksichtigende Miete und Belastung als auch auf das Einkommen.

Richtet sich die Belastung von selbstgenutztem Wohnraum nicht nach Kapitaldienst und/oder der Belastung, weil ein **Nutzungsentgelt** vereinbart ist, so erfolgt die Lastenberechnung nach § 14 Abs. 1 WoGV. Das Nutzungsentgelt ist bei der Berechnung der Höhe der Aufwendungen für den Kapitaldienst und bei der Berechnung der Belastung aus der Bewirtschaftung zu berücksichtigen (§ 14 Abs. 1 Satz 1 WoGV). Nach § 14 Abs. 1 Satz 2 WoGV sind auch nicht in dem Nutzungsentgelt enthaltene Positionen der §§ 12, 13 WoGV diesem hinzuzurechnen, wenn sie von der wohngeldberechtigten Person an den Gläubiger gezahlt werden. Soweit die Aufgliederung des Nutzungsentgeltes nicht möglich ist, wird zugunsten des Wohngeldberechtigten angenommen, dass das gesamte Nutzungsentgelt anzurechnen ist (§ 14 Abs. 1 Satz 3 WoGV). 5

Die nach § 24 Abs. 1 Satz 1 zuständige Wohngeldbehörde (Wohngeldstelle) hat in der Regel eine **Wohngeldlastenberechnung** (§ 8 WoGV) durchzuführen. Hiervon kann teilweise **abgesehen** werden, wenn sich aus dem auf den Wohnraum entfallenden Teil für Zins und Tilgung ergibt, dass der maßgebliche Höchstbetrag nach § 12 Abs. 1 überschritten wird. Stellt die Wohngeldstelle nach Berücksichtigung von Zins und Tilgung beim Kapitaldienst fest, dass die Höchstbeträge überschritten werden, kann die Berechnung der Betriebskosten entfallen. 6

2. Wohnflächenberechnung

Im WoGG finden sich keine Vorschriften für eine **Wohnflächenberechnung.** Eine solche Wohnflächenberechnung kann erforderlich werden, wenn der 7

Kapitaldienst oder die Belastung nicht nur auf den eigengenutzten Wohnraum entfällt (§ 10 Abs. 1 WoGV) und den betrieblich genutzten Teil eines Gebäudes betrifft. Grundsätzlich sind gewerblich genutzte Räume im Rahmen der Lastenberechnung mit einzubeziehen (§ 9 Abs. 3 Satz 1 WoGV) und zwar auch zugehörige Nebengebäude, Anlagen und bauliche Einrichtungen sowie das Grundstück. Nur wenn Räume oder Flächen ausschließlich gewerblich oder beruflich genutzt werden, werden sie bei der Belastung nicht berücksichtigt (§ 11 Abs. 2 Nr. 1, § 15 Abs. 1 Satz 1 WoGV). Bei Garagen, die nicht wohngeldfähig sind, ist bei der Lastenberechnung zur Verwaltungsvereinfachung ein Betrag in Höhe von jährlich 245 EUR abzusetzen (§ 15 Abs. 3 Satz 1 WoGV).

Sofern eine Wohnfläche berechnet werden muss, kann auf die **Wohnflächenverordnung** (WoFlV)[3] zurückgegriffen werden: Die WoFlV beruht auf dem Wohnraumförderungsgesetz, dass die institutionelle Förderung von Wohnraum regelt und hat letztlich das gleiche Ziel wie das WoGG, nämlich Haushalte, die sich am Markt nicht ausreichend mit Wohnraum versorgen können und auf Unterstützung angewiesen sind, zu fördern (§ 1 Abs. 2 Satz 1 WoFG).

§ 11 Zu berücksichtigende Miete und Belastung

(1) [1]Bei der Berechnung des Wohngeldes ist die Miete oder Belastung zu berücksichtigen, die sich nach § 9 oder § 10 ergibt, soweit sie nicht nach den Absätzen 2 und 3 in dieser Berechnungsreihenfolge außer Betracht bleibt, jedoch nur bis zum Höchstbetrag nach § 12 Absatz 1. [2]Im Fall des § 3 Absatz 1 Satz 2 Nummer 3 ist der Höchstbetrag nach § 12 Absatz 1 zu berücksichtigen.

(2) Die Miete oder Belastung, die sich nach § 9 oder § 10 ergibt, bleibt in folgender Berechnungsreihenfolge und zu dem Anteil außer Betracht,

1. **der auf den Teil des Wohnraums entfällt, der ausschließlich gewerblich oder beruflich genutzt wird;**
2. **der auf den Teil des Wohnraums entfällt, der einer Person, die kein Haushaltsmitglied ist, entgeltlich oder unentgeltlich zum Gebrauch überlassen ist; übersteigt das Entgelt für die Gebrauchsüberlassung die auf diesen Teil des Wohnraums entfallende Miete oder Belastung, ist das Entgelt in voller Höhe abzuziehen;**
3. **der dem Anteil einer entgeltlich oder unentgeltlich mitbewohnenden Person, die kein Haushaltsmitglied ist, aber deren Mittelpunkt der Lebensbeziehungen der Wohnraum ist und die nicht selbst die Voraussetzungen des § 3 Abs. 1 oder Abs. 2 erfüllt, an der Gesamtzahl der Bewohner und Bewohnerinnen entspricht; übersteigt das Entgelt der mitbewohnenden**

3 BGBl. I, 2346 vom 25.11.2003.

Person die auf diese entfallende Miete oder Belastung, ist das Entgelt in voller Höhe abzuziehen;

4. der durch Leistungen aus öffentlichen Haushalten oder Zweckvermögen, insbesondere Leistungen zur Wohnkostenentlastung nach dem Zweiten Wohnungsbaugesetz, dem Wohnraumförderungsgesetz oder entsprechenden Gesetzen der Länder, an den Mieter oder den selbst nutzenden Eigentümer zur Senkung der Miete oder Belastung gedeckt wird, soweit die Leistungen nicht von § 14 Abs. 2 Nr. 30 erfasst sind;
5. der durch Leistungen einer nach § 68 des Aufenthaltsgesetzes verpflichteten Person gedeckt wird, die ein zu berücksichtigendes Haushaltsmitglied zur Bezahlung der Miete oder Aufbringung der Belastung erhält.

(3) [1]Ist mindestens ein Haushaltsmitglied vom Wohngeld ausgeschlossen, ist nur der Anteil der Miete oder Belastung zu berücksichtigen, der dem Anteil der zu berücksichtigenden Haushaltsmitglieder an der Gesamtzahl der Haushaltsmitglieder entspricht. [2]In diesem Fall ist nur der Anteil des Höchstbetrages nach § 12 Absatz 1 zu berücksichtigen, der dem Anteil der zu berücksichtigenden Haushaltsmitglieder an der Gesamtzahl der Haushaltsmitglieder entspricht; die Gesamtzahl der Haushaltsmitglieder ist für die Ermittlung des Höchstbetrages maßgebend.

I. Entstehungsgeschichte, Allgemeines

1 § 11 ersetzt seit dem 1.1.2009 in der Fassung des ersten Gesetzes zur Änderung des Wohngeldgesetzes[1] den bis zum 31.12.2008 geltenden § 7 WoGG aF. In der Zeit vom 1.1.2009 bis zum 31.12. war nach § 11 Abs. 1 S. 1 Nr. 2 noch ein Betrag für Heizkosten zu berücksichtigen. Dieser wurde mit dem Haushaltsbegleitgesetz 2011 zum 31.12.2010 gestrichen.[2]

II. Erläuterungen

1. Berücksichtigung der Miete und Belastungen

2 Die Regelung stellt klar, welche Miete und Belastung bei der Berechnung des Wohngeldes zu berücksichtigen sind und welche Positionen in welcher Reihenfolge hierbei außer Betracht bleiben. Diese sind nach den §§ 9, 10 zu ermitteln. Die Regelungen §§ 2 und 8 ff WoGV sind ergänzend heranzuziehen. Da Wohngeld nur bis zu einem Höchstbetrag geleistet wird, kommt es auf die Größe und Ausstattung des Wohnraumes nicht an.

1 BGBl. I vom 22.12.2008, 2963.
2 BGBl. I vom 9.12.2010, 1885 Art. 22.

Das WoGG geht wie das BGB von einer Bruttowarmmiete aus, weil die Betriebskosten der Heizungsanlage abzuziehen sind (§ 9 Abs. 2). Von der Bruttowarmmiete sind daher zunächst die Abzüge nach § 9 Abs. 2, Abs. 3 vorzunehmen und dann um die Beträge nach § 11 Abs. 2 zu bereinigen.

3 Lebt der Wohngeldberechtigte in einem **Heim** (§ 3 Abs. 1 Satz 2 Nr. 3), so ist immer der Höchstbetrag nach § 12 Abs. 1 zu berücksichtigen. Die Berücksichtigung des Höchstbetrags trägt dem Umstand Rechnung, dass bei einem Heimvertrag der wesentliche Teil des Entgeltes keine Gegenleistung für die Unterkunft ist. Vielmehr stehen die weiteren Dienstleistungen in Form der „Hotel-" und Pflegekosten im Vordergrund. Der Höchstbetrag wird nicht durch Abzüge nach den Abs. 2 und 3 vermindert.

2. Unberücksichtigte Teile der Miete und Belastungen

4 Zu Abs. 2 Nr. 1: Wird ein Teil der Wohnung ausschließlich beruflich oder **gewerblich genutzt**, so wird dieser Teil bei der Bemessung des Wohngeldes nicht berücksichtigt. Allerdings führt bereits eine geringfügige private Mitnutzung dazu, dass auch dieser Wohnungsteil mitberücksichtigt wird.

5 Zu Abs. 2 Nr. 2: Unberücksichtigt bleibt auch derjenige Teil der Miete oder Belastung, der auf Wohnraum entfällt, der einem anderen, der seinerseits nicht Haushaltsmitglied ist, entgeltlich oder unentgeltlich überlassen wurde. Der typische Anwendungsfall dieser Regelung sind **Untermietverhältnisse**. Wird der Wohnraum in dem Untermietverhältnis entgeltlich überlassen, so ist das vereinbarte Entgelt maßgeblich. Für den Anteil des oder der Untermieter, die nicht zum Haushalt gehörenden, an den Kosten des Hauptmieters kommt es auf das vereinbarte Entgelt an (§ 9Abs. 1), denn das Entgelt (die Untermiete) ist auch dann in voller Höhe abzuziehen, wenn der Anteil des Untermieters an den Gesamtkosten höher ist als sein Anteil an der von ihm genutzten Fläche (§ 11 Abs. 2 Nr. 2 2. Halbs.).

Wird der Wohnraum unentgeltlich überlassen ist für die Aufteilung der dem Anderen überlassen Teil des Wohnraumes maßgeblich.

Wird ein einzelner Wohnraum von dieser Person unentgeltlich alleine genutzt, kommt es auf die Fläche dieses Wohnraums an. Gemeinsam genutzte Räume, wie Flure, Küchen oder Badzimmer werden sowohl bei dem Haupt- als auch bei dem Untermieter berücksichtigt. Ihr Anteil richtet sich dann nach dem Anteil der der allein genutzten Fläche an der Gesamtwohnfläche. Lässt sich die relevante Fläche nicht ermitteln, so ist eine Aufteilung nach Köpfen geboten. Dabei ist zu berücksichtigen, dass eine Aufteilung nach Köpfen anders als nach dem bis zum 31.12.2008 geltenden § 7 Abs. 3 WoGG aF nur noch bei Personen stattfindet, die vom Wohngeld ausgeschlossen sind (§ 10 Abs. 3 Satz 1), so dass auf die Kopfteilmethode nur dann zurückgegriffen werden darf wenn der Anteil des Untermieters nicht anders zu ermitteln ist.

Wird ein Entgelt für die Nutzung von Wohnraum gezahlt, so ist dieses Entgelt von der Miete abzusetzen. Entgelte für Untervermietung mindern also die Belastung des Wohngeldberechtigten und der mit ihm in einer Haushaltsgemeinschaft lebenden Personen und sind nicht als Einkommen (§ 14 Abs. 1) bei der Einkommensermittlung zu berücksichtigen. Auch wenn das Entgelt den aufgrund der genutzten Fläche ermittelten Anteil derjenigen Person übersteigt, die nicht zur Haushaltsgemeinschaft gehört, wird das Überentgelt nicht als Einkommen angerechnet, sondern mindert die Belastung des Wohngeldberechtigten.

Beispiel:

A zahlt eine Kaltmiete von 400 EUR für 50 qm und vermietet ein Zimmer mit 20 qm für 200 EUR. An sich wären nur 40 % der Miete anrechenbar (20qm:50qm), also 160 EUR. Tatsächlich muss aber das volle Entgelt für die Untermiete abgesetzt werden

Zu Abs. 2 Nr. 3: Personen, die **nicht wohngeldberechtigt** sind, können nur solche Haushaltsmitglieder sein, die kein eigenes Recht auf Wohngeld haben, weil es einer anderen Person zusteht (§ 3 Abs. 5). Bei diesen Personen wird nicht der vertraglich zugewiesene Anteil des Wohnraumes berücksichtigt, sondern derjenige Anteil, der auf seinen Kopfteil entfällt. Diese Regelung erspart der Wohngeldstelle umfangreiche Ermittlungen und entspricht der Rechtsprechung des Bundesverwaltungsgerichtes und des Bundessozialgerichtes zur **Aufteilung nach Kopfteilen** in der Haushaltsgemeinschaft.[3] Leisten diese Personen ein Entgelt, welches über ihren Anteil an der Haushaltsgemeinschaft hinausgeht, so wirkt sich dies ebenfalls mindernd auf die Mietbelastung aus. 6

Zu Abs. 2 Nr. 4: Erhält der Wohngeldberechtigte **Leistungen nach dem Wohnungsbauförderungsgesetz**, so mindert diese Leistung ebenfalls die Miete oder die Lasten der selbstgenutzten Eigentumswohnung. Leistungen nach § 14 Nr. 30 sind Transferleistungen, die in § 7 Abs. 1 Satz 1 Nr. 1 bis 9 genannt sind. 7

Zu Abs. 2 Nr. 5: Bei den Leistungen nach § 68 **AufenthG** handelt es sich um **Leistungen Dritter** zur Deckung des Lebensunterhaltes und auch der Kosten der Unterkunft für einen aufenthaltsberechtigten Ausländer. Lebt eines solche Person im Haushalt eines Wohngeldberechtigten, so werden die Leistungen des Dritten auf Wohngeld kopfteilig angerechnet. Wird eine solche Leistung nicht erbracht, kann ein Anspruch auf Wohngeld bestehen, wenn die Voraussetzungen nach § 5 Abs. 5 und § 3 Abs. 5 vorliegen, dh der Ausländer sich rechtmäßig in Deutschland aufhält und ein Aufenthaltsrecht nach § 3 Abs. 5 hat. 8

3 BVerwG 21.6.2001 – 5 C 7/00; BSG 27.2.2008 – B 14/11 b AS 55/06 R.

3. Kopfteil bei vom Wohngeld ausgeschlossenen Personen

9 Abs. 3 Satz 1 regelt den **kopfteiligen Ausschluss von Wohngeld** für Mitglieder der Haushaltsgemeinschaft, die vom Wohngeldbezug ausgeschlossen sind. Die Regelung dient der Verwaltungsvereinfachung und entbindet die Wohngeldstelle von schwierigen Ermittlungen hinsichtlich der Aufteilung der Wohnung zwischen den einzelnen Haushaltsangehörigen.[4] Wird im Innenverhältnis der Haushaltsmitglieder vereinbart, dass etwas anderes als die kopfteilige Regelung gelten soll, ist fraglich, ob hiervon abgewichen werden kann. Dies ist zu verneinen, weil der Wortlaut der Norm insoweit eindeutig ist „... ist nur ...“ und jegliche Abweichung von der Norm das Ziel der Verwaltungsvereinfachung ausschließt. In Fällen, in denen eine unterschiedliche Regelung über die Nutzung von Räumen und dem Anteil an der Miete getroffen wird, kann jedoch eine Haushaltsgemeinschaft ausgeschlossen sein. Die Verteilung nach Kopfteilen schließt nach § 11 Abs. 2 Nr. 3 auch diejenigen Mitbewohner ein, die keine Haushaltsmitglieder sind und nicht selbst einen Anspruch auf Wohngeld haben. Etwas anderes kann daher in aller Regel nur solche Mitbewohner betreffen, die einen Untermietvertrag mit den übrigen Bewohnern geschlossen haben.

Die Aufteilung nach Köpfen ist verfassungsgemäß.[5]

Abs. 3 Satz 2 bestimmt, dass nur der Anteil nach dem Höchstbetrag der Tabelle zu § 12 Abs. 1 an der Gesamtzahl der Wohngeldberechtigten berücksichtigt wird.

Beispiel:

In einem dreiköpfigen Haushalt sind zwei Personen, zB die Eltern wegen des Bezugs von Transferleistungen nach dem SGB II vom Wohngeld ausgeschlossen (§ 7 Abs. 1 Satz 1 Nr. 1). Auf die Wohnung ist die Mietenstufe VI anzuwenden. Die volljährige Tochter verfügt über ein ausreichendes Einkommen, so dass sie keinen Anspruch nach dem SGB II mehr hat, denn das Einkommen der Kinder wird zunächst auf ihren eigenen Bedarf und nur ein übersteigender Teil im Rahmen der Inanspruchnahme als Haushaltmitglied (§ 9 Abs. 2 S. 2, Abs. 5 SGB II iVm § 1 Abs. 2 Alg II-V) als Einkommen der Bedarfsgemeinschaft angerechnet wird.

Die Tochter hätte als wohngeldberechtigte Einzelperson einen Anspruch auf Wohngeld bis zu einem Höchstbetrag von 407 EUR. Wird der Höchstbetrag für einen Dreipersonenhaushalt nach Kopfteilen geteilt, so beträgt der Höchstbetrag nach der Tabelle zu § 12 Abs. 1 nur 594 EUR und der Anteil der Tochter in Höhe von 1/3 nur 198 EUR. Die Kopfteilmethode trägt damit den relativ geringeren Wohnkosten von Mehrpersonenhaushalten Rechnung, die zudem zur Befriedigung des gemeinsamen Wohnraumbedarfs we-

4 BVerwG 4.11.1994 – 8 C 28/93.

5 BVerwG aaO Rn 13; vgl auch BSG 27.2.2008 – B 14/11 b AS 55/06 R.

gen gemeinsam nutzbarer Nebenräume einen geringeren Flächenbedarf haben. Zu einer Schlechterstellung kommt es nicht, weil die beiden übrigen Mitglieder der Haushaltsgemeinschaft ihren Wohnraumbedarf durch die Leistung der Grundsicherung decken.

Der anteilige Höchstbetrag richtet sich nach der Gesamtzahl der Haushaltsmitglieder, dh besteht der Haushalt aus sechs Mitgliedern und sind drei Mitglieder vom Wohngeld ausgeschlossen, so ergibt sich in der höchsten Mietenstufe folgende Berechnung:

Höchstbetrag bei fünf Mitgliedern 787 EUR + 99 EUR = 886 EUR ./. 6 * 3 = 443 EUR Höchstbetrag für drei Haushaltsmitglieder. Auch dieser Höchstbetrag liegt erheblich unter dem Höchstbetrag für drei Haushaltsmitglieder in einem Haushalt, in dem ausschließlich wohngeldberechtigte Personen leben. Auch diese Andersbehandlung ist gerechtfertigt, weil die Mietenstufen bis zu einem Haushalt von fünf Personen degressiv und ab der sechsten Mietenstufe linear gestaltet sind.

§ 12 Höchstbeträge für Miete und Belastung[1]

(1) Die folgenden monatlichen Höchstbeträge für Miete und Belastung sind vorbehaltlich des § 11 Abs. 3 nach der Anzahl der zu berücksichtigenden Haushaltsmitglieder und nach der Mietenstufe zu berücksichtigen:

Anzahl der zu berücksichtigenden Haushaltsmitglieder	Mietenstufe	Höchstbetrag in Euro
1	I	292
	II	308
	III	330
	IV	358
	V	385
	VI	407
2	I	352
	II	380
	III	402
	IV	435
	V	468
	VI	501

1 § 12 Abs. 2 bis 5 sind gem. Art. 6 Abs. 2 S. 1 G v. 24.9.2008 (BGBl. I, 1856) am 1.10.2008 in Kraft getreten.

Anzahl der zu berücksichtigenden Haushaltsmitglieder	Mietenstufe	Höchstbetrag in Euro
3	I	424
	II	451
	III	479
	IV	517
	V	556
	VI	594
4	I	490
	II	523
	III	556
	IV	600
	V	649
	VI	693
5	I	561
	II	600
	III	638
	IV	688
	V	737
	VI	787
Mehrbetrag für jedes weitere zu berücksichtigende Haushaltsmitglied	I	66
	II	72
	III	77
	IV	83
	V	88
	VI	99

(2) Die Zugehörigkeit einer Gemeinde zu einer Mietenstufe richtet sich nach dem Mietenniveau von Wohnraum der Hauptmieter und Hauptmieterinnen sowie der gleichzustellenden zur mietähnlichen Nutzung berechtigten Personen, für den Mietzuschuss geleistet wird.

(3) [1]Das Mietenniveau ist vom Statistischen Bundesamt festzustellen für Gemeinden mit

1. einer Einwohnerzahl von 10 000 und mehr gesondert,
2. einer Einwohnerzahl von weniger als 10 000 und gemeindefreie Gebiete nach Kreisen zusammengefasst.

[2]Maßgebend ist die Einwohnerzahl, die das statistische Landesamt auf der Grundlage des § 5 des Bevölkerungsstatistikgesetzes zum 30. September des vorletzten Kalenderjahres, das dem Tage des Inkrafttretens einer Anpassung der Höchstbeträge nach Absatz 1 vorausgeht, festgestellt hat. [3]Kann die Einwohnerzahl nicht nach Satz 2 festgestellt werden, ist der Feststellung die letzte verfügbare Einwohnerzahl zu Grunde zu legen.

(4) [1]Das Mietenniveau ist die durchschnittliche prozentuale Abweichung der Quadratmetermieten von Wohnraum in Gemeinden (Absatz 3 Satz 1) vom Durchschnitt der Quadratmetermieten des Wohnraums im Bundesgebiet. [2]Zu berücksichtigen sind nur Quadratmetermieten von Wohnraum im Sinne des Absatzes 2. [3]Das Mietenniveau wird vom Statistischen Bundesamt auf der Grundlage der Ergebnisse der Wohngeldstatistik (§§ 34 bis 36) zum 31. Dezember des vorletzten Kalenderjahres, das dem Tage des Inkrafttretens einer Anpassung der Höchstbeträge nach Absatz 1 vorausgeht, festgestellt. [4]Kann das Mietenniveau nicht nach Satz 3 festgestellt werden, sind der Feststellung die letzten verfügbaren Ergebnisse der jährlichen Wohngeldstatistik zu Grunde zu legen.

(5) Den Mietenstufen nach Absatz 1 sind folgende Mietenniveaus zugeordnet:

Mietenstufe	Mietenniveau
I	niedriger als minus 15 Prozent
II	minus 15 Prozent bis niedriger als minus 5 Prozent
III	minus 5 Prozent bis niedriger als 5 Prozent
IV	5 Prozent bis niedriger als 15 Prozent
V	15 Prozent bis niedriger als 25 Prozent
VI	25 Prozent und höher

I. Entstehungsgeschichte, Allgemeines

Der seit dem 1.1.2009 geltende § 12 ersetzt den bis zum 31.12.2008 geltenden § 8 WoGG aF. Es wird seitdem keine Unterscheidung nach Baualtersklassen mehr gemacht. Diese Unterscheidung war durch Entwicklung auf dem Wohnungsmarkt, insbesondere für renovierte Altbauten, überholt. 1

II. Erläuterungen

In Abs. 1 werden die **Höchstbeträge** der jeweiligen Miete festgelegt. Die Höchstbeträge richten sich nach dem Mietenniveau der jeweiligen Region, in der der Wohngeldberechtigte seinen Wohnraum innehat. Mieter und Eigentümer von Wohnraum werden gleichgestellt. Das Mietenniveau bestimmt 2 sich nach der Anzahl der zu berücksichtigenden Haushaltsmitglieder, es sei denn, sie sind von Wohngeld ausgeschlossen (vgl § 11 Abs. 3). Für die einzelnen Regionen, die kreisfreien Städte und die Landkreise werden Mietenstufen nach dem jeweiligen Mietenniveau der Regionen festgelegt.

3 Die Tabelle nach § 12 Abs. 1 unterscheidet sechs **Mietenstufen.** Im Verhältnis zu den Mietenstufen nach § 8 WoGG aF sind die Höchstbeträge um 10 % angehoben worden. Seit dem 1.1.2009 wurden die Höchstbeträge in den einzelnen Mietenstufen nicht angepasst.

Nach Abs. 2 richten sich die einzelnen Mietenstufen nach dem Mietenniveau von Wohnraum und den gleichzustellenden Nutzungsverhältnissen. Die Kosten für Wohneigentum bleiben bei der Bestimmung des Mietenniveaus demnach außer Betracht, so dass sich die Höchstbeträge für Wohneigentum nach dem jeweiligen Mietenniveau richten. Das jeweilige Mietenniveau richtet sich nach der vom statistischen Bundesamt jeweils für die Gemeinden bis 10.000 Einwohnern gesondert ermittelten Miethöhe (Abs. 3 Satz 1 Nr. 1). Bei kleineren Gemeinden erfolgt eine Ermittlung des Mietenniveaus jeweils für die (Land-)Kreise (Abs. 3 Satz 1 Nr. 2). In Abs. 3 Satz 2 wird geregelt, wie die Einwohnerzahl der jeweiligen Gemeinden zu ermitteln ist.

4 Nach Art. 83 GG wird die **Bevölkerungsstatistik** durch die Bundesländer ermittelt. Die Bevölkerung wird durch die statistischen Ämter der Länder festgestellt. Das statistische Bundesamt ermittelt aus den Ergebnissen die Zahlen, die für den Bund und damit das WoGG maßgeblich sind.

5 Die **Wohngeldanpassung** erfolgt nur aufgrund einer Gesetzesänderung und zwar des WoGG. Die letzte Anpassung erfolgte mit der Änderung zum 1.1.2009. Das Gesetz bestimmt lediglich auf welchen Zeitpunkt es im Falle einer Änderung der Höchstsätze bei der Anwendung der Mietenstufen ankommt. Die Erhöhung selbst ist im Gesetz nicht geregelt, sondern liegt allein in der Hand des Gesetzgebers.

Diese Regelung ist verfassungsgemäß, weil das Wohngeld zwar eine existenzsichernde Leistung zur Ergänzung der Kosten der Unterkunft ist, die Existenzsicherung allerdings durch die Grundsicherung für Erwerbsfähige, die Grundsicherung im Alter und bei voller Erwerbsfähigkeit sowie die Sozialhilfe gewährleistet ist. Der Gesetzgeber hat hinsichtlich der Ausgestaltung der grundsicherungsrechtlichen Leistungen einen weiten Ermessens-(Gestaltungs-)spielraum.[2] Solange im Verhältnis zur Grundsicherung eine alternative existenzsichernde Leistung zur Verfügung steht, bedarf es beim Wohngeld keiner den Anforderungen der Rechtsprechung des Bundesverfassungsgerichtes entsprechenden Anpassungsregelung.

2 BVerfG 9.2.2010 – 1 BvL 1/09, 3/09, 4/09 Rn 141 ff.

Abs. 3 Satz 3 sieht eine Auffangregelung für den Fall vor, dass die **Einwohnerzahl** nicht sicher festgestellt werden kann. In diesem Fall ist auf die letzte verfügbare Einwohnerzahl zurückzugreifen. 6

Abs. 4 bestimmt, dass das **Mietenniveau** aus dem durchschnittlichen Quadratmeterpreis für Mietwohnungen im Referenzgebiet im Verhältnis zum Bundesgebiet festgestellt wird. Nach Abs. 3 Satz 2 ist geregelt, dass maßgeblich für das Mietenniveau nur der Quadratmeterpreis von Wohnungen der Hauptmieter und nicht auch von Untermietern maßgeblich ist. Vom statistischen Bundesamt sind die Mietenniveaus aus der Wohngeldstatistik entwickelt. Als Stichtag wird der 31. Dezember des Vorjahres angenommen, in dem das Wohngeld erhöht wird. Satz 4 dieses Absatzes sieht bei einem Ausfall der Statistik wiederum vor, dass die letzten verfügbaren Zahlen heranzuziehen sind. 7

Nach Abs. 5 werden die Mietenstufen festgelegt. Die Mietenstufen ergeben sich aus einem Abweichen von dem durchschnittlichen nach Abs. 3 gewonnenen Mietenniveau. Das durchschnittliche Mietenniveau entspricht der Mietenstufe III.

Kapitel 4 Einkommen

§ 13 Gesamteinkommen

(1) Das Gesamteinkommen ist die Summe der Jahreseinkommen (§ 14) der zu berücksichtigenden Haushaltsmitglieder abzüglich der Freibeträge (§ 17) und der Abzugsbeträge für Unterhaltsleistungen (§ 18).

(2) Das monatliche Gesamteinkommen ist ein Zwölftel des Gesamteinkommens.

I. Entstehungsgeschichte, Allgemeines

Die Regelung ersetzt den bis zum 31.12.2008 geltenden § 9 WoGG aF und den bis zum bis zum 31.12.1999 geltenden Begriff des Familieneinkommens.[1] Der Gesetzeswortlaut spricht nun nicht mehr von dem Einkommen der zum Haushalt rechnenden Familienmitglieder, sondern von den zu berücksichtigenden Haushaltsmitgliedern. Eine inhaltliche Änderung sollte nach dem Willen des Gesetzgebers hiermit nicht verbunden sein.[2] Als Haushaltsmitglieder werden haushaltsangehörige Familienmitglieder berücksichtigt (§ 5 Abs. 1 Satz 2). Das Wohngeld dient dem familiengerechten Wohnen (§ 1 Abs. 1), so dass es zur Erreichung des Sicherungszweckes auf den Einsatz des Einkommens aller haushaltsangehörigen Familienmitglieder an- 1

1 2. WoGGÄndG BGBl. I 1999, 2671.
2 BT-Drucks. 16/6543; 95.

kommt. Durch die Einbeziehung des Einkommens aller zu berücksichtigenden Haushaltsanagehörigen kommt gleichzeitig der Nachrang des Wohngeldes gegenüber der Selbsthilfe zum Ausdruck.

II. Erläuterungen

2 Wer zu berücksichtigendes **Haushaltsmitglied** ist, ergibt sich aus den §§ 5 bis 8. Zu berücksichtigende Haushaltsmitglieder sind die in § 5 Abs. 1 Satz 2 Nr. 1 bis Nr. 4 genannten Familienmitglieder und die in § 5 Abs. 1 Satz 2 Nr. 5 und Nr. 6 genannten Pflegekinder und Pflegeltern. Eine vorübergehende Abwesenheit eines zu berücksichtigenden Haushaltsmitgliedes schadet nicht, solange es seinen Lebensmittelpunkt (§ 5 Abs. 1 Satz 1) in der Wohnung, für die Wohngeld beantragt ist, beibehält.

3 Das **Einkommen von Haushaltsmitgliedern, die vom Wohngeld ausgeschlossen** sind, zB Leistungsberechtigte nach dem SGB II (§§ 6 Abs. 1 Satz 1, 7 Abs. 1 Satz 1 Nr. 1) oder sonstige nicht in § 5 genannten Personen, die Haushaltsmitglieder sind, wird nicht berücksichtigt. Dies sind zB Verwandte des vierten Grades und Partner einer eheähnlichen Gemeinschaft oder wenn eine schlichte Wohngemeinschaft vorliegt, ohne das eine Wirtschaftsgemeinschaft vermutet wird (§ 5 Abs. 4 Satz 2).

4 Die **Einkommensermittlung** erfolgt für jedes zu berücksichtigende Haushaltsmitglied gesondert, so dass positive Einkünfte eines Haushaltsmitgliedes nicht mit den negativen Einkünften eines anderen Haushaltsmitgliedes verrechnet werden können. Dies ergibt sich aus dem Wortlaut der Norm, der von der Summe der (jeweiligen) Jahreseinkommen spricht und dem Gesetzeszweck, der einen Ausgleich mit negativen Einkünften nicht zulässt (§ 14 Abs. 1 Satz 3).

Die Einkommensberechnung erfolgt in zwei Schritten:

1. Vom Einkommen der einzelnen Haushaltsmitglieder sind die Abzugsbeträge für Steuern und Sozialversicherungsbeträge abzuziehen (§ 16) und in einem zweiten Schritt
2. sind von dem ermittelten Gesamteinkommen die Freibeträge (§ 17) und die Abzugsbeträge für Unterhaltsleistungen (§ 18) abzuziehen.

Die Abzugsbeträge können daher nur solange abgezogen werden, bis das jeweilige Einkommen auf null reduziert ist. Die Abzugsbeträge nach § 17 Abs. 1 und § 18 Satz 1 können daher unabhängig von dem zu berücksichtigenden Haushaltsangehörigen abgezogen werden. Die Voraussetzung der Abzugsfähigkeit muss somit nicht bei der Person vorliegen, die ein Einkommen bezieht.

5 Wird der **Bewilligungszeitraum gekürzt oder geteilt** (§ 25 Abs. 1 Satz 2), ist von dem Jahreseinkommen auszugehen, dass voraussichtlich während des Bewilligungszeitraumes anfällt (§ 15 Abs. 1 Satz 1). Das Jahreseinkommen ist daher aus dem Betrag zu ermitteln, der sich ausschließlich aus der Be-

rücksichtigung des Bewilligungszeitraumes ergibt und ist auf den regelmäßigen Bewilligungszeitraum von zwölf Monaten hochzurechnen, dh durch die Anzahl der Monate zu teilen und mit zwölf zu multiplizieren. Hierbei ist zu beachten, dass auch die Abzugs- und Freibeträge (§§ 16, 17, 18) hochzurechnen sind.

Die **Höhe des Wohngeldes** bestimmt sich neben der **Zahl der Haushaltsmitglieder** nach der monatlichen Miete oder Belastung und dem monatlichen Gesamteinkommen (§ 19 Abs. 1 Satz 2). Das Wohngeldgesetz geht grundsätzlich von den nach dem Einkommensteuergesetz zu ermittelnden Einnahmen aus (§ 14 Abs. 1 Satz 1). Die Einnahmen werden nach dem Einkommensteuerrecht jeweils für ein Jahr berechnet (§ 2 Abs. 7 EStG). Das jährliche Gesamteinkommen muss daher für die Berechnung des Wohngeldes auf einen Monatsbetrag umgerechnet werden. Die Zwölftelung führt zu einer gleichmäßigen Verteilung des Einkommens und ermöglich eine gleichmäßige Berücksichtigung im Bewilligungszeitraum, der mit einer Dauer von zwölf Monaten dem Jahreszeitraum entspricht (§ 25 Abs. 1 Satz 1). Leistungsberechtigte mit schwankenden und gleichmäßigen Einkünften können so weitgehend gleichbehandelt werden. 6

§ 14 Jahreseinkommen

(1) [1]Das Jahreseinkommen eines zu berücksichtigenden Haushaltsmitgliedes ist vorbehaltlich des Absatzes 3 die Summe der positiven Einkünfte im Sinne des § 2 Abs. 1 und 2 des Einkommensteuergesetzes zuzüglich der Einnahmen nach Absatz 2 abzüglich der Abzugsbeträge für Steuern und Sozialversicherungsbeiträge (§ 16). [2]Bei den Einkünften im Sinne des § 2 Abs. 1 Satz 1 Nr. 1 bis 3 des Einkommensteuergesetzes ist § 7g Abs. 1 bis 4 und 7 des Einkommensteuergesetzes nicht anzuwenden. [3]Ein Ausgleich mit negativen Einkünften aus anderen Einkunftsarten oder mit negativen Einkünften des zusammenveranlagten Ehegatten ist nicht zulässig.

(2) Zum Jahreseinkommen gehören:

1. **der nach § 19 Abs. 2 und § 22 Nr. 4 Satz 4 Buchst. b des Einkommensteuergesetzes steuerfreie Betrag von Versorgungsbezügen;**
2. **die einkommensabhängigen, nach § 3 Nr. 6 des Einkommensteuergesetzes steuerfreien Bezüge, die auf Grund gesetzlicher Vorschriften aus öffentlichen Mitteln versorgungshalber an Wehr- und Zivildienstbeschädigte oder ihre Hinterbliebenen, Kriegsbeschädigte und Kriegshinterbliebene sowie ihnen gleichgestellte Personen gezahlt werden;**
3. **die den Ertragsanteil oder den der Besteuerung unterliegenden Anteil nach § 22 Nr. 1 Satz 3 Buchst. a des Einkommensteuergesetzes übersteigenden Teile von Leibrenten;**
4. **die nach § 3 Nr. 3 des Einkommensteuergesetzes steuerfreien**

   a) Rentenabfindungen,
   b) Beitragserstattungen,
   c) Leistungen aus berufsständischen Versorgungseinrichtungen,
   d) Kapitalabfindungen,
   e) Ausgleichszahlungen;
5. die nach § 3 Nr. 1 Buchst. a des Einkommensteuergesetzes steuerfreien
   a) Renten wegen Minderung der Erwerbsfähigkeit nach den §§ 56 bis 62 des Siebten Buches Sozialgesetzbuch,
   b) Renten und Beihilfen an Hinterbliebene nach den §§ 63 bis 71 des Siebten Buches Sozialgesetzbuch,
   c) Abfindungen nach den §§ 75 bis 80 des Siebten Buches Sozialgesetzbuch;
6. die Lohn- und Einkommensersatzleistungen nach § 32 b Absatz 1 Satz 1 Nummer 1 des Einkommensteuergesetzes; § 10 des Bundeselterngeld- und Elternzeitgesetzes bleibt unberührt;
7. die ausländischen Einkünfte nach § 32 b Absatz 1 Satz 1 Nummer 2 bis 5 sowie Satz 2 und 3 des Einkommensteuergesetzes;
8. die Hälfte der nach § 3 Nr. 7 des Einkommensteuergesetzes steuerfreien
   a) Unterhaltshilfe nach den §§ 261 bis 278 a des Lastenausgleichsgesetzes,
   b) Beihilfe zum Lebensunterhalt nach den §§ 301 bis 301 b des Lastenausgleichsgesetzes,
   c) Unterhaltshilfe nach § 44 und Unterhaltsbeihilfe nach § 45 des Reparationsschädengesetzes,[1]
   d) Beihilfe zum Lebensunterhalt nach den §§ 10 bis 15 des Flüchtlingshilfegesetzes,

   mit Ausnahme der Pflegezulage nach § 269 Abs. 2 des Lastenausgleichsgesetzes;
9. die nach § 3 Nr. 1 Buchst. a des Einkommensteuergesetzes steuerfreien Krankentagegelder;
10. die Hälfte der nach § 3 Nr. 68 des Einkommensteuergesetzes steuerfreien Renten nach § 3 Abs. 2 des Anti-D-Hilfegesetzes;
11. die nach § 3 b des Einkommensteuergesetzes steuerfreien Zuschläge für Sonntags-, Feiertags- oder Nachtarbeit;
12. die nach § 37 b des Einkommensteuergesetzes von dem Arbeitgeber pauschal besteuerten Sachzuwendungen;
13. der nach § 40 a des Einkommensteuergesetzes von dem Arbeitgeber pauschal besteuerte Arbeitslohn abzüglich der zu erwartenden Aufwendungen zu dessen Erwerb, Sicherung und Erhaltung, höchstens jedoch bis zur Höhe des Arbeitslohns;

---

1 **Aufgeh.** mWv 30.6.2006 durch G v. 21.6.2006 (BGBl. I, 1323).

14. die nach § 3 Nr. 56 des Einkommensteuergesetzes steuerfreien Zuwendungen des Arbeitgebers an eine Pensionskasse und die nach § 3 Nr. 63 des Einkommensteuergesetzes steuerfreien Beiträge des Arbeitgebers an einen Pensionsfonds, eine Pensionskasse oder für eine Direktversicherung zum Aufbau einer kapitalgedeckten betrieblichen Altersversorgung;
15. der nach § 20 Abs. 9 des Einkommensteuergesetzes steuerfreie Betrag (Sparer-Pauschbetrag), soweit die Kapitalerträge 100 Euro übersteigen;
16. die auf erhöhte Absetzungen entfallenden Beträge, soweit sie die höchstmöglichen Absetzungen für Abnutzung nach § 7 des Einkommensteuergesetzes übersteigen, und die auf Sonderabschreibungen entfallenden Beträge;
17. der nach § 3 Nr. 27 des Einkommensteuergesetzes steuerfreie Grundbetrag der Produktionsaufgaberente und das Ausgleichsgeld nach dem Gesetz zur Förderung der Einstellung der landwirtschaftlichen Erwerbstätigkeit;
18. die nach § 3 Nr. 60 des Einkommensteuergesetzes steuerfreien Leistungen aus öffentlichen Mitteln an Arbeitnehmer des Steinkohlen-, Pechkohlen- und Erzbergbaues, des Braunkohlentiefbaues und der Eisen- und Stahlindustrie aus Anlass von Stilllegungs-, Einschränkungs-, Umstellungs- oder Rationalisierungsmaßnahmen;
19. die nach § 22 Nr. 1 Satz 2 des Einkommensteuergesetzes dem Empfänger oder der Empfängerin nicht zuzurechnenden Bezüge, die ihm oder ihr von einer Person, die kein Haushaltsmitglied ist, gewährt werden, mit Ausnahme der Bezüge bis zu einer Höhe von 4 800 Euro jährlich, die für eine Pflegeperson oder Pflegekraft geleistet werden, die den Empfänger oder die Empfängerin wegen eigener Pflegebedürftigkeit im Sinne des § 14 des Elften Buches Sozialgesetzbuch pflegt;
20. a) die Unterhaltsleistungen des geschiedenen oder dauernd getrennt lebenden Ehegatten, mit Ausnahme der Unterhaltsleistungen bis zu einer Höhe von 4 800 Euro jährlich, die für eine Pflegeperson oder Pflegekraft geleistet werden, die den Empfänger oder die Empfängerin wegen eigener Pflegebedürftigkeit im Sinne des § 14 des Elften Buches Sozialgesetzbuch pflegt,
    b) die Versorgungsleistungen und die Leistungen auf Grund eines schuldrechtlichen Versorgungsausgleichs,

    soweit diese Leistungen nicht von § 22 Nr. 1 a, 1 b oder Nr. 1 c des Einkommensteuergesetzes erfasst sind;
21. die Leistungen nach dem Unterhaltsvorschussgesetz;
22. die Leistungen von Personen, die keine Haushaltsmitglieder sind, zur Bezahlung der Miete oder Aufbringung der Belastung, soweit die Leistungen nicht von Absatz 1 Satz 1, von Nummer 19 oder Nummer 20 erfasst sind;
23. die nach § 3 Nr. 48 des Einkommensteuergesetzes steuerfreien

a) allgemeinen Leistungen nach § 5 des Unterhaltssicherungsgesetzes,
b) Leistungen für Grundwehrdienst leistende Sanitätsoffiziere nach § 12 a des Unterhaltssicherungsgesetzes;

24. die Hälfte der Pauschale für die laufenden Leistungen für den notwendigen Unterhalt ohne die Kosten der Erziehung von Kindern, Jugendlichen oder jungen Volljährigen nach § 39 Abs. 1 in Verbindung mit § 33 oder mit § 35 a Abs. 2 Nr. 3, auch in Verbindung mit § 41 Abs. 2 des Achten Buches Sozialgesetzbuch, als Einkommen des Kindes, Jugendlichen oder jungen Volljährigen;
25. die Hälfte der Pauschale für die laufenden Leistungen für die Kosten der Erziehung von Kindern, Jugendlichen oder jungen Volljährigen nach § 39 Abs. 1 in Verbindung mit § 33 oder mit § 35 a Abs. 2 Nr. 3, auch in Verbindung mit § 41 Abs. 2 des Achten Buches Sozialgesetzbuch, als Einkommen der Pflegeperson;
26. die Hälfte der nach § 3 Nr. 36 des Einkommensteuergesetzes steuerfreien Einnahmen für Leistungen zur Grundpflege oder hauswirtschaftlichen Versorgung einer Person, die kein Haushaltsmitglied ist;
27. die Hälfte der als Zuschüsse erbrachten

    a) Leistungen zur Förderung der Ausbildung nach dem Bundesausbildungsförderungsgesetz,
    b) Leistungen der Begabtenförderungswerke, soweit sie nicht von Nummer 28 erfasst sind,
    c) Stipendien, soweit sie nicht von Buchst. b, Nummer 28 oder Nummer 29 erfasst sind,
    d) Berufsausbildungsbeihilfen und des Ausbildungsgeldes nach dem Dritten Buch Sozialgesetzbuch,
    e) Beiträge zur Deckung des Unterhaltsbedarfs nach dem Aufstiegsfortbildungsförderungsgesetz;
28. die als Zuschuss gewährte Graduiertenförderung;
29. die Hälfte der nach § 3 Nr. 42 des Einkommensteuergesetzes steuerfreien Zuwendungen, die auf Grund des Fulbright-Abkommens gezahlt werden;
30. die wiederkehrenden Leistungen nach § 7 Abs. 1 Satz 1 Nr. 1 bis 9, auch wenn bei deren Berechnung keine Kosten der Unterkunft berücksichtigt worden sind, soweit sie nicht von Nummer 24 oder Nummer 25 erfasst sind oder wenn kein Fall des § 7 Abs. 1 Satz 3 Nr. 2 oder Abs. 2 Satz 2 Nr. 2 vorliegt;
31. der Mietwert des von den in § 3 Abs. 1 Satz 2 Nr. 2 genannten Personen selbst genutzten Wohnraums.

(3) Zum Jahreseinkommen gehören nicht:

1. Einkünfte aus Vermietung oder Verpachtung eines Teils des Wohnraums, für den Wohngeld beantragt wird;

2. **das Entgelt, das eine den Wohnraum mitbewohnende Person im Sinne des § 11 Abs. 2 Nr. 3 hierfür zahlt;**
3. **Leistungen einer nach § 68 des Aufenthaltsgesetzes verpflichteten Person, soweit sie von § 11 Abs. 2 Nr. 5 erfasst sind.**

I. Entstehungsgeschichte, Allgemeines

1 Die vorstehende Norm trat mit dem 1.1.2009 an Stelle des bis zum 31.12.2008 geltenden § 10 WoGG aF. Die Norm wurde während der Ausschussberatung[2] erstmals wesentlich geändert und fand bereits vor ihrem Erscheinen eine weitere Änderung durch Art. 1 Nr. 4 iVm Art. 3 des ersten Gesetzes zur Änderung des Wohngeldgesetzes vom 22.12.2008.[3] Der Gesetzeswortlaut spricht nun nicht mehr von dem Einkommen der zum Haushalt rechnenden Familienmitglieder, sondern von den zu berücksichtigenden Haushaltsmitgliedern. Eine inhaltliche Änderung sollte nach dem Willen des Gesetzgebers hiermit nicht verbunden sein.[4] Die Regelung wurde durch Gesetz vom 9.12.2010 mit Wirkung vom 1. 1.2011 in Abs. 2 Nr. 6, Nr. 7 weiter geändert.[5] Die jetzige Form in der Vorgängervorschrift des § 10 erhielt die Norm durch Art. 17 Nr. 2 zur Änderung des Wohngeldgesetzes vom 13.9.2001 mit Wirkung vom 1.1. 2002.[6] In der Vorgängervorschrift wurde noch „alle Einnahmen in Geld oder Geldeswert ohne Rücksicht auf ihre Quelle und ohne Rücksicht darauf, ob sie als Einkünfte im Sinne des Einkommensteuergesetzes steuerpflichtig sind" als anrechenbar angesehen. Die Vorgängervorschrift entsprach damit den in dem Sozialhilferecht (§ 82 Abs. Satz 1 SGB XII) und in der Grundsicherung für Arbeitsuchende (§ 11 Abs. 1 Satz 1 SGB II) geltenden Regelungen. Nunmehr knüpft die Norm grundsätzlich an den Einkommensbegriff nach dem Einkommensteuerrecht an, sieht aber in Abs. 2 einen solch umfangreichen Katalog von Ausnahmen vor, die steuerlich nicht oder nicht im vollen Umfang zu berücksichtigen sind, dass die Unterschiede zur früheren Rechtslage weitgehend nivelliert werden.

Unterhaltsleistungen, die im Rahmen einer Unterhaltspflicht geleistet werden, sind nicht dem Empfänger (Unterhaltsverpflichteten) als Einkommen zuzurechnen (§ 22 Satz 2 EStG). Diese werden gleichwohl mit Ausnahme ei-

2 BT-Drucks. 16/6543, 95; BT-Drucks. 16/8918 S. 16.
3 BGBl. I, 22.12.2008, 2963.
4 BT-Drucks. 16/6543, 95.
5 BGBl. I, 9.12.2010, 1885.
6 BGBl. I, 13.9.2009, 2376.

nes Betrages iHv 4.800 EUR jährlich als Einkommen angerechnet (§ 14 Abs. 2 Nr. 19, Nr. 20).

II. Erläuterungen

1. Anrechnung von Einkommen aus steuerpflichtigen Bezügen

2 Das Jahreseinkommen im Sinne des § 14 Abs. 1 Satz 1 ist die Summe der positiven Einkünfte aus den sieben im Einkommensteuerecht vorgesehenen Einkunftsarten (§ 2 Abs. 1 S. 1 EStG) und zwar bei den Einkünften aus Land- und Forstwirtschaft, Gewerbebetrieb und selbstständiger Tätigkeit der Gewinn und bei den übrigen Einkunftsarten der Überschuss der Einnahme über die Werbungskosten (§ 2 Abs. 2 EStG). Zum Jahreseinkommen gehören auch die steuerlich nur teilweise zu berücksichtigenden Einkünfte aus Kapitalvermögen, die nur mit einem Steuersatz von 25 % versteuert werden (§§ 2 Abs. 5 a iVm § 32 d Abs. 1 und § 43 Abs. 5 EStG), weil der Begriff des Einkommens im Steuerrecht auf außersteuerliche Regelungen, wie dem Einkommensbegriff des WoGG keine Anwendung findet (§ 2 Abs. 5 a EStG). Es werden nur die positiven Einkommen berücksichtigt, so dass ein Verlustausgleich mit einer anderen Einkommensart nicht in Frage kommt. Unberührt von diesem „Verrechnungsverbot" bleibt die Möglichkeit von Verrechnungen mit negativen Einkünften aus derselben Einkommensart innerhalb des Jahres (§ 14 Abs. 1 Satz 3).

3 Nach Abs. 1 Satz 3 ist zusätzlich ein **Verlustausgleich**, bei Wahl der gemeinsamen Veranlagung von Ehegatten zur Einkommensteuer auch bei gleicher Einkunftsart, **nicht zulässig**.

4 **Sonderabschreibungen für Ansparungen** sind nach Abs. 1 Satz 2 (§ 7 g Abs. 1 bis 4 und Abs. 7 EStG) während der Ansparphase nicht einkommensmindernd zu berücksichtigen und werden bei der Ermittlung des Jahreseinkommens als Einkommen berücksichtigt. Die Ansparabschreibungen stehen als Einkommen dem Antragsteller tatsächlich zum Lebensunterhalt und damit zur Sicherung des Wohnraumes zur Verfügung. Eine Nichtberücksichtigung liefe dem Zweck des Wohngeldes, einer subsidiären Sicherung von Wohnraum (§ 1 Abs. 1), entgegen. Macht eine Personengesellschaft, zB eine BGB-Gesellschaft, von der Ansparabschreibung Gebrauch, sind die Ansparungen dem Gewinnabzug des berechtigten Haushaltsmitgliedes hinzuzurechnen (Verweis auf § 7 g Abs. 7 EStG). Problematisch wird diese gesetzgeberische Entscheidung, wenn das Haushaltsmitglied die Ansparabschreibung mangels Einflusses in der Personengesellschaft nicht vermeiden kann. Der Gesellschafter einer Personengesellschaft ist dann in der gleichen Lage wie ein Minderheitsgesellschafter einer Kapitalgesellschaft (zB GmbH), bei der der Gesellschafter von der Ansparabschreibung der Kapitalgesellschaft wohngeldrechtlich nicht betroffen ist. Diesen Fall wird man dadurch lösen können, dass unter positiven Einkünften im Sinne des § 14 Abs. 1 nur solche Einkünfte verstanden werden, die dem Haushaltsmitglied tatsächlich zur

Verfügung stehen.[7] Nach dem im Sozialhilferecht bestehenden Faktizitätsprinzip[8] kann nur präsentes Einkommen dem Lebensunterhalt zur Verfügung steht. Eine Anrechnung von fiktivem Einkommen kommt daher grundsätzlich nicht in Betracht. Dieser Grundsatz kann auch im Wohngeldrecht übernommen werden, weil auch der Einkünftebegriff im Einkommensteuerrecht bei der Einnahmen-Ausgabenrechnung (§ 4 Abs. 3 EStG) an die tatsächlichen Einnahmen und Ausgaben anknüpft und Forderungen, die nicht in Bemessungszeitraum eingehen, unbeachtet lässt. Dem steht nicht entgegen, dass die von den Haushaltsangehörigen erzielten Einkommen für den zukünftigen Bewilligungszeitraum durch die Wohngeldstelle grundsätzlich nicht exakt ermittelt werden können, weil Prognosen (§ 15 Abs. 1 Satz 1) regelmäßig unsicher sind. In der Prognose muss auch das Risiko der Realisierbarkeit von Forderungen beachtet werden.[9]

Sachbezüge sind auch einkommensteuerrechtlich als Einnahmen anzusehen, 5
denn Einnahmen sind alle Güter, die in Geld oder in Geldeswert bestehen (§ 8 Abs. 1 EStG).[10] Sie werden als Einnahmen nur berücksichtigt, wenn sie dem Steuerpflichtigen resp. dem Haushaltsmitglied zufließen. Die Bewertung richtet sich nach § 8 Abs. 2 EStG. Bei Arbeitnehmern beurteilen sich Sachbezüge nach der Sachbezugsverordnung (§ 8 Abs. 2 Satz 6 EStG; § 17 Abs. 1 Nr. 3 SGB IV).

Steuerfreie Bezüge sind, wenn sie nicht ausdrücklich nach Abs. 2 gleichwohl 6
als Einkommen angesehen werden, nicht zu berücksichtigen. Eine Übersicht findet sich in den §§ 3 bis 3 c EStG.

2. Anrechnung von Einkommen aus ansonsten steuerfreien Bezügen

In Abs. 2 wird die Anrechenbarkeit von ansonsten ganz oder teilweise steu- 7
erfreien Einnahmen hergestellt.

Abs. 2 Nr. 1 erklärt **Versorgungsbezüge** in voller Höhe für steuerlich anre- 8
chenbar. Versorgungsbezüge sind unter anderem das Ruhegehalt von Beamten oder eine Versorgungsleistung aus sonstigen Dienstverhältnissen, die wegen Erwerbsminderung oder dem Erreichen einer Altersgrenze geleistet werden (§ 19 Abs. 2 Nr. 1 und Nr. 2 EStG). Zu den Letzteren gehört insbesondere die betriebliche Altersvorsorge. Renten der gesetzlichen Rentenversicherung und berufsständischer Versorgungswerke werden in § 22 Nr. 4 Satz 4 Buchst. a EStG und unter § 14 Abs. 2 Nr. 3 gesondert erfasst.

In Nr. 2 werden die Leistungen nach dem BVG für eine Wehr- und Zivil- 9
dienstschädigung, die nach § 3 Nr. 3 EStG steuerfrei sind, als Einkommen einbezogen. Hierzu zählen nicht die einkommensunabhängigen **Grundrenten** nach dem BVG und den auf das BVG verweisenden Gesetze, wie das Opfer-

7 So wohl auch BVerwG 11.12.2003 – 5 C 83/02.
8 Rothkegel, Sozialhilferecht, Baden-Baden 2005, Teil II Rn 14.
9 Anderer Ansicht ohne nähere Begründung Gutekunst/Stadtler/Fröba zu § 10 Rn 17.
10 Vgl OVG Berlin-Brandenburg 22.3.2011 – OVG 6 M 14.11.

entschädigungsgesetz und das Impfschadensgesetz. Als Einkommen angerecht wird demnach der Berufsschadenausgleich, der geleistet wird, wenn sich durch den Schaden das Einkommen aus gegenwärtiger oder früherer Rente mindert (§ 30 Abs. 3 BVG). Erfasst werden lediglich einkommensabhängige Versorgungsbezüge.

10 Bei den in Nr. 3 genannten Leibrenten handelt es sich in erster Linie um **Bezüge aus der gesetzlichen Rentenversicherung**, der landwirtschaftlichen Alterskasse und berufsständischen Versorgungseinrichtungen (Versorgung von Ärzten, Architekten und Rechtsanwälten) und von sogenannten Basisrenten (§ 10 Abs. 1 Nr. 2 Buchst. b EStG). Diese werden bis zum Rentenbeginn im Jahr 2005 nur mit einem Anteil von 50% besteuert und unterliegen ab dem Jahr 2040 in voller Höhe der Besteuerung. Diese Renten werden, da sie der Existenzsicherung dienen, im Wohngeldrecht in voller Höhe als Einkommen angerechnet.

11 Unter Nr. 4 werden die in § 3 Nr. 3 EStG genannten steuerfreien **Rentenabfindungen und Beitragserstattungen** erfasst. Mit Leistungen der berufsständischen Versorgungseinrichtungen sind nur die Rentenabfindungen und Beitragserstattungen gemeint. Die Gesetzesfassung ist insoweit unklar. Aus der Verweisung auf die Regelung in § 3 Nr. 3 EStG wird jedoch deutlich, dass nur diese Leistungen gemeint sein können. Kapitalabfindungen und Ausgleichszahlungen sind solche nach dem Beamtenversorgungsgesetz, dem Soldatenversorgungsgesetz oder entsprechenden landesrechtlichen Vorschriften.

12 Nr. 5 regelt die Anrechnung von **Geldleistungen der gesetzlichen Unfallversicherung**. Diese sind nach § 3 Nr. 1 Buchst. a EStG neben Leistungen der Kranken- und Pflegeversicherung einkommensteuerfrei. Leistungen der Unfall-, Pflege- und Krankenversicherung werden als Sachleistungen oder Geldleistungen erbracht. Renten wegen Minderung der Erwerbsfähigkeit (§§ 56 bis 62 SGB XII), Renten und Beihilfen für Hinterbliebene (§§ 63 bis 71 SGB VII) und Rentenabfindungen (§§ 75 bis 80 SGB VII) sind Geldleistungen, die Existenz sichern und deshalb im Wohngeld als Einkommen angerechnet werden.

13 Nr. 6 erfasst die in § 32 b Abs. 1 Satz 1 Nr. 1 EStG erfassten Sozialleistungen:

§ 32 b Progressionsvorbehalt EStG

(1) [1]Hat ein zeitweise oder während des gesamten Veranlagungszeitraums unbeschränkt Steuerpflichtiger oder ein beschränkt Steuerpflichtiger, auf den § 50 Absatz 2 Satz 2 Nummer 4 Anwendung findet,

1. a) Arbeitslosengeld, Teilarbeitslosengeld, Zuschüsse zum Arbeitsentgelt, Kurzarbeitergeld, Winterausfallgeld, Insolvenzgeld, Arbeitslosenhilfe, Übergangsgeld, Altersübergangsgeld, Altersübergangsgeld-Ausgleichsbetrag, Unterhaltsgeld als Zuschuss, Eingliederungshilfe nach dem dritten Buch Sozialgesetzbuch oder dem Arbeitsförderungsgesetz, das aus dem Europäischen Sozialfonds finanzierte Unterhaltsgeld sowie Leistungen nach § 10 des Dritten Buches Sozialgesetzbuch, die dem Lebensunterhalt dienen; Insolvenzgeld, das nach § 170 Absatz 1 des Dritten

Buches Sozialgesetzbuch einem Dritten zusteht, ist dem Arbeitnehmer zuzurechnen,

b) Krankengeld, Mutterschaftsgeld, Verletztengeld, Übergangsgeld oder vergleichbare Lohnersatzleistungen nach dem Fünften, Sechsten oder Siebten Buch Sozialgesetzbuch, der Reichsversicherungsordnung, dem Gesetz über die Krankenversicherung der Landwirte oder dem Zweiten Gesetz über die Krankenversicherung der Landwirte,
c) Mutterschaftsgeld, Zuschuss zum Mutterschaftsgeld, die Sonderunterstützung nach dem Mutterschutzgesetz sowie den Zuschuss bei Beschäftigungsverboten für die Zeit vor oder nach einer Entbindung sowie für den Entbindungstag während einer Elternzeit nach beamtenrechtlichen Vorschriften,
d) Arbeitslosenbeihilfe oder Arbeitslosenhilfe nach dem Soldatenversorgungsgesetz,
e) Entschädigungen für Verdienstausfall nach dem Infektionsschutzgesetz vom 20. Juli 2000,[11]
f) Versorgungskrankengeld oder Übergangsgeld nach dem Bundesversorgungsgesetz,
g) nach § 3 Nummer 28 steuerfreie Aufstockungsbeträge oder Zuschläge,
h) Verdienstausfallentschädigung nach dem Unterhaltssicherungsgesetz,
i) (weggefallen)
j) Elterngeld nach dem Bundeselterngeld- und Elternzeitgesetz oder...[12]

Zur Klarstellung wird geregelt, dass Elterngeld und vergleichbare Leistungen der Länder bis zu einer Höhe von 300 EUR monatlich als Einkommen unberücksichtigt bleibt und wegen dieser Leistung Wohngeld nicht versagt (abgelehnt) werden kann (§ 10 Abs. 1, 2 BEEG). Ein Erziehungsgeld/ Elterngeld nach landesrechtlichen Vorschriften gibt es in Bayern,[13] Sachsen,[14] Thüringen[15] und Mecklenburg-Vorpommern.[16]

Nr. 7 behandelt die nach § 32 b Abs. 1 Satz 1 Nr. 2 EStG **steuerfreien ausländischen Einkünfte.** 14

Nr. 8 Buchst. a behandelt die mittlerweile seltenen Fälle der Gewährung einer **Kriegsschadensrente** (§§ 261 bis 278 a LAG), 15

Buchst. b Unterhaltsbeihilfen für Vertriebene und Flüchtlinge (§§ 301 bis 301 b LAG),

Buchst. c Unterhaltshilfen nach dem RepG (§ 45 RepG), dass auf die Regelung des § 301 LAG verweist und

Buchst. d betrifft Unterhaltsleistungen nach dem Flüchtlingshilfegesetz (FlüHG), hiervon werden nur Personen erfasst, die vor dem 1.1.1907 (Männer) bzw vor dem 1.1.1912 (Frauen) geboren sind (§ 11 Abs. 1 FlüHG).

Diese Einkünfte werden zur Hälfte als Einkommen angerechnet. Hiervon ausgenommen ist die Pflegezulage (§ 269 Abs. 2 LAG).

---

11 BGBl. I, 1045, 20.7.2000.
12 Vom Abdruck des § 32 b Abs. 1 Satz 1 Nr. 2 bis 5, Satz 2, 3 und der Abs. 2 bis 3 wurde aus Platzgründen abgesehen
13 Bayerisches LEGG vom 30.8.2012, GVBl. 2012, 391.
14 SächsLErzGG vom 7.1.2008, GVBl. 2008, 60.
15 Thüringer Erziehungsgeldgesetz vom 3.2.2006, GVBl. 2006, 46.
16 LErzGG MV vom 25.6.1999, GVBl MV, 385, 393.

16 Nr. 9 regelt die Anrechenbarkeit von **Krankentagegeld**, welches von privaten Krankenversicherungen als Lohnersatzleistung an ihre Versicherten im Falle der Arbeitsunfähigkeit (§ 192 Abs. 5 VVG) oder eines Krankenhausaufenthaltes (§ 192 Abs. 4 VVG) gezahlt wird. Das Krankengeld (§ 44 SGB V), das von den gesetzlichen Krankenkassen geleistet wird, ist in Nr. 6 als Einkommen zu berücksichtigen.

17 Nr. 10 behandelt die Anrechnung von Grundleistungen nach dem **Anti-D-Hilfegesetz** (AntiDHG). Diese werden als Rente (§ 3 Abs. 2 AntiDHG) oder als Einmalleistungen (§ 3 Abs. 3 AntiDHG) geleistet. Die Rente wird zu Hälfte als Einkommen angerechnet. Die hälftige Anrechnung ist hier gerechtfertigt, weil die Höhe der Rente bei gleicher Schädigungsfolge etwa doppelt so hoch ist, wie die Grundrente nach dem Bundesversorgungsgesetz (§ 31 Abs. 1 BVG). Hilfen erhalten Frauen, die in den Jahren 1978 und 1979 im Beitrittsgebiet (Art. 3 EingV) bei einer durchgeführten Anti-D-Immunprophylaxe mit Hepatitis-C-Viren infiziert wurden (§ 1 Abs. 1 AntiDHG).

18 Nr. 11 behandelt die **Sonntags-, Feiertags- und Nachtarbeitszuschläge**, die nach § 3 b EStG steuerfrei sind, wenn sie einen bestimmten Anteil vom Stundenlohn nicht überschreiten. Diese werden als Einkommen angerechnet.

19 Nr. 12 behandelt die **Sachzuwendungen** des Arbeitgebers im Rahmen eines Arbeitsverhältnisses (§ 37 b EStG). Diese werden vom Arbeitgeber pauschal besteuert, unterliegen mithin nicht der Besteuerung, so dass sie nicht anrechenbar sind. Diese Sachzuwendungen werden nunmehr wieder einbezogen. Nicht einbezogen werden geringfügige Sachzuwendungen bis zu einem Wert von 40 EUR.[17] Zu den Sachzuwendungen in Form eines Gutscheines wird auf die Entscheidung des Bundesfinanzhofes vom 11.11.2010 verwiesen .[18]

20 Nr. 13 regelt die Anrechnung von pauschal besteuertem Einkommen in erster Linie aus den sogenannten **„Mini-Jobs“** (§§ 8 Abs. 1, 8 a SGB IV, § 40 a Abs. 2 EStG). Diese sind für den Arbeitnehmer steuerfrei, werden nach dem Wohngeldrecht gleichwohl als Einkommen angerechnet. Von dem Einkommen sind die Werbungskosten (Aufwendungen zu dessen Erwerb, Sicherung und Erhaltung) in konkreter Höhe abzuziehen. Mit der Begrenzung auf die Höhe des Entgeltes wird dem Grundsatz Rechnung getragen, dass eine Verrechnung mit negativen Einkünften nicht möglich ist (§ 14 Abs. 1 Satz 3).

21 Nr. 14 bestimmt die Anrechenbarkeit der Leistungen eines Arbeitsgebers an eines Pensionskasse für einen nicht kapitalgedeckte **betriebliche Altersvorsorge** (§ 3 Nr. 56 EStG) und eine kapitalgedeckte betriebliche Altersvorsorge (§ 3 Nr. 63 EStG).

22 Nr. 15 behandelt die **Einkünfte aus Kapitalvermögen**. Übersteigen diese Einkünfte im Jahr einen Betrag von 100 EUR, so bleibt im Einkommensteuer-

17 Lohnsteuerrichtlinie 2011 R 19.6.
18 BFH 11.11.2010 – VI R 41/10.

recht bei einer alleinstehenden Person jährlich ein Betrag in Höhe von 801 EUR und bei zusammen veranlagten Ehegatten ein Betrag in Höhe von 1.602 EUR als pauschaler Werbungskostenabzug ohne Berücksichtigung (§ 20 Abs. 9 EStG). Der pauschale Werbungskostenabzug ist im Wohngeldrecht auf 100 EUR begrenzt, so dass diese Einkünfte im Wohngeldrecht weitergehend angerechnet werden.

In Nr. 16 sind die Abschreibungen (**Absetzungen für Abnutzung**, AfA) eingeschränkt. Diese werden auf die Abschreibungen nach § 7 EStG beschränkt, so dass Abschreibungen nach den §§ 7a bis 7k EStG (erhöhte Abschreibungen) bei der Einkommensberechnung im Wohngeldrecht den Einkünften hinzugerechnet werden müssen. Ebenso wenig sind Sonderabschreibungen (§ 4 Fördergebietsgesetz) nicht zu berücksichtigen, bzw auf die Abschreibungen nach § 7 EStG zu beschränken. Erhöhte Abschreibungen und Sonderabschreibungen sind anders als die AfA steuerliche Vergünstigungen, die im Wohngeldrecht nicht berücksichtigt werden sollen. 23

Nach Nr. 17 wird der an Landwirte gezahlte steuerfreie Anteil an der **Produktionsaufgaberente** (§ 3 Nr. 27 EStG) in Höhe von 18.407 EUR jährlich dem Jahreseinkommen hinzugerechnet. Landwirte, die eine Altersgrenze überschritten haben, können bei Einstellung ihres Betriebes bzw ihrer Tätigkeit eine Produktionsaufgaberente beziehen (§§ 9 ff FELEG). 24

Nr. 18 behandelt die **Anpassungsleistungen an Beschäftigte des Bergbaus und der Stahlindustrie**, die an Arbeitnehmer gezahlt werden. Dies sind zB Leistungen, die über die Knappschaftsausgleichsleistungen (§ 239 SGB VI) hinaus geleistet werden. Bei der Knappschaftsausgleichleistung handelt es sich um eine anzurechnende Rente im Sinne des § 14 Abs. 2 Nr. 1. 25

Nach Nr. 19 sind laufende **Unterhaltsleistungen**, die freiwillig, aufgrund freiwilliger Verpflichtung oder aufgrund eines Unterhaltsanspruches geleistet werden, bei dem Empfänger dieser Leistungen entgegen der steuerrechtlichen Bestimmung (§ 22 Nr. 1 Satz 1 EStG) als Einkommen zu berücksichtigen, wenn sie von einer Person, die nicht zu dem nachfragenden Haushalt gehört, geleistet werden. Nicht zu den laufenden Unterhaltsleistungen gehören einmalige Leistungen, weil § 22 Abs. 1 EStG nur wiederkehrende Bezüge zB Geldrenten (§§ 1585 Abs. 1, 1612 Abs. 1 Satz 1 BGB) erfasst.[19] Unterhaltsleistungen in der Haushaltsgemeinschaft werden bereits deshalb nicht berücksichtigt, weil sie im Rahmen der Ermittlung des Gesamteinkommens Berücksichtigung finden (§ 13 Abs. 1). 26

Wird Unterhalt an eine pflegebedürftige Person geleistet, so bleibt ein Betrag in Höhe von jährlich 4.800 EUR anrechnungsfrei, wenn dieser an eine Pflegeperson (§ 19 SGB XI) weitergeleitet wird. Nach der Gesetzbegründung soll auch die Weiterleitung an eine gewerbsmäßige Pflegeperson (Einrichtung)

19 VG Würzburg 14.6.2012 – W 3 K 09.1101.

ausreichend für eine Privilegierung des Unterhaltes sein.[20] Die Pflegebedürftigkeit im Sinne des § 14 Abs. 1 SGB XI liegt nur vor, wenn mindestens die Pflegestufe I (§ 15 Abs. 1 Satz 1 Nr. 1 SGB XI) vorliegt.

Derjenige Teil des Unterhaltes, der zur Deckung der Kosten einer Pflegeperson dient, muss unmittelbar an diese oder zumindest mit entsprechender Zweckbestimmung durch die zahlende Person geleistete werden (Pflicht zur Weiterleitung).[21]

27 Nr. 20 a und b behandeln auch **Unterhaltsleistungen zwischen geschiedenen und dauernd getrennt lebenden Ehegatten** und Leistungen aus einem schuldrechtlichen Versorgungsausgleich als anrechenbares Einkommen nach dem WoGG. Auch hier handelt es sich um eine Leistung einer nicht zum Haushalt gehörigen Person. Die Regelung ist speziell auf Unterhaltszahlungen aus dem Ausland zugeschnitten, weil diese nicht steuerpflichtig sind.[22]

Auch hier wird wieder ein Anteil bis zur Höhe von jährlich 4.800 EUR, der an eine Pflegeperson weitergeleitet wird, privilegiert.

28 Nr. 21 **Leistungen nach dem Unterhaltsvorschussgesetz** (UVorschG) werden zur Klarstellung ausdrücklich erwähnt, obwohl sie als Unterhaltsleistungen bereits von Nr. 19 erfasst werden.

29 Nr. 22 erfasst über die in Nr. 19 bis Nr. 21 genannten Unterhaltsleistungen auch **Leistungen privater Dritter**, die nicht Haushaltsmitglieder sind, zur Minderung der Miete oder der Aufbringung der Belastung als anrechenbares Einkommen. Aufwendungen öffentlicher (Sozial-)Leistungsträger werden demgegenüber von der zu berücksichtigenden Miete oder Belastung abgezogen (§ 11 Abs. 2 Nr. 4).

30 Nr. 23 Buchst. a und Buchst. b erklärt die steuerfreien Leistungen nach dem Unterhaltssicherungsgesetz (§ 3 Nr. 48 EStG) an Familienangehörige von **Wehrpflichtigen und Zivildienstleistenden** (§ 5 USG) und an Grundwehrdienst leistende Sanitätsoffiziere (§ 12 a USG) zum anrechenbaren Einkommen. Die Leistungen nach dem USG, die seit Aussetzung der Wehrpflicht kein große praktische Bedeutung mehr haben, betrifft nur freiwillig Wehrdienst leistende Personen (§ 54 WPflG).

31 Nr. 24 und Nr. 25 regeln die Anrechnung von Leistungen, die im Rahmen der **Kinder- und Jugendhilfe** für Kinder und Jugendliche sowie für junge Erwachsene erbracht werden. Hier sind zu unterscheiden die Leistungen zum Unterhalt (Nr. 25) und die Leistung zur Erziehung (Nr. 26).

Die Leistungen zum laufenden Unterhalt sind dem Kind, Jugendlichen oder jungen Erwachsenen zurechenbar und die Leistungen zur Erziehung der Pflegeperson. Es werden jeweils die Hälfte der Pauschalen (§ 39 Abs. 5 SGB VIII

20 BT-Drucks. 16/6543, 96.
21 Wohngeld-Verwaltungsvorschrift 2009 – WoGVwV 2009 – 14.21.19.
22 BT-Drucks. 16/6543, 97 mit Hinweis auf BFH 31.3.2004 – X R 18/03.

= Unterhalt und § 39 Abs. 4 SGB VIII = Erziehungshilfe), wie sie nach dem Landesrecht festgelegt werden, als Einkommen angerechnet.

Nr. 26 regelt die hälftige Anrechnung von **weitergeleitetem Pflegegeld** des Pflegebedürftigen an eine nicht erwerbsmäßige Pflegeperson (§ 19 Abs. 1 SGB XI) als anrechenbares Einkommen. Diese Einnahmen sind steuerfrei (§ 3 Nr. 26 EStG), allerdings im Wohngeldrecht zur Hälfte anrechenbar. 32

Nr. 26, Nr. 27 und Nr. 28 regeln die Anrechenbarkeit von **Ausbildungsförderung** im weiteren Sinne. 33

Ausbildungsförderung nach dem Bundesausbildungsförderungsgesetz wird als Zuschuss (§ 17 Abs. 1 BAföG) und bei einem Besuch von höheren Fachschulen, Akademien und Hochschulen sowie bei der Teilnahme an einem Praktikum, das im Zusammenhang mit dem Besuch dieser Ausbildungsstätten steht, zur Hälfte als Darlehen geleistet (§ 17 Abs. BAföG. Der Zuschussbetrag wird im Wohngeldrecht zur Hälfte angerechnet, dh bei einer teilweisen Darlehensgewährung wird ein Viertel der Gesamtleistung angerechnet.

Nach Nr. 27 Buchst. b ist die Hälfte der Förderung der Begabtenförderungswerke anrechenbar, sofern es sich nicht um eine Förderung von Graduierten (Nr. 28) handelt. Begabtenförderungswerke sind bei den Stiftungen der politischen Parteien und den Kirchen, der jüdischen Kultusgemeinde sowie der Studienstiftung der Deutschen Wirtschaft und der Studienstiftung des deutschen Volkes angesiedelt.[23]

Nr. 27 Buchst. c regelt die hälftige Anrechnung von Stipendien, die nicht unter die Nr. 27 Buchst. b, Nr. 28 und Nr. 29 fallen. Hierunter fallen alle Förderleistungen, die nicht von den Begabtenförderungswerken erbracht werden.[24]

Nr. 27 Buchst. d regelt die Anrechnung von Berufsausbildungsbeihilfe (§§ 56 ff SGB III). Da Berufsausbildungsbeihilfe immer als Zuschuss gezahlt wird (§§ 61, 62 SGB III) werden diese Leistungen zur Hälfte angerechnet.

Nr. 27 Buchst. e regelt die Anrechnung der Ausbildungsförderung nach dem Aufstiegsfortbildungsgesetz (AFBG = „Meister-BAföG"). Hier beträgt der Zuschuss zur Deckung des Unterhaltsbedarfes 44 % der Gesamtleistung (§ 12 Abs. 2 Satz 1 AFBG), der zur Hälfte angerechnet wird.

Nr. 28 regelt die Graduiertenförderung, die immer in voller Höhe angerechnet wird. Graduierte sind Personen, die bereits einen akademischen Abschluss erreicht haben.

Nr. 29 regelt die hälftige Anrechnung der steuerfreien Einnahmen aus einer Zuwendung nach dem Fulbright-Abkommen (§ 3 Nr. 42 EStG).

23 Ein Überblick findet sich im Internet: http://www.stipendiumplus.de/de/89.php, letzter Aufruf 15.1.2013.

24 Ein Überblick findet sich auf der Seite des BMiBF: http://www.stipendienlotse.de/.

34 In Nr. 30 ist die Anrechnung von Leistungen nach dem SGB II und SGB XII, dh **Grundsicherung** von Arbeitslosengeld II und Sozialgeld (§§ 19 Abs. 1, 23 SGB II) und Vorleistungen der Jobcenter bei medizinischer Rehabilitation und von Verletztengeld (§ 25 SGB II) geregelt, Weiter wird in der Norm die Anrechnung von (steuerfreien) Zuschüssen für Unterkunft und Heizung an Personen, die Leistungen nach dem BAföG oder Berufsausbildungsbeihilfe (§ 27 Abs. 3 SGB II), Übergangsgeld und Verletztengeld in Höhe der Leistungen nach dem SGB II (§ 7 Abs. 1 Satz 1 Nr. 3.und 4.), Grundsicherung im Alter und bei voller Erwerbsminderung (§§ 41 ff SGB XII), Leistungen zum Lebensunterhalt nach dem SGB XII und dem BVG (§ 7 Abs. 1 Nr. 7 Buchst. a und b), Grundleistungen nach dem AsylbLG (§ 3 AslylbLG) erhalten geregelt und als Einkommen in voller Höhe angerechnet.

Es werden nur wiederkehrende (dauernde) Leistungen erfasst, nicht aber einmalige Leistungen wie die Erstausstattung der Wohnung, die Einmalleistungen bei Schwangerschaft und Geburt oder für die Anschaffung und Reparatur orthopädischer Schuhe (§ 24 Abs. 3 SGB II, § 31 Abs. 1 SGB XII).

Die Transferleistungen werden auch dann angerechnet, wenn die Kosten der Unterkunft bei der Berechnung dieser Transferleistungen nicht berücksichtigt wurden. Die Anrechnung erfolgt, weil die Leistungen nach dem SGB II, SGB XII und den anderen genannten Gesetzen zumeist taggenau erfolgen, wohingegen die Leistungen nach dem WoGG auf den ersten des Monats der Antragstellung zurückwirken (§ 25 Abs. 1 Satz 1).[25]

Ausgenommen von der Anrechnung sind die Fälle der Jugendhilfe, die in den Nr. 24 und Nr. 25 geregelt sind. Hier erfolgt nur eine hälftige Anrechnung der jeweiligen Pauschalbeträge.

Eine weitere Ausnahme betrifft die Fälle, in denen die Hilfebedürftigkeit nach dem SGB II und SGB XII sowie dem BVG vermieden oder beseitigt werden kann, wenn der Leistungsträger während des Verwaltungsverfahrens die betreffende (Transfer-)Leistung noch nicht erbracht hat oder wenn der Transferleistungsträger nur zur Beseitigung des akuten Hilfebedarfs in Vorleistung gegangen ist, also ein Fall des § 104 SGB X vorliegt.

35 Nr. 31 führt zur Anrechnung des **Mietwerts der selbstgenutzten Wohnung** im eigenen Haus mit mehr als zwei Wohnungen. Der Bewohner eines Mehrfamilienhauses mit mindestens drei Wohnungen hat keinen Anspruch auf einen Lastenzuschuss, sondern auf einen Mietzuschuss, wie der Mieter einer Wohnung. Da der Eigentümer keine Miete zu zahlen hat, muss ihm der Mietwert nach § 7 Abs. 1 WoGV als Einnahme angerechnet werden.

---

25 Hinsichtlich des Übergangs vom Wohngeld zu Transferleistungen vgl auch Anm. zu § 8.

3. Ausnahmen bei der Anrechnung von Einkünften

36 Abs. 3 Nr. 1 bestimmt, dass **Einkünfte aus Untervermietung**, dh aus Vermietung und Verpachtung eines Teils des Wohnraums, nicht zum Jahreseinkommen gehören. Diese Einnahmen mindern die Miete, dh das Entgelt wird mindestens in Höhe der anteiligen Nutzung des Wohnraumes berücksichtigt. Liegt das Entgelt für die „Untermiete" über dem Anteil des Untermieters an der Wohnungsnutzung, dh steht ihm nach der vertraglichen Vereinbarung zwischen dem wohngeldberechtigten Hauptmieter und dem Untermieter ein flächenmäßig geringerer Anteil an der Wohnung zu, wird auch der überschießende Teil in voller Höhe abgesetzt (§ 11 Abs. 2 Nr. 2, 2. Halbsatz).

Nach Abs. 3 Nr. 2 gehört auch das Entgelt, welches von einem Mitbewohner gezahlt wird, nicht zum Jahreseinkommen, sondern wird von der Miete abgezogen.[26]

37 Ebenfalls nicht als Einkommen sind die **Leistungen einer verpflichteten Person nach § 68 AufenthG** zu berücksichtigen, soweit dies den Mietaufwand eines Haushaltsmitgliedes deckt (§ 11 Abs. 2 Nr. 5). Wird durch die Leistungen der verpflichteten Person nur ein Teil des Mietaufwandes gedeckt, so sind andere Leistungen, die vom Verpflichteten nicht mit der ausdrücklichen Zweckbestimmung zur Deckung der Miete gezahlt werden, als Einkommen anzurechnen (§ 14 Abs. 2 Nr. 19).

§ 15 Ermittlung des Jahreseinkommens

(1) [1]Bei der Ermittlung des Jahreseinkommens ist das Einkommen zu Grunde zu legen, das im Zeitpunkt der Antragstellung im Bewilligungszeitraum zu erwarten ist. [2]Hierzu können die Verhältnisse vor dem Zeitpunkt der Antragstellung herangezogen werden; § 24 Abs. 2 bleibt unberührt.

(2) [1]Einmaliges Einkommen, das für einen bestimmten Zeitraum bezogen wird, ist diesem Zeitraum zuzurechnen. [2]Eine Abfindung, Entschädigung oder ähnliche Leistung, die im Zusammenhang mit der Beendigung eines Arbeitsverhältnisses zufließt (Entlassungsentschädigung), ist den folgenden drei Jahren nach dem Ende des Arbeitsverhältnisses zuzurechnen, wenn nicht in der Vereinbarung, die der Entlassungsentschädigung zu Grunde liegt, ein anderer Zurechnungszeitraum bestimmt ist. [3]Ist eine Entlassungsentschädigung vor der Antragstellung zugeflossen, ist sie nur dann nach Satz 1 oder Satz 2 zuzurechnen, wenn sie innerhalb von drei Jahren vor der Antragstellung zugeflossen ist.

(3) Sonderzuwendungen, Gratifikationen und gleichartige Bezüge und Vorteile, die in größeren als monatlichen Abständen gewährt werden, sind den im Bewilligungszeitraum liegenden Monaten zu je einem Zwölftel zuzurech-

26 Vgl Erläuterungen zu § 11 Abs. 2 Rn 6.

nen, wenn sie in den nächsten zwölf Monaten nach Beginn des Bewilligungszeitraums zufließen.

(4) Beträgt der Bewilligungszeitraum nicht zwölf Monate, ist als Einkommen das Zwölffache des im Sinne der Absätze 1 bis 3 und des § 24 Abs. 2 im Bewilligungszeitraum zu erwartenden durchschnittlichen monatlichen Einkommens zu Grunde zu legen.

I. Entstehungsgeschichte, Allgemeines

1 § 15 ersetzt die bis zum 31.12.2008 geltenden bisherigen Regelungen. Die Regelung des § 11 Abs. 1 Satz 3 WoGG aF findet sich nunmehr in § 15 Abs. 1 Satz 2, der seinerseits auf § 24 Abs. 2 verweist.

II. Erläuterungen

1. Prognose

2 Nach Abs. 1 Satz 1 ist das Einkommen zugrunde zu legen, dass für den Bewilligungszeitraum zu erwarten ist. Maßgeblich ist der Zeitpunkt der Antragstellung (§ 24 Abs. 2 Satz 1) für die von der Wohngeldstelle aufzustellende Prognose.

Der **Bewilligungszeitraum** beträgt zwölf Monate (§ 25 Abs. 1 Satz 1) und beginnt am ersten des Monats in dem der Antrag auf Wohngeld gestellt wird (§ 25 Abs. 3 Satz 1). Hinsichtlich des anderen Beginns bei dem bisherigen Bezug von Transferleistungen vgl die Kommentierung zu § 25.

Steht der Bewilligungszeitraum fest, so ist eine Prognose der Einkommensentwicklung für diesen Zeitraum zu stellen. Dabei ist das Jahreseinkommen zunächst für jedes Haushaltsmitglied gesondert zu ermitteln (§ 14 Abs. 1 Satz 1).

3 Ist zu erwarten, dass sich das Einkommen der Haushaltsmitglieder während des laufenden Bewilligungszeitraumes wesentlich verändern wird, darf das Wohngeld nicht in unterschiedlicher Höhe festgesetzt werden. Vielmehr kommt hier nur eine **Verkürzung des Bewilligungszeitraums** in Betracht (§ 25 Abs. 1 Satz 2). Zum Begriff der maßgeblichen Änderung vgl zu § 25 Rn 2 und Rn 3. Unwesentliche Änderungen und Schwankungen, die zu keiner Verkürzung des Bewilligungszeitraumes führen, können durch die Ermittlung eines **monatlichen Durchschnittsbetrags** berücksichtigt werden.

Im Falle einer nachträglichen wesentlichen Veränderung der Einkommensverhältnisse kann das **Wohngeld geändert** werden (§ 27 Abs. 21 Satz 1

Nr. 3), sofern die Änderung nicht bereits bei Antragstellung berücksichtigt werden konnte.

Probleme ergeben sich, wenn sich die Verhältnisse zwischen dem Antrags- 4
zeitraum und dem Beginn des Bewilligungszeitraumes ändern. In diesem Fall ist fraglich, ob die Wohngeldstelle diese Änderung bis zum Wirksamwerden des Bescheides berücksichtigen kann oder sogar muss. Nach einer Entscheidung des Oberverwaltungsgerichtes Berlin-Brandenburg kann die Wohngeldstelle diese Änderungen berücksichtigen, weil diese nach § 24 Abs. 2 Satz 2, Abs. 3 nicht ausgeschlossen sind.[1] Die Wohngeldstelle könne bei Antragstellung objektive vorhandene Umstände, die ihr später bekannt werden bis zur Entscheidung berücksichtigen, weil sie in diesem Fall von einer unrichtigen Tatsachengrundlage ausgegangen ist. Die fehlerhafte Prognose der Wohngeldstelle führe aber zur Rechtswidrigkeit des Wohngeldbescheides. Denn es komme hinsichtlich der Tatsachengrundlage auf die objektive Lage und nicht auf den Kenntnisstand der Wohngeldstelle an.[2]

Hiervon geht auch der Wortlaut des Gesetzes aus, nach dem auf die Verhältnisse im Bewilligungszeitraum abzustellen ist (§ 24 Abs. 2 Satz 1). Die Wohngeldstelle kann und muss eine fehlerhafte Prognose bis zum Wirksamwerden des Wohngeldbescheides korrigieren, denn § 24 Abs. 2 Satz 2 schränkt nur Änderungen aufgrund neuer Tatsachen und nicht hinsichtlich anfänglicher Fehler ein. Die Prognoseentscheidung ist dann fehlerhaft und führt zur Rechtswidrigkeit des Wohngeldbescheides, die von der Behörde mittels § 45 SGB X korrigiert werden kann.

Ändern sich die objektiven Verhältnisse (Einkommensprognose) nach dem Wirksamwerden des Wohngeldbescheides oder war die Prognoseentscheidung zum Zeitpunkt der Antragstellung richtig, ist eine Änderung nur dann beachtlich, wenn diese zu einer Erhöhung und Verringerung des Einkommens um mehr als 15% führt. Die Regelungen der § 27 Abs. 1 Satz 1 Nr. 3 und Abs. 2 Satz 1 Nr. 3 geht den Regelungen der §§ 44, 45 und 48 SGB X nach dem Grundsatz der Spezialität vor.

2. Behandlung einmaliger Einnahmen

Abs. 2 legt fest, wie **einmaliges Einkommen** zu behandeln ist. Dabei unter- 5
scheidet das Gesetz zwischen einmaligem Einkommen, das für einen bestimmten Zeitraum bezogen wird und sonstigem einmaligem Einkommen. Wird das Einkommen nicht für einen bestimmten Zeitraum gezahlt, trifft das Gesetz für Entlassungsentschädigungen nach Abs. 2 Satz 2 eine Sonderregelung. Andere einmalige Leistungen und auch laufende Leistungen, die in längeren Zeitabständen als monatlich geleistet werden, werden in Abs. 3 behandelt. Wie einmaligen Leistungen, die nicht laufend gewährt werden, zu

1 OVG BB 23.9.2011 – OVG 6 M 59.11.
2 Zur Rechtswidrigkeit bei fehlerhafter Prognose BVerwG 19.9.2000 – 9 C 12/00; BSG 6.4.2011 – B 4 AS 119/10 R.

behandeln sind, ergibt sich aus dem Gesetz nicht. Da jedoch das Gesetz von einem Jahreseinkommen ausgeht, sind einmalige Einnahmen, grundsätzlich dem Bewilligungszeitraum zuzurechnen, in dem sie anfallen.

3. Behandlung von Entlassungsentschädigungen

6 **Entlassungsentschädigungen** sind nach Abs. 1 Satz 2 den folgenden drei Jahren nach der Beendigung des Arbeitsverhältnisses zuzurechnen. Die Dreijahresfrist beginnt an dem Tag, der auf die Beendigung des Arbeitsverhältnisses folgt und endet an dem Tag, der drei Jahre nach dem Tag liegt, an dem das Arbeitsverhältnis beendet wurde (§ 26 Abs. 1 SGB X iVm § 188 Abs. 2 BGB). Ende des Arbeitsverhältnisses am 2.3.2010 = Ende des Drei-Jahres Zeitraumes am 2.3.2013. Eine Ausnahme hiervon wird gemacht, wenn die Entlassungsentschädigung kraft Vereinbarung, die der Entlassungsentschädigung zugrunde liegt, für einen anderen Zeitraum bestimmt wird. Diese Vereinbarung muss eindeutig sein.[3] Nach dem Wortlaut der Norm muss der Zeitraum in der Vereinbarung über die der Entlassungsentschädigung bestimmt worden sein und kann nicht gesondert vereinbart werden. Die Anrechnung der Entlassungsentschädigung in dem Zeitraum von drei Jahren dient dazu, diese teilweise erheblichen Einnahmen, die dem Unterhalt zur Verfügung stehen, mit anzurechnen. Dabei wird kein Unterschied mehr gemacht, zu welchem Zweck die Entlassungsentschädigung geleistet wird. Von der Regelung sind auch vergleichbare Leistungen erfasst, die im Zusammenhang mit der Beendigung des Arbeitsverhältnisses erbracht werden.

4. Behandlung von Sonderzahlungen

7 Bei Sonderzahlungen wie dem **Urlaubs- oder Weihnachtsgeld** handelt es sich nicht um einmalige Einnahmen, sondern um Einnahmen, die lediglich in größeren zeitlichen Abständen als monatlich zufließen.[4] Es handelt sich hierbei um Zahlungen aus bestimmtem Anlass. Hiervon werden auch Prämien, Gewinnbeteiligungen, Tantiemen und Jubiläumszuwendungen erfasst. Diese laufenden Leistungen werden als Einkommen angerechnet, wenn sie mindestens einmal im Bewilligungszeitraum anfallen. Sie werden durch zwölf geteilt und jeweils einem Monat des Bewilligungszeitraumes hinzugerechnet. Liegt die Zuwendung am Ende des Bewilligungszeitraumes und fällt sie nur einmal an, so kann es zu einer erheblichen Benachteiligung der Wohngeldberechtigten kommen, da die Miete von dem Wohngeldberechtigten vorfinanziert werden muss, ohne dass ihm das Einkommen zur Verfügung steht. In Extremfällen kann dies dazu führen, dass ein Anspruch auf Leistung der Grundsicherung besteht. Solchen problematischen Fällen kann allerdings auch mit der Teilung des Bewilligungszeitraumes begegnet werden (§ 25 Abs. 1 Satz 2).

3 BT-Drucks. 16/6543, 99.
4 BT-Drucks. 16/6543, 99.

5. Einkünfte bei verkürztem Bewilligungszeitraum

Abs. 4 regelt die Anrechnung des Einkommens bei einem Bewilligungszeitraum von weniger als zwölf Monaten. Dies betrifft insbesondere Fälle, in denen das Einkommen Schwankungen unterliegt und der **Bewilligungszeitraum verkürzt** wird (§ 25 Abs. 1 Satz 2). Anders als in der Existenzsicherung nach dem SGB II und SGB XII sind nicht bei Beginn des Bewilligungszeitraumes feststehende Einkommensschwankungen in dem jeweiligen Monat, in dem sie anfallen zu berücksichtigen, sondern werden auf einen fiktiven Bewilligungszeitraum von zwölf Monaten hochgerechnet. Im WoGG ist die strickte monatliche Anrechnung von Einkommen anders als zB im SGB II (§ 11 Abs. 2, Abs. 3 SGB II) nicht vorgesehen, denn hier gilt nicht der Grundsatz der Bedarfsdeckung. 8

§ 16 Abzugsbeträge für Steuern und Sozialversicherungsbeiträge

(1) [1]Bei der Ermittlung des Jahreseinkommens sind von dem Betrag, der sich nach den §§ 14 und 15 ergibt, jeweils 10 Prozent abzuziehen, wenn zu erwarten ist, dass

1. Steuern vom Einkommen,
2. Pflichtbeiträge zur gesetzlichen Kranken- und Pflegeversicherung,
3. Pflichtbeiträge zur gesetzlichen Rentenversicherung

im Bewilligungszeitraum zu leisten sind. [2]Satz 1 Nr. 2 und 3 gilt entsprechend, wenn keine Pflichtbeiträge, aber laufende Beiträge zu öffentlichen oder privaten Versicherungen oder ähnlichen Einrichtungen zu leisten sind, die dem Zweck der Pflichtbeiträge nach Satz 1 Nr. 2 oder Nr. 3 entsprechen. [3]Satz 2 gilt auch, wenn die Beiträge zu Gunsten eines zu berücksichtigenden Haushaltsmitgliedes zu leisten sind. [4]Die Sätze 2 und 3 gelten nicht, wenn eine im Wesentlichen beitragsfreie Sicherung oder eine Sicherung besteht, für die Beiträge von Dritten zu leisten sind.

(2) Ergibt sich kein Abzugsbetrag nach Absatz 1, sind von dem Betrag, der sich nach den §§ 14 und 15 ergibt, 6 Prozent abzuziehen.

I. Entstehungsgeschichte, Allgemeines

Die Norm ersetzt § 12 WoGG aF, die wiederum ab dem 1.1.2001 den bis zum 31.12.2000 geltenden § 17 WoGG aF ablöste.[1] Die Regelung ist Folge der Berechnung des Jahreseinkommens als Bruttobetrag und gewährt für jeden auf das (Brutto-)Jahreseinkommen anfallenden „Belastungsfaktor“ 1

1 BGBl. I 1999, 2671.

einen pauschalen Abzug. Die Pauschalierung dient wiederum der Verwaltungsvereinfachung.

II. Erläuterungen

2 Nach Abs. 1 werden die in den Ziffern eins bis drei genannten Abzugsbeträge (**Steuern und Sozialversicherungsbeiträge**) berücksichtigt, wenn sie nach der bei Antragstellung gestellten Prognose im Bewilligungszeitraum anfallen. Die Abzugsposten werden immer jeweils mit 10 % abgezogen, auch wenn der tatsächliche Abzug darunter oder darüber liegt. Der Abzug betrifft alle Einkunftsarten nach dem Einkommensteuergesetz (§ 2 Abs. 1 EStG), wenn sie denn voraussichtlich anfallen. Wenn ein Anfall nicht in Betracht kommt, weil keine Versicherungspflicht in der gesetzlichen Kranken-, der Pflegeversicherung oder der Rentenversicherung besteht oder Steuern aufgrund von Freibeträgen nicht zu leisten sind, erfolgt auch kein Abzug. Freiwillige Beträge zu den genannten Sozialversicherungszweigen sind von Satz 1 ausdrücklich nicht erfasst; diese sind aber in Satz 2 berücksichtigt. Freiwillige Beträge zur den in Satz 1 genannten Zweigen der Sozialversicherung sind zu berücksichtigen, wenn sie dem Zweck der Beiträge nach Satz 1 entsprechen. Dem gleichen Zweck entsprechen sie, wenn damit ein notwendiger Krankenversicherungsschutz, die Absicherung im Alter oder der Absicherung im Pflegefall erst möglich wird.

Einbezogen sind auch private Versicherungen sofern sie demselben Zweck dienen. Hinsichtlich der privaten Pflege- und Krankenversicherung besteht seit dem 1.1.2009 eine Versicherungspflicht (§ 193 Abs. 3 VVG),[2] wenn nicht eine anderweitige Krankenversicherung besteht. Ausgenommen von der Versicherungspflicht sowohl in der gesetzlichen als auch in der privaten Krankenversicherung sind nur die in § 193 Abs. 3 VVG und die in den §§ 5 Abs. 5, 6 Abs. 1 oder 2 SGB V und in § 5 Abs. 8 a SGB V genannten Personen. Eine freiwillige Krankenversicherung (sowohl privat als auch gesetzlich) kommt daher im Wesentlichen für Sozialhilfeempfänger und Beamte mit Heilfürsorge in Betracht.

3 **Beiträge zur privaten Altersvorsorge** werden nur dann dem Zweck der Pflichtbeiträge in der gesetzlichen Altersvorsorge entsprechen, wenn bei einer Altersversorgung, die als Versicherung abgeschlossen ist, die in § 168 Abs. 3 VVG genannten Voraussetzungen vorliegen, laufende Prämien gezahlt werden und ein Verwertungsausschluss besteht. Dies sind die Renten und Rentenanwartschaften, die dem Pfändungsschutz (§ 851 c Abs. 1, Abs. 2 ZPO) unterliegen oder nach § 1 Abs. 1 Satz 1 Nr. 4 des Altersvorsorgeverträge-Zertifizierungsgesetzes zertifiziert sind (§ 851 d ZPO). Hierzu gehören auch Beiträge zu Altersversorgungen, die nicht als Versicherungsvertrag abgeschlossen sind und die vorbenannten Voraussetzungen erfüllen.

2 BGBl. I 23.11.2007, 2631.

Satz 3 stellt klar, dass auch die Zahlung eines **Versicherungsbetrages für einen Haushaltsangehörigen** den pauschalen Abzug auslöst. Dies betrifft zB wohngeldberechtigte Personen, die freie Heilfürsorge haben und für einen eheähnlichen Partner Beiträge zur gesetzlichen oder privaten Krankenversicherung leisten. 4

Muss der Wohngeldberechtigte keine eigenen Beiträge zur Altersversorgung, Kranken- oder Pflegeversicherung leisten oder besteht bei ihm eine **beitragsfreie Sicherung**, stellt dies für ihn keine Belastung dar, so dass nach Satz 4 auch kein Abzug vorzunehmen ist. Dies betrifft unter anderem Beamte im Hinblick auf eine Rentenversicherung (§ 5 Abs. 1 Satz 1 Nr. 1 SGB VI), Auszubildende mit einem Ausbildungsentgelt bis zu 325 EUR monatlich (§ 20 Abs. 3 S. 1 Nr. 1 SGB IV) und geringfügig Beschäftigte, die auf ihre Versicherungspflicht in der gesetzlichen Rentenversicherung verzichtet haben (§ 249 b SGB V, § 172 Abs. 3, Abs. 4 SGB VI). 5

Abs. 2 regelt den Fall, wenn Abzugsbeträge nach Abs. 1 nicht zu erwarten sind. Erfolgt kein Abzug nach Abs. 1, so sieht Abs. 2 einen Ersatzabzug zur Vermeidung von sozialen Härten in Höhe von 6 % des Jahreseinkommens vor. Dieser Abzug ist zwingend und nur alternativ zum Abzug nach Abs. 1 vorzunehmen. 6

§ 17 Freibeträge

Bei der Ermittlung des Gesamteinkommens sind die folgenden jährlichen Freibeträge abzuziehen:

1. 1 500 Euro für jedes schwerbehinderte zu berücksichtigende Haushaltsmitglied mit einem Grad der Behinderung

  a) von 100 oder

  b) von wenigstens 80 bei Pflegebedürftigkeit im Sinne des § 14 des Elften Buches Sozialgesetzbuch und gleichzeitiger häuslicher oder teilstationärer Pflege oder Kurzzeitpflege;

2. 1 200 Euro für jedes schwerbehinderte zu berücksichtigende Haushaltsmitglied mit einem Grad der Behinderung von unter 80 bei Pflegebedürftigkeit im Sinne des § 14 des Elften Buches Sozialgesetzbuch und gleichzeitiger häuslicher oder teilstationärer Pflege oder Kurzzeitpflege;

3. 750 Euro für jedes zu berücksichtigende Haushaltsmitglied, das Opfer der nationalsozialistischen Verfolgung oder ihm im Sinne des Bundesentschädigungsgesetzes gleichgestellt ist;

4. 600 Euro für jedes Haushaltsmitglied unter zwölf Jahren, für das Kindergeld nach dem Einkommensteuergesetz oder dem Bundeskindergeldgesetz oder eine in § 65 Abs. 1 Satz 1 des Einkommensteuergesetzes genannte Leistung gewährt wird, wenn die wohngeldberechtigte Person allein mit noch nicht volljährigen Haushaltsmitgliedern zusammenwohnt

und wegen Erwerbstätigkeit oder Ausbildung nicht nur kurzfristig von der Wohn- und Wirtschaftsgemeinschaft abwesend ist;

5. **ein Betrag in Höhe des eigenen Einkommens jedes Kindes eines Haushaltsmitgliedes, höchstens jedoch 600 Euro, wenn das Kind ein zu berücksichtigendes Haushaltsmitglied und mindestens 16 Jahre, aber noch nicht 25 Jahre alt ist.**

I. Entstehungsgeschichte, Allgemeines

1 Die Regelung ersetzt § 12 WoGG aF. Eine inhaltliche Änderung wurde im neuen seit dem 1.1.2009 geltenden § 16 nicht vorgenommen. Es erfolgte lediglich eine sprachliche „Straffung".[1]

II. Erläuterungen

2 Das WoGG unterscheidet **Abzugsbeträge von Freibeträgen.** Die in § 16 und § 18 behandelten Abzugsbeträge müssen tatsächlich voraussichtlich im Bewilligungszeitraum anfallen, während die Freibeträge keine tatsächlichen Belastungen voraussetzen. Freibeträge werden gewährt, wenn die Tatbestandsvoraussetzungen des § 17 im Bewilligungszeitraum vorliegen. Die Freibeträge sind vom Gesamteinkommen abzuziehen, dh es erfolgt ein Abzug auch dann, wenn das Haushaltsmitglied selbst kein eigenes Einkommen hat.

3 Da das Gesamteinkommen (§ 13 Abs. 1) aus der Summe der Jahreseinkommen gebildet wird, sind zunächst die einzelnen Jahreseinkommen der Haushaltsmitglieder zu ermitteln und im Anschluss daran die Freibeträge abzuziehen.

4 Das Haushaltsmitglied muss einen **Grad der Behinderung** von 100 oder einen GdB von 80 und mindestens die Pflegestufe I nach §§ 14 Abs. 1, 15 Abs. 1 Satz 1 Nr. 1 SGB XI haben.

Die Eigenschaft als schwerbehinderter Mensch wird durch Ausweis (§ 69 Abs. 5 Satz 1 SGB IX) oder den Bescheid über die Feststellung der Eigenschaft als schwerbehinderter Mensch (§ 69 Abs. 1 Satz 1 SGB IX) nachgewiesen. Nach Ziffer 17.03.1 WoGVerwV soll der Ausweis oder der Bescheid nicht älter als fünf Jahre sein. Die Ausweise werden von den Versorgungsbehörden nur in atypischen Fällen nicht befristet, so dass die Verwaltungsvorschrift für die Verwaltungspraxis nur eine geringe Bedeutung hat. Liegt ein atypischer Fall vor, wird man den Freibetrag allerdings nicht mit dem Hinweis verweigern können, der Ausweis sei älter als fünf Jahre, denn hierfür fehlt es an einer gesetzlichen Grundlage. Der Nachweis der Pflegebedürftig-

1 BT-Drucks. 16/6543, 99.

keit ergibt sich aus dem Bescheid der Pflegeversicherung über die Gewährung von Pflegeleistungen.[2]

Der Freibetrag von 1.500 EUR gilt für jedes Mitglied der Haushaltsgemeinschaft.

Nr. 3 gewährt für **Opfer des Nationalsozialismus** oder nach dem Bundeentschädigungsgesetz gleichgestellten Personen einen Freibetrag in Höhe von 750 EUR jährlich für jedes Haushaltsmitglied. Der Nachweis wird durch eine Bescheinigung der nach Landesrecht zuständigen Stellen nach § 184 BEG erbracht. Das BEG regelt die Entschädigung durch Schäden nationalsozialistischen Unrechtes und bestimmt in § 1 Abs. 1 BEG die unmittelbar Geschädigten und in § 1 Abs. 2 BEG die gleichgestellten Personen. 5

Nach Nr. 4 wird der besondere Aufwand von **Alleinerziehenden**, die mit einem Kind unter zwölf Jahren zusammen leben mit jährlich 600 EUR berücksichtigt. Weitere Voraussetzung ist, dass dieses Kind Kindergeld nach dem EStG, dem Bundeskindergeldgesetz, oder eine Kinderzulage aus der gesetzlichen Unfall- oder Rentenversicherung bzw dem Kindergeld vergleichbare Leistungen erhält (§ 3 65 Abs. 1 S. 1 EStG). Die wohngeldberechtigte Person muss allein mit noch nicht volljährigen Personen zusammenwohnen und nicht nur kurzfristig von der Wohn- und Wirtschaftsgemeinschaft abwesend sein. 6

Die Abwesenheit der wohngeldberechtigten Person muss durch eine Erwerbstätigkeit oder eine Ausbildung verursacht sein.

Eine nicht nur kurzfristige Abwesenheit liegt vor, wenn durch die Abwesenheit eine Betreuung der Kinder erforderlich wird. Dabei kommt es darauf an, inwieweit das Kind einer Betreuung bedarf. Bei jüngeren Kindern wird dies sicherlich bereits bei einer geringen Dauer sein, bei älteren Kindern (Schulkinder) wird eine Abwesenheit bis zu 20 Stunden im Einzelfall kurzfristig sein können. Ab einer Abwesenheit von 20 Stunden liegt[3] jedenfalls keine Kurzfristigkeit mehr vor. Ob eine kurzfristige Abwesenheit vorliegt wird deshalb nur im Einzelfall zu entscheiden sein. Nicht mehr kurzfristig ist die Abwesenheit wenn sie wöchentlich insgesamt 7,38 Stunden bei einem 2 ½ jährigen Kind beträgt.[4]

Nach Nr. 5 erhalten **haushaltangehörige Kinder, die mindestens 16 Jahre alt sind und das 25. Lebensjahr nicht vollendet haben**, auf ihr Einkommen einen jährlichen Freibetrag in Höhe von 600 EUR. Es muss sich um (ein) Kind(er) eines oder mehrerer Haushaltsmitgliedes(r) handeln. Der Begriff des Kindes wird dem Steuerrecht zu entnehmen sein (§ 32 Abs. 1 EStG), so dass auch Pflegekinder (vgl § 5 Abs. 1 Nr. 6) hierzu gerechnet werden kön- 7

2 Vgl hierzu Ziffer 17.03.2 WoGVerwV.
3 So zB Gutekunst/Dietrich/Fröba zu § 17 Rn 63.
4 VG Dessau 18.5.2004 – 4 A 53/04.

nen. Darüber hinaus werden wohl auch Enkelkinder als Kinder anzusehen sein, wenn sie in den Haushalt der Großeltern aufgenommen worden sind.[5]

§ 18 Abzugsbeträge für Unterhaltsleistungen

[1]Bei der Ermittlung des Gesamteinkommens sind die folgenden zu erwartenden Aufwendungen zur Erfüllung gesetzlicher Unterhaltsverpflichtungen abzuziehen:

1. **bis zu 3 000 Euro jährlich für ein zu berücksichtigendes Haushaltsmitglied, das wegen Berufsausbildung auswärts wohnt, soweit es nicht von Nummer 2 erfasst ist;**
2. **bis zu 3 000 Euro jährlich für ein Kind, das Haushaltsmitglied nach § 5 Abs. 6 ist; dies gilt nur für Aufwendungen, die an das Kind als Haushaltsmitglied bei dem anderen Elternteil geleistet werden;**
3. **bis zu 6 000 Euro jährlich für einen früheren oder dauernd getrennt lebenden Ehegatten oder Lebenspartner oder eine frühere oder dauernd getrennt lebende Lebenspartnerin, der oder die kein Haushaltsmitglied ist;**
4. **bis zu 3 000 Euro jährlich für eine sonstige Person, die kein Haushaltsmitglied ist.**

[2]Liegt in den Fällen des Satzes 1 eine notariell beurkundete Unterhaltsvereinbarung, ein Unterhaltstitel oder ein Bescheid vor, sind die jährlichen Aufwendungen bis zu dem darin festgelegten Betrag abzuziehen.

I. Entstehungsgeschichte, Allgemeines

1 Die Norm ersetzt § 13 Abs. 2 WOGG aF und regelt die Abzugsbeträge bei Unterhaltsverpflichtungen. Dabei unterscheidet das Gesetz zwischen einfachen und titulierten Unterhaltsansprüchen.

II. Erläuterungen

2 Abzugsfähig sind nach dem eindeutigen Wortlaut des Satzes 1 nur **gesetzliche Unterhaltsverpflichtungen** und zwar der

- Unterhalt unter Ehegatten während der intakten Ehe (§ 1360 BGB) und der Lebenspartner (§ 5 LPartG),
- Getrenntlebensunterhalt (§ 1361 BGB, § 5 LPartG),
- Geschiedenenunterhalt (§§ 1569 ff BGB, § 16 LPartG),
- Verwandtenunterhalt (§§ 1601 ff BGB),

5 BT-Drucks. 16/6543, 99.

- des Vaters gegenüber dem nichtehelichen Kind (§ 1615a iVm § 1601 BGB),
- des Vaters gegenüber der nicht mit ihm verheirateten Mutter des Kindes (§ 1651 l Abs. 1 BGB),
- der Mutter gegenüber dem betreuenden nicht verheirateten Vater des Kindes (§ 1615 l Abs. 5 iVm Abs. 2 Satz 2 BGB).

Vertragliche Unterhaltsansprüche können nicht abgesetzt werden. Es können nur die tatsächlichen Aufwendungen bis zu den im Gesetz jeweils genannten Höchstbeträgen abgesetzt werden. Hinsichtlich des Zeitpunktes für die Berücksichtigung von Unterhaltsaufwendungen ist auf den Zeitpunkt der Antragstellung abzustellen (§ 24 Abs. 2 Satz 1). Ist vorhersehbar, dass im Bewilligungszeitraum auch erstmalig Unterhaltsansprüche entstehen, sind diese bei der Bewilligung zu berücksichtigen.

Ist ein Haushaltsmitglied wegen einer Berufsausbildung **auswärtig untergebracht**, kann ein Unterhaltsbetrag bis zu jährlich 3.000 EUR abgesetzt werden. Die oder der wegen einer Berufsausbildung Untergebrachte muss weiterhin Haushaltsangehöriger sein, dh sein Lebensmittelpunkt muss weiterhin in der Haushaltsgemeinschaft bestehen (§ 5 Abs. 1 Satz 1). Der Begriff Berufsausbildung umfasst jede Ausbildung, die Kenntnisse und Fähigkeiten vermittelt um eine berufliche Tätigkeit auszuüben. Damit zählt nicht nur die Berufsausbildung zB im Sinne des Berufsbildungsgesetzes, der Handwerksordnung oder des Bundesausbildungsförderungsgesetzes (BAföG), sondern jede Fort- und Weiterbildung zur Vermittlung beruflicher Fähigkeiten. Nicht von S. 1 Nr. 1 sind Kinder erfasst, die von den sorgeberechtigten getrennt lebenden Eltern gemeinsam betreut werden; sie werden nach Nr. 2 erfasst. 3

Werden Kinder, bei denen die Eltern das Sorgerecht gemeinsam ausüben, von einem Elternteil zeitweise betreut und leistet der andere Elternteil Barunterhalt, so kann ein Betrag bis zu 3.000 EUR abgesetzt werden. Der Betrag kann auch dann abgesetzt werden, wenn für die Betreuung bei dem anderen Elternteil Barunterhalt geleistet wird. Diese Regelung ist mit dem 1.1.2009 neu in das Gesetz aufgenommen worden.[1] Nicht abzugsfähig sind Unterhaltsleistungen, die von dem Unterhaltsverpflichteten an das Kind in seinem eigenen Haushalt geleistet werden, dh es kann nur die Unterhaltsleistung für die Aufwendungen des anderen Elternteils in dessen Wohnung abgezogen werden. 4

Für Unterhaltszahlungen an Ehegatten oder Lebenspartner, die keine Haushaltsmitglieder sind, können bis zu 6.000 EUR jährlich berücksichtigt werden. Bei **Ehegatten oder Lebenspartnern**, die Haushaltsmitglieder sind, können hingegen nur Unterhaltsleistungen in Höhe von 3.000 EUR nach Nr. 1 abgesetzt werden. 5

1 BT-Drucks. 16/6543, 99.

6 Nr. 4 regelt die Abziehbarkeit von Freibeträgen für Unterhaltszahlungen an **sonstige Unterhaltsberechtigte.** Hierzu gehören Kinder und andere Verwandte und die Unterhaltszahlungen an den Elternteil des nichtehelichen Kindes. Diese betragen ebenfalls jährlich 3.000 EUR.

7 Satz 2 regelt die Abzugsfähigkeit **titulierter Unterhaltsansprüche.** Der Wohngeldberechtigte oder das Haushaltsmitglied kann die Inanspruchnahme aus einem solchen Titel nicht vermeiden, so dass der titulierte Betrag in der tatsächlich gezahlten Höhe auch über die in Satz 1 genannten Höchstbeträge abgezogen werden können. Da das Wohngeldrecht anders als die Grundsicherung keine Verpflichtung zur Minderung der Hilfebedürftigkeit vorsieht, kann auch nicht von dem Haushaltsmitglied verlangt werden, dass er einen Unterhaltstitel abändern lässt, um seine Hilfebedürftigkeit zu mindern. Eine Inanspruchnahme von Wohngeld wegen Hilfebedürftigkeit durch einen titulierten abänderbaren Unterhaltsanspruch wird auch nicht als Missbrauch angesehen werden können, der zum Ausschluss von Wohngeld führen würde.[2]

Kapitel 5 Höhe des Wohngeldes

§ 19 Höhe des Wohngeldes

(1) [1]Das ungerundete monatliche Wohngeld für bis zu zwölf zu berücksichtigende Haushaltsmitglieder beträgt

$1{,}08 \cdot (M - (a + b \cdot M + c \cdot Y) \cdot Y)$ Euro.

[2]„M" ist die gerundete zu berücksichtigende monatliche Miete oder Belastung in Euro. [3]„Y" ist das gerundete monatliche Gesamteinkommen in Euro. [4]„a", „b" und „c" sind nach der Anzahl der zu berücksichtigenden Haushaltsmitglieder unterschiedene Werte und ergeben sich aus der Anlage 1.

(2) Die zur Berechnung des Wohngeldes erforderlichen Rechenschritte und Rundungen sind in der Reihenfolge auszuführen, die sich aus der Anlage 2 ergibt.

(3) Sind mehr als zwölf Haushaltsmitglieder zu berücksichtigen, erhöht sich für das 13. und jedes weitere zu berücksichtigende Haushaltsmitglied das nach den Absätzen 1 und 2 berechnete monatliche Wohngeld um jeweils 43 Euro, höchstens jedoch bis zur Höhe der zu berücksichtigenden Miete oder Belastung.

2 Vgl hierzu BSG 9.11.2010 – B 4 AS 78/10 R zum Abzug von Unterhaltsleistungen vom Einkommen von Leistungsberechtigten nach dem SGB II.

I. Entstehungsgeschichte, Allgemeines

Die Wohngeldformel wurde erstmals durch Gesetz zur Änderung des Wohngeldgesetzes vom 22.12.1999 in das Wohngeldrecht eingeführt.[1] Der § 2 WoGG aF wurde in § 19 neu eingeordnet und sprachlich angepasst. Die Rechenschritte der Wohngeldformel werden in der Anlage 2 erklärt. Auf eine Tabelle wird durch Wegfall des Abs. 4 verzichtet, weil die Berechnung fast ausschließlich durch elektronische Datenverarbeitung geschieht. 1

II. Erläuterungen

Die Wohngeldformel stellt eine Beziehung zwischen der Miete bzw den Lasten des Wohneigentums (M), dem monatlichen Gesamteinkommen (Y) und der Anzahl der zu berücksichtigenden Haushaltsmitglieder (a, b + c) her. Die Werte für a, b, c ergeben sich aus der Tabelle in Anlage 1. Diese Werte führen dazu, dass das Wohngeld bis zum achten Haushaltsmitglied sinkt und ab dem neunten Haushaltsmitglied wieder ansteigt um ab dem 13. Haushaltsmitglied gleich zu bleiben. Die Höhe des Wohngeldes ergibt sich also aus der Miete, dem Gesamteinkommen und der Zahl der Haushaltsmitglieder, wobei 2

- das Wohngeld mit der Zahl der Haushaltsmitglieder steigt, wenn Miete und Einkommen gleich bleiben,
- das Wohngeld bei höherem Einkommen sinkt, wenn Miete und die Zahl der Haushaltsangehörigen gleich bleiben und
- das Wohngeld bei einer höheren Miete steigt, wenn Einkommen und die Anzahl der Haushaltsmitglieder gleich bleiben.

Aus Abs. 1 in Verbindung mit der Anlage 1 und der Anlage 2 ergibt sich die Wohngeldhöhe. 3

Haben wir zwei Haushaltsmitglieder ergeben sich aus der Anlage 1 folgende Tabellenwerte:

A	5,700E-2
B	5,761E-4
C	6,431E-5

Beträgt die Miete (M*) 386,49 EUR und das Haushaltseinkommen (Y*) 795,18 EUR, so ist folgende Rundung nach § 19 Abs. 2 vorzunehmen:

M* ist zu runden auf M:

386,49 EUR runden auf 390 – 5 EUR = 385 EUR

Y* ist zu runden auf Y

1 BGBl. I, 22.12.1999, 2671.

795,18 EUR runden auf 800 – 5 EUR = 795 EUR

Die Dezimalzahlen z1, z2, z3, und z4 sind als Festkommazahlen mit zehn Dezimalzahlen zu berechnen.

Berechnung z1:

z1 = a + b * M + c * Y

z1 = 5,700 : 100 + 5,761 : 10 000 * M + 6,431 : 100 000 * Y

z1 = 0,057 + 0,0005761 * 385 EUR + 0,00006431 * 795 EUR

z1 = 0,057 + 0,2217985 + 0,05112645

z1 = 0,27292495

Berechnung z2:

z2 = z1 * Y

z2 = 0,27292495 * 795 EUR

z2 = 216,97533525

Berechnung z3:

z3 = 1,08 * z3

z3 = 385 EUR – 216,97533525

z3 = 168,02466475

Berechnung z4:

z4 = 1,08 * z3

z4 = 1,08 * 168,02466475

z4 = 181,46663793

Die Dezimalzahl z4 entspricht dem gerundeten monatlichen Miet- und Lastenzuschuss, der auf zwei Nachkommastellen zu runden und auf den nächsten vollen Eurobetrag unter 50 Cent ab- und darüber aufzurunden ist. Im vorliegenden Fall sind 181,47 EUR = 181 EUR Wohngeld zu zahlen.[2]

4 Die Ermittlung des Wohngeldes in Großhaushalten, dh mit mehr als zwölf Personen, erfolgt in zwei Stufen. Zunächst wird das Wohngeld für zwölf Personen ermittelt und anschließend erfolgt die Hinzurechnung der weiteren Personen mit einem Betrag von jeweils 43 EUR. Der ermittelte Gesamtbetrag ist durch die Höchstgrenzen der Belastungen nach § 12 Abs. 1 zu begrenzen.

2 Nachgebildet Wohngeldverwaltungsvorschrift 19.11.

Anlage 1 (zu § 19 Abs. 1)

Werte für „a", „b" und „c"

Die in die Formel nach § 19 Abs. 1 Satz 1 einzusetzenden, nach der Anzahl der zu berücksichtigenden Haushaltsmitglieder unterschiedenen Werte „a", „b" und „c" sind der nachfolgenden Tabelle zu entnehmen:

	Haushaltsmitglieder					
	1	2	3	4	5	6
a	6,300E-2	5,700E-2	5,500E-2	4,700E-2	4,200E-2	3,700E-2
b	7,963E-4	5,761E-4	5,176E-4	3,945E-4	3,483E-4	3,269E-4
c	9,102E-5	6,431E-5	3,250E-5	2,325E-5	2,151E-5	1,519E-5

	Haushaltsmitglieder					
	7	8	9	10	11	12
a	3,300E-2	2,300E-2	1,970E-2	4,010E-2	6,600E-2	8,990E-2
b	3,129E-4	2,959E-4	2,245E-4	1,565E-4	1,200E-4	1,090E-4
c	8,745E-6	7,440E-6	3,459E-5	5,140E-5	5,686E-5	6,182E-5

Hierbei bedeuten: E-2: geteilt durch 100,
E-4: geteilt durch 10 000,
E-5: geteilt durch 100 000,
E-6: geteilt durch 1 000 000.

Anlage 2 (zu § 19 Abs. 2)

Rechenschritte und Rundungen

1. „M" ist die gerundete zu berücksichtigende monatliche Miete oder Belastung (§ 19 Abs. 1 S. 2). Bei der Umrechnung der ungerundeten zu berücksichtigenden monatlichen Miete oder Belastung im Sinne der §§ 11 und 12 („M*") auf „M" gilt:
   Um „M" zu erhalten, ist „M*" auf den nächsten durch zehn ohne Rest teilbaren vollen Euro-Betrag aufzurunden, wenn „M*" nicht bereits durch zehn ohne Rest teilbar ist. Wenn „M*" durch zehn ohne Rest teilbar ist, bleibt „M*" unverändert. Von dem sich ergebenden Betrag sind stets 5 EUR abzuziehen.
2. „Y" ist das gerundete monatliche Gesamteinkommen (§ 19 Abs. 1 S. 3). Bei der Umrechnung des ungerundeten monatlichen Gesamteinkommens im Sinne des § 13 („Y*") auf „Y" gilt:
   Um „Y" zu erhalten, ist „Y*" auf den nächsten durch zehn ohne Rest teilbaren vollen Euro-Betrag aufzurunden, wenn es nicht bereits durch zehn ohne Rest teilbar ist. Wenn „Y*" durch zehn ohne Rest teilbar ist,

bleibt „Y*" unverändert. Von dem sich ergebenden Betrag sind stets 5 EUR abzuziehen.

3. Werte für „M" und „Y", die unterhalb der folgenden Tabellenwerte liegen, werden durch diese ersetzt:

	Haushaltsmitglieder					
	1	2	3	4	5	6
M	45	55	65	75	85	85
Y	205	245	265	315	345	365

	Haushaltsmitglieder					
	7	8	9	10	11	12
M	95	105	115	125	155	245
Y	385	415	585	805	1 085	1 255

4. Der ungerundete monatliche Miet- oder Lastenzuschuss ergibt sich durch Einsetzen der Werte für „a", „b", „c" (Anlage 1) und für „M" und „Y" in die Formel nach § 19 Abs. 1 S. 1 und durch Ausführen der vier folgenden Rechenschritte:
   Berechnung der Dezimalzahlen
   $z1 = a + b \cdot M + c \cdot Y$,
   $z2 = z1 \cdot Y$,
   $z3 = M - z2$,
   $z4 = 1{,}08 \cdot z3$.
   Hierbei sind die Dezimalzahlen als Festkommazahlen mit zehn Nachkommastellen zu berechnen.
5. Dieser ungerundete monatliche Miet- oder Lastenzuschuss ist auf den nächsten vollen Euro-Betrag aufzurunden, wenn der sich ohne Rundung ergebende restliche Cent-Betrag größer als oder gleich 50 ist; er ist auf den nächsten vollen Euro-Betrag abzurunden, wenn der sich ohne Rundung ergebende restliche Cent-Betrag kleiner als 50 ist.

Teil 3
Nichtbestehen des Wohngeldanspruchs

§ 20 Gesetzeskonkurrenz

(1) [1]Ein alleinstehender Wehrpflichtiger im Sinne des § 7 a Abs. 1 des Unterhaltssicherungsgesetzes hat für die Dauer seines Grundwehrdienstes keinen Wohngeldanspruch, es sei denn, die Mietbeihilfe nach § 7 a des Unterhaltssicherungsgesetzes ist abgelehnt worden; § 25 Abs. 3 gilt entsprechend. [2]Ist dem Wehrpflichtigen Wohngeld für einen Zeitraum bewilligt worden, in den der Beginn des Grundwehrdienstes fällt, ist das Wohngeld bis zum Ablauf des Bewilligungszeitraums in gleicher Höhe weiterzuleisten; § 27 Abs. 2 und § 28 bleiben unberührt. [3]Die Sätze 1 und 2 gelten entsprechend für Personen, für die § 7 a Abs. 1 des Unterhaltssicherungsgesetzes unmittelbar oder entsprechend gilt.

(2) [1]Stehen allen Haushaltsmitgliedern Leistungen zur Förderung der Ausbildung nach dem Bundesausbildungsförderungsgesetz oder den §§ 56, 116 Absatz 3 oder § 122 des Dritten Buches Sozialgesetzbuch dem Grunde nach zu oder stünden ihnen diese Leistungen im Fall eines Antrages dem Grunde nach zu, besteht kein Wohngeldanspruch. [2]Satz 1 gilt nicht, wenn die Leistungen ausschließlich als Darlehen gewährt werden. [3]Satz 1 gilt auch, wenn dem Grunde nach Förderungsberechtigte der Höhe nach keinen Anspruch auf Förderung haben. [4]Ist Wohngeld für einen Zeitraum bewilligt, in den der Beginn der Ausbildung fällt, ist das Wohngeld bis zum Ablauf des Bewilligungszeitraums in gleicher Höhe weiterzuleisten; § 27 Abs. 2 und § 28 bleiben unberührt.

I. Entstehungsgeschichte, Allgemeines

1 Die jetzige Fassung des § 20 ist seit dem 1.1.2009 in Kraft.[1] In der bis zum 31.12.2008 geltenden Fassung war der Kreis der Wohngeldberechtigten in § 41 WoGG aF geregelt. § 20 regelt wie § 7 den Ausschluss von Wohngeld bei dem Bezug anderer Sozialleistungen bei denen Kosten für die Unterkunft und Wohnung eingeschlossen sind. Doppelleistungen hinsichtlich der Unterkunftskosten sollen vermieden werden. Aus § 20 erfolgt jedoch anders als nach § 7 ein genereller Ausschluss des Wohngeldes. Das Wohngeld ist gegenüber den anderen in § 40 genannten Sozialleistungen nachrangig. Der Nachranggrundsatz wird zur Verwaltungsvereinfachung durchbrochen,

1 Vgl. das Gesetz vom 24.9.2009, BGBl. I 1856.

wenn der Wohngeldberechtigte während des Zeitraums für den Wohngeld bewilligt ist, seine Wehr- oder Dienstpflicht antritt oder eine Ausbildung, die nach dem BAföG oder SGB III gefördert wird, beginnt. Wegen Aussetzung der Wehrpflicht und damit auch des Zivildienstes ab dem 1.7.2011[2] haben diese Regelungen nur noch geringe praktische Bedeutung und zwar für Personen, die freiwilligen Wehrdienst leisten (§ 54 Abs. 1 WPflG).

II. Erläuterungen

1. Alleinstehende Wehrpflichtige und Personen, die freiwillig Wehrdienst leisten

2 Alleinstehende Wehrpflichtige sind Personen, die nicht mit Personen im Sinne des § 3 a Abs. 1 Nr. 1 bis 5 USG einen Wohn- und Wirtschaftsgemeinschaft bilden. Personen im Sinne der vorgenannten Regelung sind Ehegatten, eingetragene Lebenspartner und sonstige Familienangehörige mit Ausnahme von Geschwistern.

3 Alleinstehende Wehrpflichtige erhalten während des Wehrdienstes Leistungen für ihre Unterkunft in Form einer Mietbeihilfe (§ 7 a Abs. 2 USG). Diese Mietbeihilfe deckt nicht in jedem Fall die gesamten Kosten der Unterkunft und ist auf einen bestimmten im Gesetz festgelegten Betrag in der Höhe begrenzt. Bewohnte ein Wehrpflichtige vor Antritt des Wehrdienstes länger als sechs Monate eine Wohnung oder ist er auf die Wohnung dringend angewiesen, erhält er zusätzlich bis zu einem Betrag von monatlich 298,50 EUR die volle Miete ersetzt (§ 7 a Abs. 2 Nr. 1 USG). Bewohnt er die Wohnung als alleinstehender noch keine sechs Monate, erhält er nur 70% der vollen Miete höchstens jedoch 209 EUR (§ 7 a Abs. 2 Nr. 2 USG).

Überschreitet das monatliche (Netto-)Einkommen des Wehrpflichtigen einen Betrag in Höhe der Bemessungsgrundlage von 663,50 EUR, so hat der Wehrpflichtige noch einen Anspruch in Höhe von 45 von Hundert des Nettoeinkommens höchstens jedoch 613,50 EUR monatlich.

Beispiel:

Der wehrpflichtige Antragsteller hat eine Wohnung gegen eine monatliche Miete in Höhe von 480 EUR angemietet und ein monatliches Einkommen in Höhe von 1.000 EUR.

2 Aussetzung der Wehrpflicht im Friedensfall durch WehrRÄndG vom 28.4.2011, BGBl. I 678.

Monatliche Miete	450,00 EUR		
./. Mindestbetrag nach § 7 a Abs. 2 Nr. 1 USG	./. 298,50 EUR		
= Überschießender Betrag der Miete	= 151,50 EUR		
Höchstbetrag Nr. 1 1.000 * 0,45		450,00 EUR	
Höchstbetrag Nr. 2		613,50 EUR	
Da beide Höchstbeträge nicht überschritten werden, erhält der A den vollen Zuschuss			151,50 EUR

Ein Anspruch auf Wohngeld besteht für Wehrpflichtige auch dann, wenn die Mietbeihilfe nach dem USG rechtmäßig oder unrechtmäßig abgelehnt wird (§ 20 Abs. 1 Satz 1 2. Halbsatz). Diese Regelung gilt auch für Personen auf die § 7 a Abs. 1 USG unmittelbar oder entsprechend anzuwenden ist und zwar für Zivildienstleistende.

Ein Anspruch auf Wohngeld besteht in den Fällen (weiter), in denen dem 4
Wehrpflichtigen bei Beginn der Wehrpflicht Wohngeld bereits bewilligt war (§ 20 Abs. 1 Satz 2). Das Wohngeld wird in diesen Fällen bis zum Ablauf des Bewilligungszeitraumes (§ 25 Abs. 1) weiter geleistet. Geht der Wehrdienst über den Bewilligungszeitraum hinaus, besteht anschließend nur noch Anspruch auf Mietbeihilfe nach dem Unterhaltssicherungsgesetz (§ 7 a USG). Das Wohngeld ist auf die Mietbeihilfe nach dem Unterhaltssicherung anzurechnen (§ 7 a Abs. 4 USG).

Diese Regelung gilt entsprechend für Personen auf die § 7 a USG unmittelbar oder entsprechend Anwendung findet. Diese „Nahtlosigkeitsregelung“ dient der Verwaltungsvereinfachung. Der Wohngeldbezug soll nicht unterbrochen werden. Eine Aufhebung des laufenden Wohngeldbescheides ist nicht erforderlich und eine Rückforderung von Wohngeld (§§ 45, 48, 50 SGB X) oder eine Geltendmachung von Erstattungsansprüchen (§§ 102 ff SGB X) soll vermieden werden.

2. Leistungsberechtigte nach dem BAföG

Leistungsberechtigte nach dem Bundesausbildungsförderungsgesetz haben 5
Anspruch auf die Kosten für ihre Ausbildung und den Lebensunterhalt, der auch die Kosten für die Unterkunft umfasst (§§ 11 Abs. 1, 12 Abs. 2, 13 Abs. 2 BAföG). Die Kosten der Unterkunft werden bei den Empfängern von Leistungen nach dem BAföG pauschaliert und zB bei Studierenden wenn sie bei ihren Eltern wohnen mit jeweils 49 EUR und wenn sie nicht bei ihren Eltern wohnen mit 224 EUR monatlich berücksichtigt (§ 13 Abs. 2 Nr. 1 Nr. 2 BAföG). Leistungen nach dem Bundesausbildungsförderungsgesetz werden für Ausbildung und Unterhalt als Zuschuss oder als Zuschuss in Kombinati-

on mit einem Darlehen geleistet. So erhalten Studierende von Hochschulen 50 von Hundert der Förderung aus Darlehen (§ 17 Abs. 2 BAföG) und den Rest als nicht rückzahlbaren Zuschuss.

Besteht eine Haushaltsgemeinschaft ausschließlich aus Leistungsberechtigten nach dem BAföG bzw aus Personen, die dem Grunde nach einen Anspruch auf BAföG-Leistungen haben oder im Falle eines Antrags hätten, so besteht für diesen Haushalt kein Anspruch auf Wohngeld. Alle alleinstehenden Empfänger von Unterhaltsleistungen nach dem BAföG sind daher vom Wohngeld ausgeschlossen.

Keinen Anspruch auf Wohngeld haben daher Personen, die nur deshalb keinen Anspruch auf BAföG haben, weil sie über genügend eigene Einkünfte verfügen oder von ihren Eltern unterhalten werden und deshalb nicht bedürftig sind.[3]

Ein Anspruch auf Wohngeld besteht allerdings dann, wenn der Anspruch auf Unterhaltsleistungen nach dem BAföG wegen Fachrichtungswechsel, Überschreiten der Förderungshöchstdauer oder mangels Leistungsnachweise ausgeschlossen ist.[4] Allerdings setzt der Anspruch voraus, dass ein entsprechender Antrag gestellt wurde. Dies ergibt sich aus dem Wortlaut der Regelung – „im Falle einer Antragstellung“ – wonach eine Wahl[5] zwischen der Leistung nach dem BAföG und dem WoGG ausgeschlossen sein soll.[6]

Nicht vom Wohngeld ausgeschlossen sind auch solche Studierende, die nebenberuflich studieren, wenn deren Zeit nicht überwiegend vom Studium in Anspruch genommen wird.[7] Ein Anspruch auf Leistungen nach dem BAföG ist dann ausgeschlossen, wenn es sich um ein Teilzeitstudium handelt, bei dem die wöchentliche Studiendauer unter 20 Stunden liegt, handelt.

Personen, die ausnahmsweise Förderung für eine Zweitausbildung nach dem BAföG erhalten, wird diese ausschließlich als Darlehen gewährt (§§ 17 Abs. 3, 18 c BAföG). Personen, die Leistungen nach dem BAföG ausschließlich als Darlehen erhalten, sind aber wiederum nicht vom Wohngeld ausgeschlossen (Abs. 2 Satz 2).

3. Empfänger von Berufsausbildungsbeihilfe etc.

6 Personen, die Berufsausbildungsbeihilfe von der Bundesagentur für Arbeit (§ 59 SGB III) erhalten, sind vom Anspruch auf Wohngeld ebenso wie Empfänger von Ausbildungsförderung nach dem BAföG ausgeschlossen. Das gleiche gilt für behinderte Menschen, die Berufsausbildungsbeihilfe (§ 115 Nr. 2 SGB III) oder Ausbildungsgeld (§§ 118 Satz 1 Nr. 2, 122 SGB III) erhalten. Dieser Personenkreis ist den Leistungsempfängern nach dem BAföG

3 BayVGH 23.3.1984, BayVBl. 1984, 535; VGH Mannheim 1.12.1999 – 7 S 418/99.
4 BVerwG 24.8.1990 – 8 C 65/89, NVwZ 1991, 675-677, BVerwGE 85, 314-320.
5 BVerwG 24.8.1990 – 8 C 71/89.
6 BVerfG 14.10.1997 – 1 BvL 5/89.
7 BVerfG 14.10.1997 – 1 BvL 5/89.

gleichgestellt, weil sie Leistungen in einer den Leistungen nach dem BAföG entsprechenden Höhe erhalten.

Personen, die während des Bezugs von Wohngeld eine Ausbildung aufnehmen, erhalten das Wohngeld bis zum Ablauf des Bezugszeitraums weiter gezahlt. Die Weiterzahlung dient wie bei den Wehrpflichtigen der Verwaltungsvereinfachung. Verlässt der Auszubildende die Wohnung, die er gemeinsam mit anderen Wohngeldberechtigten bewohnt, so ist die Zahlung von Wohngeld allerdings von Amts wegen einzustellen, da die Vorschrift des § 27 Abs. 2 über „andere Aufhebungsgründe" von der Sondervorschrift über die Weiterzahlung unberührt bleibt. Aus denselben Gründen kommt auch bei Aufnahme einer Ausbildung die Einstellung der Zahlungen wegen einer eventuellen zweckwidrigen Verwendung des Wohngeldes oder wegen anderweitiger Ausschlüsse in Betracht (§ 28). 7

§ 21 Sonstige Gründe

Ein Wohngeldanspruch besteht nicht,

1. **wenn das Wohngeld weniger als 10 Euro monatlich betragen würde,**
2. **wenn alle Haushaltsmitglieder nach den §§ 7 und 8 Abs. 1 vom Wohngeld ausgeschlossen sind oder**
3. **soweit die Inanspruchnahme missbräuchlich wäre, insbesondere wegen erheblichen Vermögens.**

I. Allgemeines; Entstehungsgeschichte

1 § 21 Nr. 1 bis 3 ersetzt die bis zum 31.1.2008 geltende Regelung des § 18 WoGG aF.Zusätzlich wurde in Nr. 3 der von der Rechtsprechung entwickelte Ausschlussgrund des erheblichen Vermögens eingefügt.[1] Der bisher in § 18 Nr. 1 und Nr. 2 WoGG aF geregelte Fall, dass der Antragsteller eine mit dem Wohngeld vergleichbare Leistung (wie zB einen kommunalen Wohnungszuschuss) erhält oder dass bereits für eine von mehreren Wohnungen des Antragstellers Wohngeld geleistet wurde, ist nunmehr in § 5 Abs. 1, in § 27 Abs. 2 und in § 28 Abs. 1 geregelt. Der in § 18 Nr. 3 WoGG aF geregelte Ablehnungsgrund der vorübergehenden Abwesenheit ist entfallen. Wohngeld wird nur noch für diejenige Wohnung geleistet, die Mittelpunkt der Lebensbeziehungen eines Haushaltsmitgliedes ist (§ 5 Abs. 1 Satz 1).

II. Erläuterungen

2 Der Ausschluss dient in erster Linie der Verwaltungsvereinfachung und bringt zum Ausdruck, dass geringfügige Zuschüsse nicht geeignet sind, ange-

1 BT-Drucks. 16/8918, 52.

messenen und familiengerechten Wohnraum zu sichern (§ 1 Abs. 1). Verfassungsrechtliche Bedenken bestehen nicht, weil zur Deckung des aus Art. 1 Abs. 1, Art. 20 Abs. 1 GG hergeleiteten Recht auf Existenzsicherung[2] die Systeme der Grundsicherung im SGB II und SGB XII zur Verfügung stehen.

3 Die Regelung in Nr. 2, nach der Wohngeld dann nicht geleistet wird, wenn alle Haushaltsangehörigen nach den §§ 7 und 8 vom Wohngeld ausgeschlossen sind, dient lediglich der Klarstellung und hat keinen eigenen Regelungscharakter.

4 Das Wohngeld ist schließlich nach Nr. 3 ausgeschlossen, wenn die Inanspruchnahme missbräuchlich ist. Die Rechtsprechung hat nach der bis zum 31.12.2008 geltenden Fassung (§ 18 WoGG aF) eine **missbräuchliche** Inanspruchnahme bei erheblichen Vermögenswerten angenommen. Diesen Hinweis hat der Gesetzgeber aufgegriffen und das erhebliche Vermögen als Regelbeispiel eines Missbrauchstatbestandes eingeführt.[3] Nach den Verwaltungsvorschriften zum WoGG (Nr. 21.36) ist dann erhebliches Vermögen vorhanden, wenn für den alleinstehenden Antragsteller die Grenze von 60.000 EUR und für jede weitere Person die Grenze von 30.000 EUR überschritten wird. Nach den Verwaltungsvorschriften, die allerdings nur die Wohngeldbehörde bindet und keine Außenwirkung haben, sind einzelne Vermögenswerte von der Verwertung ausgenommen, zB das selbstgenutzte Wohneigentum für das ein Lastenzuschuss beantragt wird, oder auch ein selbstgenutztes Kraftfahrzeug.

5 In welchen Fällen **erhebliches Vermögen** zum Ausschluss des Wohngeldes führt, ist umstritten. Nach der zitierten Entscheidung des VG München, aus der Zeit vor dem 1.1.2009 handelt es sich um erhebliches Vermögen, wenn die Besteuerungsgrenze nach § 6 VStG von 120.000 DM für alleinstehende und 240.000 DM für steuerlich zusammen veranlagte Ehegatten, überschritten wird.[4] Bei der Beurteilung eines Missbrauches aufgrund eines umfangreichen Vermögens ist zu berücksichtigen, dass eine Vermögensanrechnung auf den Wohngeldanspruch grundsätzlich nicht erfolgt.[5] Eine feste Vermögensgrenze, wie in der Verwaltungsvorschrift vorgesehen von 60.000 EUR bzw. 120.000 EUR kann daher nicht gezogen werden.[6] Ein Missbrauch wird auch regelmäßig nur dann anzunehmen sein, wenn ein Antragsteller sein Vermögen im Hinblick auf den Antrag auf Wohngeld umschichtet oder eine naheliegende günstige und risikoarme Vermögensnutzung unterlässt und dadurch wohngeldmindernde Einnahmen vermeidet. Zum Missbrauch gehört neben einem objektiven regelmäßig auch ein subjektives Element, dh ein Missbrauch liegt nur vor, wenn nach einer allgemeinen Rechtsfertigungsprü-

2 Vgl BVerfG 9.2.2012 – 1 BvL 1/09, 3/09, 4/09.
3 Vgl hierzu VG München 12.7.2007 – M 22 K 07.792.
4 VStG BGBl. I, vom 14.11.1990, 2467.
5 BayVGH 4.10.2005 – 9 ZB 05.1654.
6 OVG Berlin-Brandenburg 29.7.2010 – OVG 9 N 8.09; VG Braunschweig 28.5.2009 – 3 A 129/08.

fung die Leistung als unbillig angesehen werden kann. Das ist regelmäßig der Fall, wenn zu dem erheblichen Vermögen noch weitere subjektive Elemente des Antragstellers hinzutreten oder das Vermögen so umfangreich ist, dass zB ein teilweiser Verbrauch angesichts einer kurzzeitig auftretenden „Nullrendite" angemessen erscheint. Ein Missbrauch kann daher nur in Ausnahmefällen vorliegen.[7]

7 Vgl hierzu die Rechtsprechung zu § 92 a BSHG: BVerwG 14.1.1982 – 5 C 70/80.

Teil 4
Bewilligung, Zahlung und Änderung des Wohngeldes

§ 22 Wohngeldantrag

(1) Wohngeld wird nur auf Antrag der wohngeldberechtigten Person geleistet.

(2) Im Fall des § 3 Abs. 3 wird vermutet, dass die antragstellende Person von den anderen Haushaltsmitgliedern als wohngeldberechtigte Person bestimmt ist.

(3) [1]Zieht die wohngeldberechtigte Person aus oder stirbt sie, kann der Antrag nach § 27 Abs. 1 auch von einem anderen Haushaltsmitglied gestellt werden, das die Voraussetzungen des § 3 Abs. 1 oder Abs. 2 erfüllt. [2]§ 3 Abs. 3 bis 5 gilt entsprechend.

(4) Wird ein Wohngeldantrag für die Zeit nach dem laufenden Bewilligungszeitraum früher als zwei Monate vor Ablauf dieses Zeitraums gestellt, gilt der Erste des zweiten Monats vor Ablauf dieses Zeitraums als Zeitpunkt der Antragstellung im Sinne des § 24 Abs. 2.

(5) § 65 a des Ersten und § 115 des Zehnten Buches Sozialgesetzbuch sind nicht anzuwenden.

I. Allgemeines, Entstehungsgeschichte

1 Bis zur Neuregelung ab dem 1.1.2009[1] war die Antragstellung in § 3 Abs. 1 WoGG aF und § 23 Abs. 1 WoGG aF geregelt. Die Regelung über die Zuständigkeit (§ 23 Abs. 1 WoGG aF) erfolgt nunmehr in § 24 Abs. 1. Die Vermutungsregel des Abs. 2, dass die antragstellende Person von den wohngeldberechtigten Haushaltsmitgliedern als wohngeldberechtigte Person bestimmt wurde, ist neu aufgenommen worden. Abs. 3 ist ebenfalls eine Neuregelung. Abs. 4 entspricht der Regelung des § 23 Abs. 1 S. 3 WoGG aF. Abs. 5 ist der Regelung des § 23 Abs. 2 WoGG aF entnommen.

II. Erläuterungen

2 Eine Gewährung von Wohngeld kann **nur auf Antrag** gewährt werden. Die Antragstellung wirkt konstitutiv, dh sie ist Tatbestandsmerkmal des Wohngeldanspruchs. Ein Wohngeldverfahren wird daher nicht von Amts wegen eingeleitet. Das Gesetz schreibt keine besondere Form des Antrags vor, so dass dieser formlos schriftlich oder auch mündlich gestellt werden kann. Das Ausfüllen der nach der Wohngeldverwaltungsvorschrift (22.12) vorgeschriebenen Vordrucke kann nach den Bedingungen der §§ 60 ff SGB I verlangt

1 BGBl. I 2008, 1856.

werden. Die Verwendung von Vordrucken durch den Antragsteller ist diesem im Rahmen seiner Pflicht zur Angabe von Tatsachen regelmäßig zumutbar (§ 60 Abs. 1 SGB I). Die Weigerung, die Formulare zu verwenden, kann daher zur Versagung der Leistung führen (§ 66 Abs. 1 SGB I).[2] Die Wohngeldstelle wird allerdings den Anspruch auf Wohngeld in diesen Fällen in der Regel nicht einfach mit der Begründung ablehnen können, dass der Sachverhalt nicht ermittelt werden konnte. Erst wenn feststeht, dass der Wohngeldanspruch ohne Mithilfe des Antragstellers nicht festgestellt werden kann, hat die Wohngeldstelle das Versagungsverfahren (§ 66 SGB I) zu betreiben. Aus dem Gesichtspunkt der Verhältnismäßigkeit geht das Versagungsverfahren (§ 66 SGB I) als milderes Mittel der Ablehnung wegen Nichterweislichkeit vor.

Einen wirksamen Antrag auf Wohngeld kann nach den allgemeinen Vorschriften nur stellen, wer im sozialrechtlichen Verwaltungsverfahren **geschäftsfähig oder handlungsfähig** ist (§ 10 Abs. 1 SGB X). Die Geschäftsfähigkeit richtet sich nach den zivilrechtlichen Vorschriften. Da nur natürliche Personen einen Anspruch auf Wohngeld haben können (§ 3 Abs. 1 Satz 1), sind die Regelungen der §§ 104 ff BGB über die Geschäftsfähigkeit hier anzuwenden (§ 11 Abs. 1 Nr. 1 SGB X). So sind Kinder, die das siebente Lebensjahr nicht vollendet haben, geschäftsunfähig (§ 104 Nr. 1 BGB), so dass sie keinen wirksamen Antrag stellen können, wenn sie nicht gesetzlich vertreten werden. Personen, die das siebente aber noch nicht das 18. Lebensjahr vollendet haben, sind beschränkt geschäftsfähig und können Anträge auf Wohngeld daher grundsätzlich nur mit vorheriger Einwilligung oder nachträglicher Genehmigung ihrer gesetzlichen Vertreter stellen (§§ 107, 108 Abs. 1 BGB). Allerdings sind Antragsteller, die das 15. Lebensjahr vollendet haben, in Bezug auf Sozialleistungen antragsberechtigt und somit auch berechtigt einen Antrag auf Wohngeld zu stellen (§ 36 Abs. 1 Satz 1 SGB I). 3

Die **gesetzlichen Vertreter** sind im Regelfall lediglich über die Antragstellung und die erbrachten Sozialleistungen zu unterrichten (§ 36 Abs. 1 Satz 2 SGB I). Im Einzelfall kann nach pflichtgemäßem Ermessen der Wohngeldstelle von der Unterrichtung des gesetzlichen Vertreters abgesehen werden, wenn zB der Jugendliche getrennt von seinen Eltern in einem betreuten Wohnen lebt oder weil zwischen den Eltern und dem Kind unüberwindbare Zerwürfnisse bestehen.

Ein volljähriger Antragsteller, der unter **Betreuung** (§§ 1896 ff BGB) steht, ist geschäftsfähig und kann einen Antrag auf Wohngeld selbst stellen. Bei der Antragstellung kann der Betreuer den Betreuten in seinem Aufgabenkreis vertreten (§ 1902 BGB). Der Aufgabenkreis und der Umfang der Betreuung ergeben sich aus dem Beschluss des Vormundschaftsgerichtes (§ 1897 Abs. 1 BGB, § 286 Abs. 1 Nr. 1 FamFG). Der Betreuer erhält vom Vormundschafts-

2 BSG 28.10.2009 – B 14 AS 56/08 R.

gericht eine Bestellungsurkunde (Betreuerausweis) aus der sich der Umfang der Betreuung ergibt (§ 290 Nr. 3 FamFG). Der Betreute kann nur dann keine wirksamen Willenserklärungen abgeben, wenn das Vormundschaftsgericht einen Einwilligungsvorbehalt bestimmt hat (§ 1903 Abs. 1 BGB). Stellt der Betreute einen Antrag auf Wohngeld, obwohl ein Einwilligungsvorbehalt besteht, ist der Antrag des Betreuten gleichwohl wirksam, weil ein Antrag auf Wohngeld lediglich rechtlich vorteilhaft ist (§ 1903 Abs. 3 Satz 1 BGB).

4 Erfüllen **mehrere Personen** die Voraussetzungen nach § 3 Abs. 1 und sind sie Mitglieder eines gemeinsamen Haushaltes, so kann nur eine Person den Anspruch auf Wohngeld geltend machen (§ 3 Abs. 3). Dies betrifft etwa Mieter, die eine Wohnung gemeinsam angemietet haben und bewohnen oder Personen, die (Mit-)Eigentümer einer von ihnen bewohnten Wohnung sind. Die antrags- und leistungsberechtigten Personen müssen zunächst die wohngeldberechtigte Person bestimmen (§ 3 Abs. 3 Satz 4). Erst nach der Bestimmung durch die Gemeinschaft der möglichen Wohngeldberechtigten und dem Vorliegen der übrigen Anspruchsvoraussetzungen, entsteht der Anspruch auf Wohngeld. Zur Erleichterung des Nachweises wird allerdings hinsichtlich des Antragstellers nach Abs. 2 vermutet, dass er von der Haushaltsgemeinschaft als wohngeldberechtigte Person bestimmt wurde. Diese Vermutung ist jedoch widerlegbar und zwar durch den Beweis des Gegenteils.[3] Die Vermutung wird daher nur dann widerlegt, wenn tatsächlich eine andere Person bestimmt wurde und dies durch eine Urkunde, Zeugen oder ein anderes Beweismittel (§ 21 SGB X) bewiesen werden kann.

5 **Zieht** die von der Haushaltsgemeinschaft als wohngeldberechtigt bestimmte Person vor oder nach Stellung des Antrags auf Wohngeld **aus oder verstirbt** sie, kann ein (Änderungs-)Antrag wegen der Erhöhung von Miete oder Belastung bzw der Minderung des Einkommens um mehr als 15% (§ 27 Abs. 1) auch von einem anderen Haushaltsmitglied gestellt werden. Scheidet nur die einkommenslose wohngeldberechtigte Person aus der Haushaltsgemeinschaft durch Auszug oder Tod aus, so ist das Wohngeld wegen Änderung der Verhältnisse vom Zeitpunkt des Auszugs oder des Todes an neu zu berechnen. Verringert sich der Wohngeldanspruch oder entfällt er insgesamt, so ist dies von Amts wegen zu beachten (§ 27 Abs. 2).

Die Regelung stellt eine Erleichterung der Antragstellung dar, weil eine erneute Bestimmung der wohngeldberechtigten Person nicht erfolgen muss. Auch bei diesem, ursprünglich nicht wohngeldberechtigten Haushaltsmitglied muss es sich um eine natürliche Person handeln, die Wohnraum gemietet hat oder selbst nutzt, bzw ihr gleichgestellt ist (§ 3 Abs. 1) oder (Mit-)Eigentum am selbst genutzten Wohnraum hat (§ 3 Abs. 2). Auch in diesem Fall soll die wohngeldberechtigte Person wieder bestimmt werden, denn § 3 Abs. 3 bis 5 gilt in diesem Fall entsprechend.

3 BVerwG 18.8.2010 – 8 B 24/10.

Abs. 4 regelt den Fall eines **zu „früh"** gestellten Antrages auf Wohngeld. Nach § 24 Abs. 2 sind für die Entscheidung über den Wohngeldantrag die Verhältnisse im Bewilligungszeitraum maßgeblich, wie sie zum Zeitpunkt der Antragstellung zu erwarten sind. Die Wohngeldstelle muss daher eine Prognose über die Entwicklung der wirtschaftlichen und Wohnverhältnisse zum Zeitpunkt der Antragstellung für den Bewilligungszeitraum stellen. Da Wohngeld erst ab Antragstellung bewilligt wird, könnte der Wohngeldberechtigte durch einen vorzeitigen Leistungsantrag den Prognosezeitpunkt vorverlegen und für sich eine günstige Entscheidung herbeiführen. Auch um spätere Änderungen des Bewilligungsbescheides zu vermeiden, bestimmt Abs. 4, dass der Wohngeldantrag auch dann erst als am ersten Tag des zweiten Monats vor Ablauf des (bisherigen) Bewilligungszeitraums gestellt gilt, wenn der Folgeantrag tatsächlich noch früher gestellt wurde. 6

Abs. 5 bestimmt, dass der Wohngeldberechtigte keinen Anspruch auf **Ersatz seiner Aufwendungen** erhalten soll, wenn er bei der Wohngeldstelle persönlich erscheint oder sich einer ärztlichen bzw psychologischen Untersuchung unterzieht (§ 65 a iVm § 61 und § 62 SGB I). Ein nicht erfüllter Arbeitsentgeltanspruch geht nicht auf die Wohngeldstelle über (§ 115 SGB X). Beide Vorschriften dienen der Verwaltungsvereinfachung, die gerechtfertigt sind, weil beim Wohngeldempfänger in der Regel davon ausgegangen werden kann, dass seine materielle Existenz gesichert ist (vgl hierzu Anm. zu § 21 Rn 3). 7

§ 23 Auskunftspflicht

(1) [1]Soweit die Durchführung dieses Gesetzes es erfordert, sind folgende Personen verpflichtet, der Wohngeldbehörde Auskunft über ihre für das Wohngeld maßgebenden Verhältnisse zu geben:

1. die Haushaltsmitglieder,
2. die sonstigen Personen, die mit der wohngeldberechtigten Person den Wohnraum gemeinsam bewohnen, und
3. bei einer Prüfung nach § 21 Nr. 3 zur Feststellung eines Unterhaltsanspruchs auch
   a) der Ehegatte, der Lebenspartner oder die Lebenspartnerin,
   b) der frühere Ehegatte, der frühere Lebenspartner oder die frühere Lebenspartnerin,
   c) die Kinder der zu berücksichtigenden Haushaltsmitglieder und
   d) die Eltern der zu berücksichtigenden Haushaltsmitglieder,

   die keine Haushaltsmitglieder sind.

[2]Die Haushaltsmitglieder sind verpflichtet, ihr Geschlecht anzugeben (§ 33 Abs. 3 Satz 1 Nr. 6 und § 35 Abs. 1 Nr. 5).

(2) Soweit die Durchführung dieses Gesetzes es erfordert, sind die Arbeitgeber der zu berücksichtigenden Haushaltsmitglieder verpflichtet, der Wohngeldbehörde über Art und Dauer des Arbeitsverhältnisses sowie über Arbeitsstätte und Arbeitsverdienst Auskunft zu geben.

(3) Der Empfänger oder die Empfängerin der Miete ist verpflichtet, der Wohngeldbehörde über die Höhe und Zusammensetzung der Miete sowie über andere das Miet- oder Nutzungsverhältnis betreffende Umstände Auskunft zu geben, soweit die Durchführung dieses Gesetzes es erfordert.

(4) [1]Zur Aufdeckung rechtswidriger Inanspruchnahme von Wohngeld sind die Kapitalerträge auszahlenden Stellen, denen ein zu berücksichtigendes Haushaltsmitglied einen Freistellungsauftrag für Kapitalerträge erteilt hat, verpflichtet, der Wohngeldbehörde Auskunft über die Höhe der zugeflossenen Kapitalerträge zu erteilen. [2]§ 21 Absatz 3 Satz 4 des Zehnten Buches Sozialgesetzbuch gilt entsprechend. [3]Ein Auskunftsersuchen der Wohngeldbehörde ist nur zulässig, wenn auf Grund eines Datenabgleichs nach § 33 der Verdacht besteht oder feststeht, dass Wohngeld rechtswidrig in Anspruch genommen wurde oder wird und dass das zu berücksichtigende Haushaltsmitglied, auch soweit es dazu berechtigt ist, nicht oder nicht vollständig bei der Ermittlung der Kapitalerträge mitwirkt. [4]Die Auslagen für Auskünfte von Kapitalerträge auszahlenden Stellen, die durch die Ermittlung der rechtswidrigen Inanspruchnahme von Wohngeld entstanden sind, sollen abweichend von § 64 Absatz 1 des Zehnten Buches Sozialgesetzbuch von der Person, die Wohngeld zu erstatten hat, erhoben werden.

(5) Auf die nach den Absätzen 1 bis 3 Auskunftspflichtigen sind die §§ 60 und 65 Abs. 1 und 3 des Ersten Buches Sozialgesetzbuch entsprechend anzuwenden.

I. Entstehungsgeschichte, Allgemeines

1 Die Auskunftspflicht war bis zum 31.12.2008 in § 25 Abs. 1 WoGG aF geregelt. Die Norm regelt die Auskunftspflicht der Personen, die nicht die wohngeldberechtigte Person sind.

II. Erläuterungen

2 Die Auskunftspflicht besteht neben der Verpflichtung des **Wohngeldberechtigten** zur Mitwirkung im Verwaltungsverfahren (§§ 60 ff SGB I). Weitere Mitwirkungspflichten des Wohngeldberechtigten ergeben sich aus den §§ 27 Abs. 3, Abs. 4, 28 Abs. 4. Diese gehen als speziellere Regelungen den allgemeinen Regelungen (§§ 60 ff SGB I) vor.

3 Abs. 1 Nr. 1 regelt die Auskunftspflicht der **Haushaltmitglieder**. Der Wohngeldberechtigte hat gegenüber den Personen, die mit ihm in einer Haushalts-

gemeinschaft (§ 5) leben und bei der Berechnung des Wohngeldes zu berücksichtigen sind (§ 6), keinen oder nur einen eingeschränkten Auskunftsanspruch. In der intakten Ehe muss der jeweils andere Ehegatte nur den ungefähren Bestand an Einkommen und Vermögen angeben. Gegen diese Personen kann ein Auskunftsanspruch nach § 99 Abs. 1 SGB X nicht geltend gemacht werden, weil es sich nicht um einen Anspruch nach dem Recht der Sozialversicherung handelt. Keinen Auskunftsanspruch haben Wohngeldberechtigte gegen ihre in einer Lebensgemeinschaft lebenden Haushaltsangehörigen. Sie sind daher nicht in der Lage, der Wohngeldstelle Nachweise über das Einkommen des Partners zu beschaffen, wenn sich dieser weigert, diese vorzulegen. Von diesen Personen kann zur Verwaltungsvereinfachung nach Abs. 1 Nr. 1 unmittelbar Auskunft verlangt werden. Während die Wohngeldberechtigten bei Bezug der Leistungen unaufgefordert auskunftspflichtig bleiben (§ 27 Abs. 3), besteht die Auskunftspflicht der übrigen in § 23 genannten Personen nur dann, wenn die Wohngeldstelle ein entsprechendes Auskunftsersuchen stellt.

Nach Nr. 2 sind neben den Haushaltsmitgliedern auch sonstige **Mitbewohner** einer Wohnung zur Auskunft verpflichtet. Hierbei handelt es sich um Mitmieter in einer schlichten Wohngemeinschaft, Untermieter oder ähnliche Personen, auch wenn sie selbst kein Wohngeld beantragt haben. 4

Nr. 3 regelt die Auskunftspflicht von **Unterhaltspflichtigen**. Nur im Rahmen der Prüfung der missbräuchlichen Inanspruchnahme von Wohngeld (§ 21 Nr. 3) zur Feststellung einer bestehenden Unterhaltspflicht, können auch die in Abs. 1 Nr. 3 Buchst. a bis d genannten Unterhaltspflichtigen unmittelbar auf Auskunft in Anspruch genommen werden, wenn sie nicht bereits als Haushaltsangehörige auf Auskunft in Anspruch genommen werden können. Der Auskunftsanspruch nach Nr. 1 und Nr. 2 geht dem Auskunftsanspruch nach Nr. 3 vor. 5

Satz 2 bestimmt, dass die nach Satz 1 auskunftspflichtigen Haushaltsmitglieder auch ihr **Geschlecht** angeben müssen. Die Angabe des Geschlechtes wurde eingeführt, um eine eindeutige Zuordnung beim Datenabgleich (§ 33 Abs. 2 bis 6) zu gewährleisten und dient zusätzlich statistischen Zwecken (§ 35 Abs. 1 Nr. 5).[1] 6

Die **Arbeitgeber** der Haushaltsmitglieder sind nach Abs. 2 gegenüber der Wohngeldstelle auf Verlangen zur Auskunft verpflichtet. Mangels eines eigenständigen Arbeitgeberbegriffs des WoGG ist der arbeitsrechtliche Arbeitgeberbegriff zu verwenden.[2] Arbeitgeber ist die natürliche und juristische Person, die die Leistung von Arbeit von einem Arbeitnehmer kraft des Arbeitsvertrags fordern kann und damit die wirtschaftliche und organisatorische Dispositionsbefugnis über die Arbeitsleistung des Arbeitnehmers und 7

1 BT-Drucks. 16/6543, 102.
2 Vgl für den Begriff des Arbeitgebers nach dem AltTZG: BSG 23.2.2011 – B 11 AL 14/10 R.

den Nutzen aus ihr hat.[3] Auf die Wirksamkeit des Arbeitsvertrags dürfte es nicht ankommen.

8 Nach Abs. 3 ist zusätzlich der **Empfänger der Miete** zur Auskunft verpflichtet. Empfänger der Miete wird in der Regel der Vermieter (§ 535 Abs. 2 BGB) oder eine von ihm beauftragte Person sein. Der Begriff der Miete ist im WoGG weiter gefasst als im BGB und ist allgemein das vereinbarte Entgelt für die Überlassung von Wohnraum im Rahmen eines Miet- oder sonstigen Nutzungsverhältnisses (§ 9 Abs. 1). Die Auskunftspflicht beschränkt sich auf die für die Durchführung des WoGG erforderlichen Gesichtspunkte und folgt der Regelung des § 60 Abs. 1 Nr. 1 SGB II.[4]

9 Abs. 4 regelt die Auskunftspflicht der **Kapitalerträge auszahlenden Stellen,** die Vermögen des Wohngeldberechtigten oder der Haushaltsmitglieder verwalten. Die Regelung zielt nicht auf die Feststellung des Kapitals (§ 21 Nr. 3), sondern darauf, verschwiegene Einnahmen aus den Erträgen des Kapitals aufzudecken, denn das Vermögen ist im Wohngeldrecht grundsätzlich nicht anzurechnen. Die Auskunftspflicht besteht nur, wenn sich nach einem Datenabgleich (§ 33) der Verdacht ergibt, oder feststeht, dass Wohngeld in der Vergangenheit unberechtigt in Anspruch genommen wurde oder gegenwärtig zu Unrecht bezogen wird. Bei einem Datenabgleich der Wohngeldstelle mit dem Bundeszentralamt für Steuern werden der Wohngeldstelle nur die Höhe der Zinserträge mitgeteilt, für die aufgrund des Freistellungsauftrages keine Steuern zu entrichten sind, nicht aber weitere Kapitalerträge.[5]

Steht bereits aufgrund der Mitteilung des **Bundeszentralamtes für Steuern** fest, dass aufgrund der verschwiegenen Kapitalerträge Wohngeld ganz oder teilweise zu Unrecht erbracht wurde, so besteht gegenüber dem Haushaltsmitglied, welches Kapitalerträge hat, kein weiterer Auskunftsanspruch der Wohngeldstelle. Ein bloßer Verdacht der rechtswidrigen Inanspruchnahme von Wohngeld reicht für ein Auskunftsersuchen aus und wird bereits dann vorliegen, wenn sich aus dem Datenabgleich ergeben hat, dass Kapitaleinkünfte verschwiegen wurden. Ein zu berücksichtigendes Haushaltsmitglied muss zusätzlich nicht oder nicht vollständig an der Ermittlung der Kapitalerträge mitgewirkt haben. Dies betrifft nach dem Wortlaut des Abs. 4 Satz 2 auch Fälle, in denen das Haushaltsmitglied berechtigt war, seine Mitwirkung gegenüber dem Wohngeldberechtigten zu verweigern: „... auch soweit es dazu berechtigt ist ...“

10 Abs. 5 verweist auf den Umfang der **Mitwirkungspflichten** hinsichtlich der Angabe von Tatsachen auf § 60 SGB I und hinsichtlich der Grenzen der Mitwirkung auf § 65 Abs. 1 Abs. 3 SGB I.[6] Bei der Angabe von Tatsachen (§ 60 SGB I) ist insbesondere zu berücksichtigen, dass den Auskunftspflichtigen

3 BAG 27.09.2012 – 2 AZR 838/11.
4 BT-Drucks. 16/6543, 102.
5 BT-Drucks. 16/8918, 52.
6 BT-Drucks. 16/8918, 52.

keine Beschaffungspflicht für Beweismittel trifft und dass nur hinsichtlich der entscheidungserheblichen Tatsachen eine Mitwirkungspflicht besteht. Die Mitwirkung kann nicht verlangt werden, wenn die Voraussetzungen des § 65 Abs. 1 SGB I vorliegen. Die Grenzen der Mitwirkung ergeben sich aus dem Übermaßverbot, dh das Mitwirkungsverlangen der Wohngeldstelle muss geeignet, erforderlich und verhältnismäßig sein. Diese Voraussetzungen werden in § 65 Abs. 1 SGB I konkretisiert. Daneben ist das Übermaßverbot aber auch unmittelbar zu beachten Aus dem Verweis auf § 60 SGB I ergibt sich, dass von dem Auskunftspflichtigen keine weitergehenden Mitwirkungshandlungen als von dem Wohngeldberechtigten verlangt werden können.[7] Werden die Grenzen der Mitwirkungspflicht nicht beachtet, so kann die Leistung des Wohngeldes nicht rechtmäßig ganz oder teilweise versagt (§ 66 Abs. 1 Satz 1 SGB I) werden.

§ 24 Wohngeldbehörde und Entscheidung

(1) [1]Über den Wohngeldantrag muss die nach Landesrecht zuständige oder von der Landesregierung durch Rechtsverordnung oder auf sonstige Weise bestimmte Behörde (Wohngeldbehörde) schriftlich entscheiden. [2]Die Landesregierung kann ihre Befugnis nach Satz 1, die Zuständigkeit der Wohngeldbehörden zu bestimmen, auf die für die Ausführung des Wohngeldgesetzes zuständige oberste Landesbehörde übertragen. [3]§ 69 des Ersten Buches Sozialgesetzbuch bleibt unberührt.

(2) [1]Der Entscheidung sind die Verhältnisse im Bewilligungszeitraum, die im Zeitpunkt der Antragstellung zu erwarten sind, zu Grunde zu legen. [2]Treten nach dem Zeitpunkt der Antragstellung bis zur Bekanntgabe des Wohngeldbescheides Änderungen der Verhältnisse im Bewilligungszeitraum ein, sind sie grundsätzlich nicht zu berücksichtigen; Änderungen im Sinne des § 27 Abs. 1 und 2, § 28 Abs. 1 bis 3 oder § 43 sollen berücksichtigt werden. [3]Satz 2 gilt für nach dem Zeitpunkt der Antragstellung bis zur Bekanntgabe des Wohngeldbescheides zu erwartende Änderungen entsprechend.

(3) [1]Der Bewilligungsbescheid muss die in § 27 Abs. 3 Satz 1 Nr. 2 und 3 genannten Beträge ausweisen und einen Hinweis über die Mitteilungspflichten nach § 27 Abs. 3 und 4 sowie § 28 Abs. 1 Satz 2 und Abs. 4 Satz 1 enthalten. [2]Er soll einen Hinweis enthalten, dass der Wohngeldantrag für die Zeit nach Ablauf des Bewilligungszeitraums wiederholt werden kann.

(4) Für die Aufhebung eines Wohngeldbescheides, die Rückforderung zu erstattenden Wohngeldes sowie die Unterrichtung und den Hinweis nach § 28 Abs. 5 ist die Wohngeldbehörde zuständig, die den Wohngeldbescheid erlassen hat.

7 BSG 10.3.1993 – 14b/4 Reg 1/91; BVerwG 17.5.1995 – 5 C 16/93.

I. Entstehungsgeschichte, Allgemeines

1 Abs. 1 ersetzt den bis zum 31.12.2008 geltenden § 26 Abs. 1 WoGG aF Abs. 2 § 11 Abs. 1 S. 3 WoGG aF, Abs. 3 ergänzt § 26 Abs. 4 WoGG aF und Abs. 4und regelt erstmals die für die Aufhebung des Wohngeldbescheides und die Rückforderung erbrachter Leistungen zuständige Wohngeldstelle (Behörde).

II. Erläuterungen

2 Die **Zuständigkeit** der Wohngeldstelle (Wohngeldbehörde) bestimmt sich nach **Landesrecht.** Die Bundesländer haben durch Gesetz, Verordnung oder in sonstiger Weise (zB durch Erlass) bestimmt, wer Wohngeldbehörde im Sinne des § 24 Abs. 1 Satz 1 ist. In Nordrhein-Westfalen sind zB die Gemeinden zuständig (§ 3 Verordnung über Zuständigkeiten auf dem Gebiet der sozialen Wohnraumförderung und anderer Maßnahmen des Wohnungswesens).[1] Die Bestimmung der Zuständigkeit kann durch die Landesregierung auf die oberste Landesbehörde übertragen werden. Die Stadtstaatenklausel des § 69 Abs. 1 SGB I soll hiervon unberührt bleiben.

3 Nach Abs. 2 sind die Verhältnisse für die Bewilligung des Wohngeldes **maßgeblich**, die zum Zeitpunkt der Antragstellung im Bewilligungszeitpunkt zu erwarten sind.[2] Bei Änderungen der Verhältnisse wird abweichend von den Regeln im Sozialverwaltungsrecht auf den Zeitpunkt der Antragstellung und nicht auf den Zeitpunkt des Erlasses des Verwaltungsaktes (§ 48 Abs. 1 Satz 1 SGB X) abgestellt. Die Regelung des § 24 Abs. 2 geht der Regelung des § 48 Abs. 1 SGB X als speziellere vor. Änderungen der Verhältnisse betreffen das Einkommen oder die Höhe des Wohngeldes und können daher nur innerhalb des Rahmens der §§ 27 Abs. 1 und Abs. 2, 28 Abs. 1 bis Abs. 3 und 43 berücksichtigt werden.

4 Abs. 2 Satz 3 bezieht nunmehr ausdrücklich die Änderungen zwischen der Antragstellung und dem Erlass des Wohngeldbescheides mit in die „**Änderungssperre**" ein.

5 In Abs. 3 werden weiteren **Anforderungen an den Inhalt** des Bewilligungsbescheides gestellt, die über die Anforderungen an einen rechtmäßigen Verwaltungsakt hinausgehen (§§ 39 ff SGB X). Der Wohngeldbescheid muss die Höhe der Miete oder der Belastung (§ 27 Abs. 3 Satz 1 Nr. 2) und die Summe der Einkünfte oder Einnahmen aller Haushaltsmitglieder (§ 27 Abs. 3 Satz 1 Nr. 3) ausweisen. Zusätzlich sind die Beträge mitzuteilen, bei denen eine Änderung der Verhältnisse vorliegt und der Wohngeldbescheid zugunsten oder zulasten des Wohngeldberechtigten abzuändern ist, es ist also zu-

1 GV NRW 2.6.1992,190 idF der Verordnung vom 30.3.2007 GV NRW, 146.
2 BVerwG 23.1.1990 – 8 C 58/89.

mindest der Prozentsatz der Änderung in Höhe von mindestens 15% anzugeben. Der Wohngeldberechtigte und die Haushaltsmitglieder werden ihrer Mitteilungspflicht in vielen Fällen nur dann hinreichend nachkommen können, wenn sie den Betrag kennen.

Die Belehrung über die Höhe des Einkommens, das Wohngeld und die Beiträge korrespondiert mit der Verpflichtung des Wohngeldberechtigten und der übrigen Haushaltsangehörigen, als Auskunftspflichtige jede Änderung der Verhältnisse mitzuteilen. In dem Wohngeldbescheid ist daher auch über die Mitteilungspflicht und die Folgen der Verletzung der Mitteilungspflicht (Bußgeldandrohung § 43) hinzuweisen.

Enthält der Wohngeldbescheid die Hinweise nach Abs. 3 nicht, so hat dies in der Regel keine Auswirkungen auf die Wirksamkeit des Wohngeldbescheides, denn die Hinweispflicht dient einzig der Sicherung der Ansprüche bei einer Änderung der Verhältnisse und der hiermit verbundenen Rückforderungsansprüche. Die Verletzung von Verfahrensfehlern führt zudem nur dann zur Rechtswidrigkeit des Wohngeldbescheides, wenn durch die Verletzung die Entscheidung in der Sache beeinflusst wird (§ 42 Satz 1 SGB I).

Abs. 4 regelt die Zuständigkeit für die **Aufhebung des Wohngeldbescheides** 6
und die Rückforderung sowie die Unterrichtung der wohngeldberechtigten Person von der Unwirksamkeit des Bewilligungsbescheides nach § 28 Abs. 5. Mit dieser Regelung wird verhindert, dass in den landesrechtlichen Regelungen über die Zuständigkeit festgelegt wird, dass eine andere als die Ausgangsbehörde für die Aufhebung und die Erstattung des Wohngeldes zuständig ist.

§ 25 Bewilligungszeitraum

(1) [1]Das Wohngeld soll für zwölf Monate bewilligt werden. [2]Ist zu erwarten, dass sich die maßgeblichen Verhältnisse vor Ablauf von zwölf Monaten erheblich ändern, soll der Bewilligungszeitraum entsprechend verkürzt werden; im Einzelfall kann der Bewilligungszeitraum geteilt werden.

(2) [1]Der Bewilligungszeitraum beginnt am Ersten des Monats, in dem der Wohngeldantrag gestellt worden ist. [2]Treten die Voraussetzungen für die Bewilligung des Wohngeldes erst in einem späteren Monat ein, beginnt der Bewilligungszeitraum am Ersten dieses Monats.

(3) [1]Der Bewilligungszeitraum beginnt am Ersten des Monats, von dem ab Leistungen im Sinne des § 7 Abs. 1 abgelehnt worden sind, wenn der Wohngeldantrag vor Ablauf des Kalendermonats gestellt wird, der auf die Kenntnis der Ablehnung folgt. [2]Dies gilt entsprechend, wenn der Ausschluss nach § 8 Abs. 1 Satz 3 oder Abs. 2 als nicht erfolgt gilt. [3]Ist ein Bewilligungsbescheid nach § 28 Abs. 3 unwirksam geworden, beginnt abweichend von den

Sätzen 1 und 2 der Bewilligungszeitraum frühestens am Ersten des Monats, von dem an die Unwirksamkeit eingetreten ist.

(4) Der neue Bewilligungszeitraum im Fall des § 27 Abs. 1 Satz 2 beginnt am Ersten des Monats, von dem an die erhöhte Miete oder Belastung rückwirkend berücksichtigt wird, wenn der Antrag vor Ablauf des Kalendermonats gestellt wird, der auf die Kenntnis von der Erhöhung der Miete oder Belastung folgt.

(5) Der neue Bewilligungszeitraum im Fall des § 28 Abs. 3 beginnt am Ersten des Monats, an dem die Unwirksamkeit des Bewilligungsbescheides eintritt, wenn der Wohngeldantrag vor Ablauf des Kalendermonats gestellt wird, der auf die Kenntnis von der Unwirksamkeit folgt.

I. Entstehungsgeschichte, Allgemeines

1 § 25 ersetzt § 27 WoGG aF und beinhaltet im Wesentlichen eine sprachlich neue Fassung ohne wesentliche inhaltliche Änderungen. Die Abs. 3 und 4 wurden getauscht, dh Abs. 3 ist nunmehr Abs. 4 nF und Abs. 4 ist Abs. 3 nF.

II. Erläuterungen

1. Dauer des Bewilligungszeitraums

2 Abs. 1 regelt die Dauer des gewöhnlichen Bewilligungszeitraumes. Bei dem Bewilligungszeitraum von einem Jahr handelt es sich um den Regelbewilligungszeitraum.[1] Die Wohngeldbehörde hat hinsichtlich der Festlegung der Dauer des Bewilligungszeitraumes ein eingeschränktes Ermessen („Sollermessen“), dh nur wenn ein atypischer Fall vorliegt, kann die Wohngeldbehörde von dem regelmäßigen Bewilligungszeitraum von zwölf Monaten abweichen. Im Einzelfall kann ein längerer Bewilligungszeitraum als zwölf Monate festgelegt werden.[2] Darüber hinaus ist der Wohngeldstelle im Verhältnis zu der bis zum 31.12.2008 geltenden Regelung des § 27 Abs. 1 Satz 2 WoGG aF auch in Bezug auf eine Verkürzung des Regelbewilligungszeitraums ein beschränktes Ermessen eingeräumt.

3 In Abs. 1 Satz 2 wird ein Regelbeispiel angeführt, wann der Bewilligungszeitraum zu verkürzen ist, nämlich, wenn wesentliche Änderungen der Verhältnisse im Bewilligungszeitraum zu erwarten sind. Ob eine wesentliche Ände-

1 BT-Drucks. 16/6543, 103.
2 BVerwG 23.1.1990 – 8 C 58/89.

rung der Verhältnisse zu erwarten ist, erfordert wiederum eine Prognoseentscheidung der Wohngeldbehörde. Hierbei sind die vorsichtlich eintretenden Änderungen von anspruchserhöhenden und anspruchsmindernden Tatsachen zu berücksichtigen. Vorrangig sind dies die Entwicklung der Anzahl der Haushaltsmitglieder (§ 27 Abs. 3 Nr. 1), die Entwicklung der Miete, sofern eine Änderung von mehr oder weniger als 15% zu erwarten ist (§ 27 Abs. 3 Nr. 2) und die Entwicklung des Einkommens, sofern hier ebenfalls eine Abweichung vom mehr als jeweils 15% (sinkend oder steigend) zu erwarten ist (§ 27 Abs. 3 Nr. 3).

Maßgeblicher Zeitpunkt der Prognoseentscheidung ist der Zeitpunkt der Antragstellung. Dies gilt nicht nur dann, wenn eine Änderung in den Einkommensverhältnissen zu erwarten ist (§ 15 Abs. 1 Satz 1). Vielmehr ist auch bei den übrigen Voraussetzungen der Wohngeldbewilligung, wie der Höhe der Miete und der Anzahl der wohngeldberechtigten Personen, auf den Zeitpunkt der Antragstellung abzustellen (§ 24 Abs. 2 Satz 1).

Die **Teilung** des Bewilligungszeitraumes ist nunmehr ausdrücklich vorgesehen. Dies kommt zB in Frage, wenn eine wesentliche Änderung der Verhältnisse mit Ausnahme einer Einkommensänderung zum Zeitpunkt der Antragstellung oder bei einer Schwangerschaft der Familienzuwachs bereits verlässlich feststeht. 4

Demgegenüber können **Einkommensänderungen**, die durch schwankendes Einkommen verursacht werden, nicht zur Teilung des Bewilligungszeitraumes führen, weil das WoGG vom Jahreseinkommen ausgeht und auch im Fall eines verkürzten (unterjährigen) Bewilligungszeitraumes von einem Einkommen innerhalb von zwölf Monaten ausgeht (§ 15 Abs. 4). 5

Für den weiteren Abschnitt des zerlegten Bewilligungszeitraumes ist dann kein gesonderter Antrag notwendig, weil die Wohngeldstelle für zwei oder mehrere (zerlegte) Bewilligungsabschnitte entschieden hat. 6

2. Beginn des Bewilligungszeitraums

Der **Bewilligungszeitraum** und damit der Anspruch auf Wohngeld beginnt mit dem Ersten des Antragsmonats. Hinsichtlich der tatbestandlichen Voraussetzungen kommt es daher auf den Zeitpunkt des Monatsersten an. Der Erste des Monats ist demnach maßgeblich für das im Bewilligungszeitraum prognostizierte Einkommen (§ 15 Abs. 1 Satz 1), die Höhe der zu berücksichtigenden Miete und Belastung (§ 11 Abs. 1) und die zu berücksichtigenden Haushaltsmitglieder (§ 6 Abs. 1). Die Antragstellung ist eigenständige Anspruchsvoraussetzung für das Wohngeld (§ 22 Abs. 1 „konstitutiv"). Der Anspruch auf Wohngeld entsteht (§ 40 Abs. 1 SGB I) gleichwohl nicht mit dem Eingang des (schriftlichen) Antrags bei der Wohngeldstelle (§ 16 Abs. 2 Satz 2 SGB I), sondern bereits zu dem jeweiligen Monatsersten. 7

Der Beginn des Bewilligungszeitraumes ist nicht gleichzusetzen mit dem Beginn der Leistungen von Wohngeld. Liegen die Leistungsvoraussetzungen für 8

Wohngeld zu Beginn des Bewilligungszeitraumes noch nicht vor, etwa weil ein Ausschlussgrund (§§ 7,8) während eines Teils des Monates vorliegt oder wird die Wohnung erst in der zweiten Monatshälfte bezogen (§ 3 Abs. 1 Satz 1), so besteht ein Wohngeldanspruch nur für einen Teil des Monats.

Treten die Voraussetzungen für den Anspruch auf Wohngeld erst in einem späteren Monat ein, so bestimmt Abs. 2 Satz 2, dass nicht nur die Leistungen erst in diesem Monat einsetzen, sondern auch der Bewilligungszeitraum mit dem Ersten des betreffenden Monats beginnt. Diese Regelung soll verhindern, dass sich durch eine Vorverlegung der Antragstellung zB günstigere Einkommensverhältnisse zugunsten des Antragstellers ergeben.

Beispiel:

Der Wohngeldberechtigte (W) beantragt am 12.11.2011 Wohngeld. Die Voraussetzungen für den Anspruch auf Wohngeld liegen ab dem 1.12.2011 vor. Beginnt der Bewilligungszeitraum ab dem 1.11.2011 und endet am 31.10.2012 und erhält der W erstmals im November 2012 ein 13. Monatsgehalt, wird es bei Beginn des Bewilligungszeitraume ab dem 1.11.2011 nicht berücksichtigt, weil es im Bewilligungszeitraum, der am 31.10.2012 endet, nicht zu erwarten ist (§ 15 Abs. 1 Satz 1). Da der Bewilligungszeitraum den Voraussetzungen der Wohngeldgewährung folgt und am 1.12.2011 beginnt, kann der W durch eine frühzeitige Antragstellung den Bewilligungszeitraum nicht vorverlegen, so dass das zusätzliche Einkommen im November 2012 wegen Ende des Bewilligungszeitraumes am 30.11.2012 berücksichtigt werden muss.

3. Beginn des Bewilligungszeitraums beim erfolglosen Antrag auf Transferleistungen

9 Abs. 3 Satz 1 regelte den Sonderfall, dass der Antragsteller zunächst **Transferleistungen** beantragt hat zB Arbeitslosengeld II oder Sozialgeld nach §§ 19 Abs. 1 SGB II oder sonstige in § 7 Abs. 1 genannte Leistungen, die im Fall der Bewilligung zum Ausschluss von Wohngeld führen. Wird der Antrag auf solche Transferleistungen abgelehnt, beginnt der Bewilligungszeitraum für das Wohngeld nicht mit der erneuten Antragstellung, sondern mit dem Ersten des Monats ab dem die Transferleistungen abgelehnt wurden. Der Antrag auf Wohngeld muss allerdings innerhalb eines Monates nach Kenntnis der Ablehnung gestellt werden.

Diese Regelung ermöglicht es, Wohngeld anstelle der Transferleistung zu beziehen, solange der ablehnende Bescheid noch nicht bestandskräftig ist, dh durch Widerspruch oder Klage nicht mehr angefochten werden kann (§§ 70 Abs. 1 Satz 1, 74 Abs. 1 Satz 1 VwGO).

Der Wohngeldberechtigte kann daher Wohngeld beziehen und gleichzeitig seine Recht auf Transferleistungen gegenüber dem jeweiligem Träger Jobcenter oder Sozialamt mittels Widerspruchs- und Klage geltend machen.

Abs. 3 Satz 2 regelt den Fall, dass während des laufenden Verwaltungsverfahrens auf Gewährung von Transferleistungen nach § 7 Abs. 1 diese Leistungen zurückgenommen, abgelehnt, entzogen, versagt oder ausschließlich als Darlehen gewährt werden. Auch in diesen Fällen beginnt der Bewilligungszeitraum mit dem Ersten des Monats von dem ab die Leistung zurückgenommen etc. worden ist. Dies betrifft insbesondere Fälle, in denen der Wohngeldberechtigte seinen Antrag auf Transferleistungen zurücknimmt, weil er zB über auf die Transferleistung anzurechnendes Vermögen verfügt und sein Antrag daher aussichtslos ist. 10

Abs. 3 Satz 3 regelt den Fall, dass der Wohngeldbewilligungsbescheid unwirksam ist, weil ein bisher zu berücksichtigendes Haushaltsmitglied von den Leistungen nach dem WoGG ausgeschlossen ist (§ 28 Abs. 3).Nach § 28 Abs. 3 endet der Anspruch auf Wohngeld zunächst bis zur Stellung eines erneuten Antrags. Wollen die übrigen Haushaltsmitglieder dennoch Wohngeld beziehen, müssen sie daher einen neuen Antrag auf Wohngeld stellen. Dieser neue Antrag auf Wohngeld wirkt auf den Zeitpunkt (auf den Ersten des Monats) zurück, in dem die Unwirksamkeit des ursprünglichen Bescheides eingetreten ist. Diese Regelung soll verhindern, dass aufgrund des erneuten Antrags Wohngeld doppelt bezogen wird.[3] 11

4. Bewilligungszeitraum bei rückwirkender Mieterhöhung

Abs. 4 regelt den Fall einer rückwirkend zu berücksichtigenden **Mieterhöhung**. Der Beginn des Bewilligungszeitraumes wird auf eine Zeit vor dem Ersten des Monats vorverlegt, in dem der Antrag gestellt wurde, und zwar auf den Zeitpunkt der Mieterhöhung oder der Erhöhung der Belastung, wenn diese dem Wohngeldberechtigten nicht bekannt war. Hier ist maßgeblich der Erste des Monats in dem die Erhöhung wirksam wird. Es muss sich um einen Fall der Miet- oder Kostenerhöhung um mehr als 15% handeln (§ 27 Abs. 1 Satz 2). Der Antrag muss vor Ablauf des Kalendermonates gestellt werden, in dem der Wohngeldberechtigte Kenntnis von der Erhöhung erlangt. Es handelt sich um einen Spezialfall der Änderung der Verhältnisse zugunsten des Wohngeldberechtigten (§ 48 Abs. 1 Satz 2 Nr. 1 SGB X). Die Regelung gewährleistet, dass der Wohngeldberechtigte ihm nicht bekannte wirksame Erhöhungen seiner Wohnkosten auch nach Ablauf der Antragsfrist geltend machen kann. 12

5. Bewilligungszeitraum beim Bezug von Transferleistungen

In Abs. 5 wird der Fall geregelt, dass ein Bewilligungsbescheid unwirksam wird, weil ein Haushaltsmitglied wegen des Bezuges von Transferleistungen, zB nach dem SGB II, ausscheidet und deshalb nicht mehr berücksichtigungsfähig ist (§ 28 Abs. 3). Weil der laufende Wohngeldbescheid durch das Ausscheiden des Haushaltsmitgliedes unwirksam wird, ist eine erneute Antrag- 13

3 BT-Drucks. 16/6543, 103, 104.

stellung erforderlich (§ 22 Abs. 1). Der (erneute) Wohngeldantrag wirkt auf den Ersten des Monats zurück indem der vorherige Wohngeldbescheid unwirksam geworden ist, wenn der erneute Antrag vor Ablauf des Kalendermonats erfolgt, der auf den Monat folgt, in dem der Wohngeldberechtigte von der Unwirksamkeit Kenntnis erlangte.

Beispiel:

Die Bewohner A und B verreisen vom Dezember 2011 bis Ende Februar 2012 nach Mallorca. Der Mitbewohner C, der bisher Student ohne Anspruch auf Förderleistung nach dem BAföG war, bricht sein Studium ab und erhält ab dem 1. Dezember 2012 Unterhaltsleistungen nach dem SGB II. Hiervon erhalten A und B erst nach Ihrer Rückkehr am 1. März 2012 Kenntnis. Der Wohngeldbescheid, der vom 1. Juli 2011 bis zum 30. Juni 2012 wirksam ist, wird im Dezember 2012 unwirksam. A und B können noch bis zum Ablauf des Monats April 2012 einen neuen Antrag auf Wohngeld stellen und erhalten dann rückwirkend ab dem 1. Dezember 2011 das Wohngeld in veränderter Höhe.

14 Wird die Ablehnung der Transferleistung wegen Ablauf der Widerspruchs- oder Klagefrist bestandskräftig, kann der Wohngeldberechtigte innerhalb von sechs Monaten nach der Bestandskraft des Ablehnungsbescheides den Anspruch auf Wohngeld geltend machen (§ 28 Abs. 1 SGB X). Die andere Sozialleistung wird dann allerdings nur ein Jahr rückwirkend geleistet.

§ 26 Zahlung des Wohngeldes

(1) [1]Das Wohngeld ist an die wohngeldberechtigte Person zu zahlen. [2]Es kann mit schriftlicher Einwilligung der wohngeldberechtigten Person oder, wenn dies im Einzelfall geboten ist, auch ohne deren Einwilligung, an ein anderes Haushaltsmitglied, an den Empfänger oder die Empfängerin der Miete oder in den Fällen des § 3 Abs. 1 Satz 2 Nr. 3 an den Leistungsträger im Sinne des § 12 des Ersten Buches Sozialgesetzbuch gezahlt werden. [3]Wird das Wohngeld nach Satz 2 gezahlt, ist die wohngeldberechtigte Person hiervon zu unterrichten. [4]Wird das Wohngeld an ein anderes Haushaltsmitglied gezahlt, ist es über die in § 27 Abs. 3 Satz 1 Nr. 2 und 3 genannten Beträge und seine Mitteilungspflichten nach § 27 Abs. 3 Satz 1 und § 28 Abs. 1 Satz 2 und Abs. 4 Satz 1 schriftlich zu unterrichten.

(2) [1]Das Wohngeld ist monatlich im Voraus auf ein Konto eines Haushaltsmitgliedes bei einem Geldinstitut, für das die Verordnung (EU) Nr. 260/2012 des Europäischen Parlaments und des Rates vom 14. März 2012 zur Festlegung der technischen Vorschriften und der Geschäftsanforderungen für Überweisungen und Lastschriften in Euro und zur Änderung der Verordnung (EG) Nr. 924/2009 (ABl. L 94 vom 30. 3. 2012, S. 22) gilt (Geldinstitut), zu zahlen. [2]Ist ein solches Konto nicht vorhanden, kann das

Wohngeld an den Wohnsitz der wohngeldberechtigten Person übermittelt werden; die dadurch veranlassten Kosten sollen vom Wohngeld abgezogen werden.

I. Entstehungsgeschichte, Allgemeines

§ 26 ersetzt den bis zum 31. 12.2008 geltenden § 28 WoGG aF. Es erfolgte im Wesentlichen eine Anpassung an die veränderten Bezeichnungen: Wohngeldberechtigte statt Antragsberechtigter. 1

II. Erläuterungen

1. Zahlungsempfänger

Abs. 1 regelt, wer Zahlungsempfänger des Wohngeldes beim Mietzuschuss sein kann. Dies ist in erster Linie der Wohngeldberechtigte (§ 3 Abs. 1 Satz 2). 2

Liegt eine schriftliche Einwilligung des Wohngeldberechtigten vor, kann die Zahlung auch an eine andere in Abs. 1. Satz 2 genannte natürliche und juristische Person erfolgen. Die schriftliche Einwilligung erfordert die eigenhändige Unterschrift (§ 126 Abs. 1 BGB) oder die gleichgestellte qualifizierte elektronische Signatur (§ 126 a Abs. 1 BGB). Die Textform (§ 126 b BGB) ist nicht ausreichend. Die Einwilligung ist eine einseitig empfangsbedürftige Willenserklärung die als vorherige Zustimmung (§ 182 Abs. 1 BGB) oder rückwirkende Genehmigung (§ 184 Abs. 1 BGB) erfolgen kann. Die Einwilligung ist bis zur Vornahme des Rechtsgeschäftes, dh bis zur Auszahlung des Wohngeldes widerruflich (§ 183 BGB).

Als alternativer Empfänger des Wohngeldes kommen ein anderes Haushaltsmitglied oder der oder die Empfänger der Miete in Frage, dh der Vermieter oder eine von ihm beauftragte Person. Des Weiteren kommt bei Heimbewohnern (§ 3 Abs. 1 Nr. 3) auch die Leistung des Wohngeldes an den Träger der Sozialleistungen in Betracht. Hierbei handelt es sich insbesondere um den Träger der Sozialhilfe (§ 28 Abs. 2 SGB XII), der gegenüber der Einrichtung (§§ 75 ff SGB XII) in der der Wohngeldberechtigte untergebracht ist, als einheitlicher Kostenübernehmer auftreten kann.

Auch ohne die Zustimmung des Wohngeldberechtigten kann eine **Zahlung an Dritte** erfolgen, wenn diese im Einzelfall geboten ist. Der Wohngeldstelle wird ein gebundenes Ermessen eingeräumt, weil eine Zahlung an Dritte ohne Einwilligung nur im Einzelfall erfolgen kann. Ein solcher Einzelfall wird nur ausnahmsweise vorliegen und zwar dann, wenn der Wohngeldberechtigte in der Vergangenheit das Wohngeld nicht zweckentsprechend für die Kosten der Unterkunft verwendet hatte, – dh zur Zahlung der Miete oder der 3

Zins- und Tilgungsleistungen. Dies ist etwa dann anzunehmen, wenn Mietrückstände bestehen, die auf eine zweckwidrige Verwendung des Wohngeldes hinweisen.

Liegt ein solcher Fall vor, ist in der Regel die Zahlung an die dritte Person vorzunehmen, um die zweckentsprechende Verwendung des Wohngeldes sicherzustellen, weil andernfalls der Zweck des Wohngeldes zur Sicherung des Wohnraumes nicht erfüllt werden kann (§ 1 Abs. 1). Der Entzug des Wohngeldes bei zweckwidriger Verwendung steht unterliegt dem Grundsatz der Verhältnismäßigkeit, so dass die Zahlung an Dritte als milderes Mittel dem Entzug vorzuziehen ist.

4 Die Wohngeldstelle muss den Wohngeldberechtigten über die Zahlung an einen anderen Empfänger von Amts wegen **unterrichten**. Liegen die Voraussetzungen für die Zahlung an eine dritte Person vor, wird Wohngeld mit befreiender Wirkung an den Dritten auch ohne Unterrichtung geleistet. Die Zahlung an einen Dritten ist kein Verwaltungsakt (§ 31 Satz 1 SGB X), weil der Wohngeldberechtigte weiterhin Anspruchsinhaber bleibt. Wird allerdings im Wohngeldbescheid bestimmt, dass Zahlung an einen Dritten erfolgt, kann der Wohngeldbescheid mit dem Rechtsbehelf des Widerspruchs angefochten werden. Wird die Zahlungsweise während des laufenden Wohngeldbezuges geändert, so handelt es sich um schlichtes Verwaltungshandeln.[1] Der Wohngeldberechtigte wird dadurch nicht rechtlos gestellt, weil er die Zahlung an sich mit der Leistungsklage verfolgen kann.

5 Bei Zahlung des Wohngeldes an ein anderes Haushaltsmitglied ist dieses auch über die Beträge zu informieren, die zur Änderung des Wohngeldes führen – etwa über eine Änderung der Miete oder der Summe der monatlichen positiven Einkünfte. Es ist außerdem von der Wohngeldstelle auf seine Verpflichtungen zur Mitteilung hinzuweisen und zwar in Bezug auf

- die Angabe der Änderungen bei der Zahl der Haushaltsmitgliedern, der Miete und des Einkommens (Änderungen nach § 27 Abs. 3 Satz 1) und
- die Angabe der aktuellen Zahl der Haushaltsangehörigen (Pflicht nach § 28 Abs. 1 Satz 2) sowie
- die Mitteilung eines Verfahrens zur Feststellung eines Anspruchs auf Transferleistungen (SGB II, SGB XII – Pflicht nach § 28 Abs. 4 Satz 1).

6 Im Gegensatz zum Mietzuschuss kann der Lastenzuschuss des Wohneigentümers nicht an einen Dritten gezahlt werden.

2. Zahlungsweise

7 Wohngeld ist **monatlich** im Voraus auf das Konto eines Haushaltsmitgliedes bei einem inländischen Geldinstitut zu leisten. Abs. 2 bestimmt nicht nur die Zahlungsweise (unbar), sondern legt auch den Zeitpunkt der Fälligkeit und den Zahlungsrhythmus fest. Ein zweimonatige Zahlung, wie noch nach dem

1 Stadler/Gutekunst/Dietrich/Fröba, WoGG Komm zu § 26 Rn 6.

bis zum 31.12.2008 geltenden § 28 Abs. 2 Satz 2 WoGG aF möglich war, ist auch bei kleineren Wohngeldbeträgen nicht mehr vorgesehen. Im Voraus bedeutet, dass das Wohngeld dem Wohngeldberechtigten oder der empfangsberechtigten Person zum Ersten des jeweiligen Monats zu Verfügung stehen muss, dh der Zahlungseingang auf dem Konto des Berechtigten muss vor dem Ersten eines Monats erfolgt sein. Im Zivilrecht kommt der Leistungsverpflichtete bei nicht rechtzeitiger Zahlung zum Fälligkeitszeitpunkt auch ohne Mahnung in Verzug (§ 286 Abs. 2 Nr. 1 BGB). Der Geldbetrag ist ab diesem Zeitpunkt zu verzinsen (§ 288 BGB).

8 Die **Verzinsung** von sozialrechtlichen Ansprüchen richtet sich ausschließlich nach § 44 SGB I. Die Verzinsung beginnt frühestens einen Monat nach der Fälligkeit, dh ab dem ersten Tag des Folgemonats (§ 41 Abs. 1 SGB I). Weiterhin beginnt die Verzinsung frühestens sechs Monate nach dem der Wohngeldstelle der vollständige Leistungsantrag vorliegt (§ 44 Abs. 2 SGB I). Die Wohngeldstellen haben daher scheinbar ausreichend Zeit, die Wohngeldanträge zu bearbeiten, ohne dass Zinsen anfielen.[2] Dies bedeutet jedoch nicht, dass Wohngeldanträge zB wegen eines personellen Engpasses nicht bearbeitet werden müssten. Sozialleistungen sind zeitnah zu erbringen (§ 17 Abs. 1 Nr. 1 SGB I). Entsteht dem Wohngeldberechtigten durch verspätete Zahlung ein Schaden, etwa dadurch dass von seinem Konto mangels Deckung wegen nicht rechtszeitiger Zahlung des Wohngeldes die monatliche Miete nicht abgebucht werden kann, kann dem Leistungsberechtigten bei Verschulden des Wohngeldstelle hieraus ein Amtshaftungsanspruch erwachsen (§ 836 BGB), der zur Zahlung der Rücklastkosten oder Überziehungszinsen verpflichtet, denn § 44 SGB I regelt nur die Zinspflicht ohne Verschulden durch die Wohngeldstelle.

9 Abs. 2 Satz 2 regelt den Fall, wenn **kein Girokonto** vorhanden ist. Die Kosten der Übermittlungen sollen vom Wohngeld abgezogen werden. Der Wohngeldstelle ist ein gebundenes Ermessen eingeräumt. Dh nur bei einem atypischen Fall wird die Wohngeldstelle die Kosten der Übermittlung selbst tragen müssen. In der Regel wird man davon ausgehen können, dass ein Wohngeldberechtigter oder ein anderer Empfangsberechtigter über ein Konto im Inland verfügt. Nach den Sparkassengesetzen einiger Bundesländer[3] sind die jeweiligen Sparkassen gesetzlich verpflichtet, auch Personen mit schlechter Bonität ein „Pluskonto" einzurichten. Der Wohngeldberechtigte wird sich auch nicht mit Erfolg darauf berufen können, dass ihm die Einrichtung eines Kontos nicht zumutbar sei, weil etwa für ein Pfändungsschutzkonto von seinem Kreditinstitut höheren Kosten erhoben werden, als bei anderen Konten, denn eine solche Verpflichtung des Wohngeldberechtigten kann nicht durch allgemeine Geschäftsbedingungen des Kreditinstitutes

2 Zur Gelegenheit zur ausreichenden Prüfung vgl BSG 26.4.2007 – B 4 R 21/06 R.
3 Vgl § 5 Abs. 2 Sparkassengesetz NRW 18. 11.2008 – GV NRW, 696.

vereinbart werden.[4] Nur wenn der Wohngeldberechtigte darlegen kann, dass ihm kein Konto genehmigt wird und er zudem in so beengten wirtschaftlichen Verhältnissen lebt, dass ihm die Übernahme der Kosten nicht zuzumuten ist, wird die Wohngeldstelle von einem Abzug der Kosten absehen können.

§ 27 Änderung des Wohngeldes

(1) [1]Das Wohngeld ist auf Antrag neu zu bewilligen, wenn sich im laufenden Bewilligungszeitraum

1. die Anzahl der zu berücksichtigenden Haushaltsmitglieder erhöht,
2. die zu berücksichtigende Miete oder Belastung um mehr als 15 Prozent erhöht oder
3. das Gesamteinkommen um mehr als 15 Prozent verringert

und sich dadurch das Wohngeld erhöht. [2]Im Fall des Satzes 1 Nr. 2 ist das Wohngeld auch rückwirkend zu bewilligen, frühestens jedoch ab Beginn des laufenden Bewilligungszeitraums, wenn sich die zu berücksichtigende Miete oder Belastung rückwirkend um mehr als 15 Prozent erhöht hat. [3]Satz 1 Nr. 3 ist auch anzuwenden, wenn sich das Gesamteinkommen um mehr als 15 Prozent verringert, weil sich die Anzahl der zu berücksichtigenden Haushaltsmitglieder verringert hat.

(2) [1]Über die Leistung des Wohngeldes ist von Amts wegen mit Wirkung vom Zeitpunkt der Änderung der Verhältnisse an neu zu entscheiden, wenn sich im laufenden Bewilligungszeitraum nicht nur vorübergehend

1. die Anzahl der zu berücksichtigenden Haushaltsmitglieder auf mindestens ein zu berücksichtigendes Haushaltsmitglied verringert; § 6 Abs. 2 bleibt unberührt,
2. die zu berücksichtigende Miete oder Belastung um mehr als 15 Prozent verringert; § 6 Abs. 2 bleibt unberührt, oder
3. das Gesamteinkommen um mehr als 15 Prozent erhöht

und dadurch das Wohngeld wegfällt oder sich verringert. [2]Als Zeitpunkt der Änderung der Verhältnisse gilt im Fall des Satzes 1 Nr. 1 der Tag nach dem Auszug, im Fall des Satzes 1 Nr. 2 der Beginn des Zeitraums, für den sich die zu berücksichtigende Miete oder Belastung um mehr als 15 Prozent verringert, und im Fall des Satzes 1 Nr. 3 der Beginn des Zeitraums, für den das erhöhte Einkommen bezogen wird, das zu einer Erhöhung des Gesamteinkommens um mehr als 15 Prozent führt. [3]Tritt die Änderung der Verhältnisse nicht zum Ersten eines Monats ein, ist mit Wirkung vom Ersten des nächsten Monats an zu entscheiden. [4]Satz 1 Nr. 3 ist auch anzuwenden, wenn sich das Gesamteinkommen um mehr als 15 Prozent erhöht, weil sich

4 BGH 13.11.2012 – XI ZR 500/11.

die Anzahl der zu berücksichtigenden Haushaltsmitglieder erhöht hat. [5]Als Zeitpunkt der Antragstellung im Sinne des § 24 Abs. 2 gilt der Zeitpunkt der Kenntnis der Wohngeldbehörde von den geänderten Verhältnissen.

(3) [1]Die wohngeldberechtigte Person und das Haushaltsmitglied, an welches das Wohngeld nach § 26 Abs. 1 Satz 2 gezahlt wird, müssen der Wohngeldbehörde unverzüglich mitteilen, wenn sich im laufenden Bewilligungszeitraum nicht nur vorübergehend

1. die Anzahl der zu berücksichtigenden Haushaltsmitglieder (§ 6 Abs. 1) auf mindestens ein zu berücksichtigendes Haushaltsmitglied verringert oder die Anzahl der vom Wohngeld ausgeschlossenen Haushaltsmitglieder (§§ 7 und 8 Abs. 1) erhöht,
2. die monatliche Miete (§ 9) oder die monatliche Belastung (§ 10) um mehr als 15 Prozent gegenüber der im Bewilligungsbescheid genannten Miete oder Belastung verringert oder
3. die Summe aus den monatlichen positiven Einkünften nach § 14 Abs. 1 und den monatlichen Einnahmen nach § 14 Abs. 2 aller zu berücksichtigenden Haushaltsmitglieder um mehr als 15 Prozent gegenüber dem im Bewilligungsbescheid genannten Betrag erhöht; dies gilt auch, wenn sich der Betrag um mehr als 15 Prozent erhöht, weil sich die Anzahl der zu berücksichtigenden Haushaltsmitglieder erhöht hat.

[2]Die zu berücksichtigenden Haushaltsmitglieder sind verpflichtet, der wohngeldberechtigten Person und dem Haushaltsmitglied, an welches das Wohngeld nach § 26 Abs. 1 Satz 2 gezahlt wird, Änderungen ihrer monatlichen positiven Einkünfte nach § 14 Abs. 1 und ihrer monatlichen Einnahmen nach § 14 Abs. 2 mitzuteilen.

(4) Die Absätze 2 und 3 gelten entsprechend, wenn sich die Änderungen nach Absatz 2 Satz 1 und 4 und Absatz 3 Satz 1 auf einen abgelaufenen Bewilligungszeitraum beziehen, längstens für drei Jahre vor Kenntnis der wohngeldberechtigten Person oder der zu berücksichtigenden Haushaltsmitglieder von der Änderung der Verhältnisse; der Kenntnis steht die Nichtkenntnis infolge grober Fahrlässigkeit gleich.

I. Entstehungsgeschichte, Allgemeines

Die Regelung ersetzt § 29 WoGG aF und bestimmt in welchen Fällen Ände- 1
rungen in den Verhältnissen der wohngeldberechtigten Personen zu einer Änderung des laufenden Wohngeldanspruchs führt. Soweit § 27 Anwendung

findet, ist für die Anwendung des § 48 SGB X kein Raum und steht ihr gegenüber im Verhältnis der Spezialität.[1]

II. Erläuterungen

1. Änderung der tatsächlichen und rechtlichen Verhältnisse

2 Abs. 1 regelt die Folgen von **Änderungen in den tatsächlichen und rechtlichen Verhältnissen** zugunsten der Wohngeldberechtigten. Eine Änderung tritt nur ein, wenn die Voraussetzungen der Nr. 1 bis 3 vorliegen und diese Änderung dazu führt, dass das Wohngeld sich erhöht.

- Erhöht sich die Anzahl der zu berücksichtigenden Personen, zB durch Geburt eines Kindes, so wird auf Antrag einer wohngeldberechtigten Person das Wohngeld neu festgesetzt.
- Zu einer Neuberechnung auf Antrag führt auch die Erhöhung der Miete oder der Belastung um mehr als 15 %.
- Das Gleiche gilt bei der Minderung des Einkommens um mehr als 15 % des Einkommens. Die Minderung des Einkommens kann auch durch Auszug einer zum Haushalt zählenden Person erfolgen (§ 27 Abs. 1 Satz 3).

Die Erhöhung der Miete oder Belastung wird vom Zeitpunkt der Änderung der Verhältnisse, dh mit dem Eintritt der Belastung berücksichtigt, wenn diese Änderung im laufenden Bewilligungszeitraum eintritt.

3 Die Änderung **zugunsten** der Wohngeldberechtigten ist anders als nach § 48 Abs. 1 S. 1 SGB X nicht von Amts wegen zu beachten,[2] sondern erfolgt nur auf Antrag, der hier also konstitutiv ist.

Der Antrag muss vor Ablauf des Kalendermonates gestellt werden, der auf den Monat folgt in dem der Wohngeldberechtigte von der Änderung (Miet- oder Kostenerhöhung) Kenntnis erlangt.

In den übrigen beiden Fällen (Erhöhung der Personenanzahl und Einkommensminderung) wird eine Erhöhung nur für die Zukunft vorgenommen, wenn ein Antrag bei Änderung der Verhältnisse gestellt wird. Erfolgt der Antrag nach der Änderung der Verhältnisse, wirkt er auf den Ersten des jeweiligen Monats zurück (§ 25 Abs. 2).

2. Verminderung der Haushaltsmitglieder

4 Nach Abs. 2 Nr. 1 ist über die Gewährung von Wohngeld **von Amts wegen** neu zu entscheiden, wenn sich die Zahl der Haushaltsmitglieder auf mindestens ein wohngeldberechtigtes Haushaltsmitglied verringert (Nr. 1). Auch die Verringerung auf weniger als ein wohngeldberechtigtes Haushaltsmitglied ist von Amts wegen zu beachten. Denn wenn die Wohnung von keinem

1 BVerwG 21. 03. 2002 – 5 C 4.01; BVerwGE 116, 161.
2 BSG 22.3.2010 – B 4 AS 62/09 R.

wohngeldberechtigten Haushaltsmitglied mehr bewohnt wird, entfällt der Wohngeldanspruch kraft Gesetzes (§ 28 Abs. 1).

Reduziert sich die Anzahl der der bei der Feststellung des Wohngeldes maßgeblichen Haushaltsmitglieder durch den Tod eines Haushaltsmitgliedes, so wird der laufende Anspruch auf Wohngeld hiervon nicht berührt, weil sich der Tod eines Haushaltsmitgliedes für die Dauer von zwölf Monaten nicht auf den Wohngeldanspruch auswirkt (§ 6 Abs. 2 S. 1). Nur wenn die letzte wohngeldberechtigte Person des Haushaltes verstirbt, erlischt der Anspruch auf Wohngeld (§ 28 Abs. 1 Satz 1) und das nach dem Tod gezahlte Wohngeld kann auch von einem Kreditinstitut zurückverlangt werden (§ 30 Abs. 1). 5

Die **Anzahl der Haushaltsmitglieder** muss nicht nur vorübergehend vermindert sein. Haushaltsmitglied ist jede Person, die in der Wohnung lebt, für die Wohngeld beantragt ist. Entscheidend ist, ob die Wohnung der Mittelpunkt ihrer Lebensbeziehungen ist (§ 5 Abs. 1 Satz 1).[3] Ist eine Wohnung nicht mehr Mittelpunkt der Lebensbeziehungen eines der bisherigen Haushaltsmitglieder, liegt daher eine dauerhafte Verminderung der Zahl der Haushaltsmitglieder vor. Obergrenze der zeitlichen Abwesenheit wird sicherlich der Regelbewilligungszeitraum von 12 Monaten sein (§ 25 Abs. 1 Satz 1). Eine bloß vorübergehende Abwesenheit liegt somit vor, wenn der Mittelpunkt der Lebensbeziehungen beibehalten wird und die Abwesenheit von vornherein auf bis zu zwölf Monaten begrenzt ist. 6

3. Verminderung der Belastung

Verringert sich die Miete oder Belastung um mehr als 15% und erfolgt die Verringerung nicht aufgrund eines Todesfalles, so wird das Wohngeld ebenfalls neu festgesetzt. 7

Auch die **Erhöhung des Gesamteinkommens** um mehr als 15% führt zu einer Änderung. Dabei kommt es nicht nur auf das Einkommen der bisherigen Haushaltsmitglieder an. Vielmehr kann sich das Gesamteinkommen auch die Aufnahme weiterer zu berücksichtigender Haushaltsmitglieder erhöhen, wenn diese über Einkommen verfügen (§ 28 Abs. 2 Satz 4).[4] Das Wohngeld muss sich durch die Änderung des Gesamteinkommens verringern oder ganz wegfallen. Treffen eine Änderung zugunsten und zulasten der wohngeldberechtigten Personen oder der zu berücksichtigenden Haushaltsmitglieder zusammen, ohne dass es zu einer Änderung des Wohngeldes kommt, bleiben die Änderungen unberücksichtigt. 8

Nach Abs. 2 Satz 2 ist der Tag nach dem Auszug eines zu berücksichtigenden Haushaltsmitgliedes der Zeitpunkt der Änderung der Verhältnisse, die zur Minderung oder zum Wegfall des Wohngeldes führen. Eine Minderung 9

3 Vgl die Kommentierung zu § 5 Rn 3.
4 OVG Sachsen-Anhalt 22.10.2003 – 3 L 220/03.

der Miete oder der Lasten wird zu Beginn des Minderungszeitraumes berücksichtigt, ab dem das um mehr als 15% erhöhte Entgelt bezogen bzw. die erhöhte Miete gezahlt wird. Ist die Miete monatlich fällig oder wird Einkommen monatlich erzielt, so ist der Beginn des jeweiligen Monats maßgeblich.

4. Maßgeblicher Zeitpunkt

10 Ändern sich die Verhältnisse nicht zum Beginn eines Monats, so ist die Änderung des Bescheides erst mit dem **Folgemonat** vorzunehmen (Abs. 2 Satz 3), wenn nicht die Änderung auf den Ersten eines Monats zurückwirkt. Das ist zB der Fall, wenn ausnahmsweise ein Wochen- statt ein Monatslohn gezahlt wird und der Lohn im laufenden Monat angehoben oder vermindert wird. Durch diese Regelung wird eine Quotelung des Wohngeldes verhindert.

11 Abs. 2 Satz 5 regelt den **fiktiven Zeitpunkt** der Antragstellung, wenn von Amts wegen eine Entscheidung zu Lasten des Wohngeldberechtigten getroffen werden muss. Da für die Bemessung des Wohngeldes die Verhältnisse zum Zeitpunkt der Antragstellung maßgeblich sind (§ 24 Abs. 2), muss bei der Änderung der Verhältnisse ein Antragszeitpunkt fingiert werden. Dies ist der Zeitpunkt in dem die Wohngeldstelle von der Änderung der Verhältnisse Kenntnis erlangt. Maßgeblich ist die Kenntnis des für die Änderung und Rückforderung zuständigen Sachbearbeiters der Wohngeldstelle.[5] Auch ab diesem Zeitpunkt muss wieder eine Prognose über die künftige Einkommensentwicklung im Bewilligungszeitraum angestellt werden.

5. Mitwirkungspflichten

12 Abs. 3 regelt die für die Änderung von Amts wegen notwendigen **Mitwirkungspflichten** der Wohngeldberechtigten und derjenigen Haushaltsmitglieder, die Wohngeld anstelle des Haushaltsberechtigten empfangen, sowie weiterer Haushaltsmitglieder. Die Auskunftspflichten ergänzen die Mitwirkungspflichten nach §§ 60 ff SGB I. Wesentliche Änderungen im Sinne des § 27 Abs. 2 müssen unverzüglich, dh ohne schuldhaftes Zögern, der Wohngeldbehörde mitgeteilt werden.

Die empfangsberechtigten Haushaltsmitglieder und die Wohngeldberechtigten müssen die Wohngeldstelle insbesondere informieren, wenn sich die Zahl der wohngeldberechtigten Haushaltsmitglieder auf ein Mitglied reduziert oder wenn ein Haushaltsmitglied wegen des Bezuges von Transferleistungen vom Wohngeld ausgeschlossen ist, etwa weil ein Kind wegen Wegfall von Einkommen wieder in die Bedarfsgemeinschaft fällt (§ 9 SGB II). Desweiteren müssen die empfangsberechtigten Haushaltsmitglieder mitteilen, dass sich

5 BVerwG 5.8.1996 – 5 C 6/95; BSG 17.11.2008 – B 11 AL 87/08 B mwN.

- die monatliche Miete oder Belastung ändert und
- die Summe aus den monatlichen positiven Einkünften ändert.

Die Auskunftspflicht besteht allerdings nur dann, wenn sich die Summe der monatlichen positiven Einkünfte gegenüber dem im Bewilligungsbescheid genannten Betrag um mehr als 15% ändert. Der im Bewilligungsbescheid genannte Betrag ist die Summe der anrechenbaren Einkünfte (§ 14) und das für das Wohngeld maßgebliche Jahreseinkommen nach Abzug der Freibeträge.

Abs. 3 Satz 2 bestimmt, dass die beim Wohngeld zu berücksichtigenden 13
Haushaltsmitglieder dem Wohngeldberechtigten oder dem haushaltsangehörigen Zahlungsempfänger eine wesentliche Änderung ihres Einkommens mitteilen müssen. Eine unmittelbare Mitteilungspflicht an die Wohngeldbehörde für diesen Personenkreis ergibt sich hieraus nicht. Allerdings bleibt die unmittelbare Auskunftspflicht dieser Personen gegenüber der Wohngeldbehörde unberührt (§ 23 Abs. 1 Satz 1 Nr. 1). Die Wohngeldstelle kann die Mitteilungspflicht der Haushaltsangehörigen nicht mittels Bußgelds durchsetzen (§ 37 Abs. 1).

Zur Sicherung der Mitteilungspflicht muss die Wohngeldbehörde die Mittei- 14
lungspflichtigen auf ihre Pflichten bereits im Bewilligungsbescheid hinweisen (§ 24 Abs. 3 Satz 1). Kommen die Mitteilungspflichtigen gegenüber der Wohngeldstelle ihren Verpflichtungen vorsätzlich oder leichtfertig nicht nach, kann gegen sie ein Bußgeld verhängt werden (§ 37 Abs. 1). Wegen Verletzung der Mitwirkungspflichten kann dem Wohngeldberechtigten oder dem empfangsberechtigten Haushaltsmitglied gegenüber die Leistung versagt werden (§ 66 Abs. 1 SGB I). Eine Leistungsversagung kommt allerdings nur dann in Betracht, wenn die Wohngeldstelle die Auskünfte nicht auf einfachere Art erhalten kann.

Die Auskunftsverpflichtung betrifft nach Abs. 4 auch bereits abgelaufene Be- 15
willigungszeiträume. Die Auskunftspflicht ist auf die letzten drei Jahre nach Erlangung der positiven Kenntnis beschränkt. Die grobfahrlässige Unkenntnis steht der positiven Kenntnis gleich. Grobe fahrlässige Unkenntnis bestimmt sich subjektiv individuell. Sie liegt vor, wenn der Auskunftsverpflichtete die positive Kenntnis ohne Mühe hätte erlangen können und er sich der Kenntnisnahme gegenüber verschließt.

Hinsichtlich der Verhältnisses zu den §§ 44 ff SGB X wird auf die Anmer- 16
kung zu § 28 Rn 9 verwiesen.

§ 28 Unwirksamkeit des Bewilligungsbescheides und Wegfall des Wohngeldanspruchs

(1) [1]Der Bewilligungsbescheid wird vom Ersten des Monats an unwirksam, in dem der Wohnraum, für den Wohngeld bewilligt ist, von keinem zu be-

rücksichtigenden Haushaltsmitglied mehr genutzt wird; erfolgt die Nutzungsaufgabe nicht zum Ersten eines Monats, wird der Bewilligungsbescheid vom Ersten des nächsten Monats an unwirksam. [2]Die wohngeldberechtigte Person und das Haushaltsmitglied, an welches das Wohngeld nach § 26 Abs. 1 Satz 2 gezahlt wird, müssen der Wohngeldbehörde unverzüglich mitteilen, dass der Wohnraum nicht mehr genutzt wird.

(2) [1]Der Wohngeldanspruch fällt für den Monat weg, in dem das Wohngeld vollständig oder überwiegend nicht zur Bezahlung der Miete oder zur Aufbringung der Belastung verwendet wird (zweckwidrige Verwendung). [2]Die zweckwidrige Verwendung gilt als wesentliche Änderung der Verhältnisse im Sinne des § 48 Abs. 1 Satz 1 und 2 des Zehnten Buches Sozialgesetzbuch. [3]Die Sätze 1 und 2 gelten nicht, soweit der Wohngeldanspruch Gegenstand einer Aufrechnung, Verrechnung oder Pfändung nach den §§ 51, 52 und 54 des Ersten Buches Sozialgesetzbuch ist oder auf einen Leistungsträger im Sinne des § 12 des Ersten Buches Sozialgesetzbuch übergegangen ist.

(3) [1]Der Bewilligungsbescheid wird von dem Zeitpunkt an unwirksam, ab dem ein zu berücksichtigendes Haushaltsmitglied nach den §§ 7 und 8 Abs. 1 vom Wohngeld ausgeschlossen ist. [2]Im Fall des § 8 Abs. 1 Satz 3 bleibt der Bewilligungsbescheid unwirksam.

(4) [1]Die wohngeldberechtigte Person und das Haushaltsmitglied, an welches das Wohngeld nach § 26 Abs. 1 Satz 2 gezahlt wird, müssen der Wohngeldbehörde unverzüglich mitteilen, wenn für ein zu berücksichtigendes Haushaltsmitglied ein Verwaltungsverfahren zur Feststellung von Grund und Höhe einer Leistung nach § 7 Abs. 1 oder Abs. 2 begonnen hat oder ein zu berücksichtigendes Haushaltsmitglied eine Leistung nach § 7 Abs. 1 empfängt. [2]Die zu berücksichtigenden Haushaltsmitglieder sind verpflichtet, der wohngeldberechtigten Person und dem Haushaltsmitglied, an welches das Wohngeld nach § 26 Abs. 1 Satz 2 gezahlt wird, die in Satz 1 genannten Tatsachen mitzuteilen.

(5) Die wohngeldberechtigte Person ist von der Unwirksamkeit des Bewilligungsbescheides zu unterrichten und im Fall des Absatzes 3 auf die Antragsfrist nach § 25 Abs. 3 Satz 1 und 2 oder Abs. 5 hinzuweisen.

(6) Der Wohngeldanspruch ändert sich nur wegen der in § 27, den vorstehenden Absätzen 1 bis 3 oder § 43 Abs. 1 genannten Umstände.

I. Entstehungsgeschichte, Allgemeines

Die Regelung ersetzt seit dem 1.1. 2009 den § 30 WoGG aF. Ein laufender Bewilligungsbescheid wird durch die in der Norm beschriebenen Änderungen unwirksam, dh wird durch Selbstvollzug außer Kraft gesetzt. Einer Aufhebung des Bewilligungsescheides etwa durch gesonderten Bescheid (Aufhebungsbescheid §§ 45, 48 SGB X) bedarf es nicht. 1

II. Erläuterungen

1. Unwirksamkeit bei Aufgabe der Wohnung

Der Wohngeldbescheid wird **unwirksam**, wenn der Wohnraum aufgegeben wird, dh der Wohnraum von keinem zu berücksichtigenden Haushaltsmitglied mehr bewohnt wird. Diese Regelung konkretisiert den in § 1 Abs. 1 genannten Zweck des Wohngeldes zur Sicherung angemessenen und familiengerechten Wohnens. Mit Aufgabe der Wohnung kann dieser Zweck nicht mehr erfüllt werden. Die Wohnung wird nicht aufgegeben, wenn ein Heimbewohner lediglich sein Zimmer wechselt. Bei Heimbewohnern (§ 3 Abs. 1 Satz 2 Nr. 3) steht die Zurverfügungstellung eines bestimmten Wohnraumes oftmals nicht im Vordergrund. Das überlassene Zimmer richtet sich häufig nach der Pflegebedürftigkeit und dem Grad der Selbstversorgung des Heimbewohners. Gleiches wird beim Zimmertausch eines Untermieters gelten müssen, wenn hiermit keine Änderung des Mietvertrages verbunden ist. 2

Einer Aufhebung des ursprünglichen Bewilligungsbescheides etwa nach § 48 SGB X bedarf es nicht mehr, weil nicht nur wie in § 30 Abs. 1 Satz 1 WoGG der Anspruch auf Wohngeld entfällt, sondern auch die Wirkung des Bewilligungsbescheides.[1]

Der zweite Halbsatz des Abs. 1 legt den Zeitpunkt fest, ab dem die Unwirksamkeit eintritt. Erfolgt die Wohnungsaufgabe zum Ersten des Monats, endet der Wohngeldanspruch mit der Aufgabe der Wohnung. Wird die Wohnung zu einem anderen Zeitpunkt aufgegeben, so tritt die Wirkung erst mit dem ersten des Folgemonats ein. 3

Satz. 2 des ersten Absatzes begründet eine besondere **Mitteilungspflicht** des Wohngeldberechtigten und des empfangsberechtigten Haushaltsangehörigen. 4

2. Unwirksamkeit bei zweckwidriger Verwendung

Nach Abs. 2 tritt abweichend von Abs. 1 **kein Selbstvollzug** ein. Der Wohngeldanspruch entfällt nur dann, wenn das Wohngeld ganz oder überwiegend nicht zweckentsprechend, dh zur Begleichung der Miete oder der Lasten des Wohneigentums, verwendet wird. Überwiegend bedeutet mehr als 50% des Wohngeldes. Mit dem Hinweis auf § 48 Abs. 1 Satz 1 und Satz 2 SGB X wird klargestellt, dass der Wohngeldbescheid weiterhin seine Wirkung be- 5

1 BT-Drucks. 16/6543, 105.

hält (§ 39 Abs. 2 SGB X). Die Wohngeldstelle kann daher den Wohngeldbescheid nach §§ 48, 50 SGB X aufheben und das geleistete Wohngeld zurückverlangen sowie durch die Leistung an ein anderes Haushaltsmitglied oder den Empfänger der Miete die zwechentsprechende Verwendung weiterer Wohngeldbeträge sicherstellen (§ 26 Abs. 1 Satz 2).

6 Abs. 2 Satz 2 stellt klar, dass eine **Aufrechnung oder Verrechnung** durch die Wohngeldstelle oder – aufgrund eines Verrechnungsersuchens – einen anderen Leistungsträger keine zweckwidrige Verwendung des Wohngeldes darstellt. Die Pfändung von Wohngeld durch den Empfangsberechtigten ist nach § 54 Abs. 3 Nr. 2 a SGB I zur Befriedigung der Ansprüche des Empfängers von Miete (§ 9) und Lasten (§ 10) ausdrücklich vorgesehen und kann daher keine zweckwidrige Verwendung des Wohngeldes sein. Das Gleiche trifft für den Übergang auf den Träger der Sozialhilfe zu (§ 12 SGB I).

3. Unwirksamkeit beim Bezug von Transferleistungen

7 Ein Bewilligungsbescheid verliert seine Wirksamkeit, wenn mindestens ein Haushaltsmitglied **vom Wohngeld ausgeschlossen** ist – zB als Empfänger von Leistungen nach dem SGB II (§ 7 Abs. 1 Satz 1 Nr. 1). Ein Empfänger von Leistungen ist eine Person, die aufgrund eines Leistungsbescheides faktisch Leistungen erhält.[2] Die Wirkung des Bewilligungsbescheides entfällt auch dann, wenn lediglich ein Antragsverfahren wegen Bewilligung der Transferleistungen läuft (§ 8 Abs. 1) und der Leistungsberechtigte diese Leistungen tatsächlich noch nicht erhält. Nach Satz 2 des Abs. 3 lebt die Wirksamkeit des Wohngeldbescheides auch dann nicht auf, wenn die Transferleistung abgelehnt oder der Antrag auf diese Leistung zurückgenommen wird. Der Antrag auf Wohngeld muss dann neu gestellt werden. Auch nachdem gegenüber einem Antragsteller ein ablehnender Bescheid über eine Transferleistung bestandskräftig geworden ist, kann diese den Anspruch auf Wohngeld noch nach § 28 Satz 1 SGB X geltend machen.

4. Mitteilungspflichten

8 Abs. 4 Satz 1 verpflichtet die wohngeldberechtigte Person und das zum Empfang berechtigte Haushaltsmitglied gegenüber der Wohngeldstelle zur **Information** über den Bezug und den Antrag von Transferleistungen.

Nach Abs. 4 Satz 2 sind Haushaltsmitglieder, die die vorgenannten Transferleistungen erhalten gegenüber der wohngeldberechtigten Person oder dem empfangsberechtigten Haushaltsmitglied zur Information über die Transferleistungen verpflichtet.

9 Abs. 5 verpflichtet die Wohngeldstelle, ggf. auf die Unwirksamkeit des Wohngeldbescheides und die Möglichkeit einer erneuten Antragstellung **hinzuweisen.** Damit wird der allgemeinen Beratungspflicht (§ 14 SGB I) und der Verpflichtung Genüge getan, auf sachgerechte Anträge hinzuweisen (§ 16

---

2 VGH Mannheim 23.6.2009 – 12 S 2854/07.

Abs. 3 SGB I). Erfolgen die Hinweise nicht, kann dies zu einem Anspruch auf Wiedereinsetzung in den vorigen Stand führen (§ 27 Abs. 1 SGB X). Ein Anspruch auf Wohngeld aus dem Gesichtspunkt des sozialrechtlichen Herstellungsanspruches besteht daneben jedoch nicht.[3]

5. Nachträgliche Änderung der Verhältnisse

Abs. 6 stellt klar, dass im Falle einer **nachträglichen Änderung** der Verhältnisse nicht § 48 SGB X zur Anwendung kommt, sondern die Regeln der §§ 27, 28 oder § 43 Abs. 1. Diese Normen schließen die Anwendung des § 48 SGB X insoweit aus, als die Voraussetzungen für die Änderung von Verwaltungsakten nach dem WoGG vorliegen.[4] Insbesondere kann eine Aufhebung nicht erfolgen, wenn während des Anrechnungszeitraums Einkommen erzielt wurde, ohne dass die Geringfügigkeitsschwelle von 15% überstiegen oder unterschritten wird (§ 48 Abs. 1 Satz 2 Nr. 3, Satz 3 SGB X bzw § 48 Abs. 1 Satz 2 Nr. 1 SGB X). Es muss sich allerdings um den Fall einer nachträglichen Rechtswidrigkeit handeln, dh der Wohngeldbescheid muss in dem Zeitpunkt, in dem er wirksam wird, rechtmäßig gewesen sein. Der Wohngeldbescheid wird wirksam, wenn er gegenüber dem Wohngeldberechtigten bekannt gegeben wird (§ 39 Abs. 1 Satz 1 SGB X). Unter Abwesenden gilt er zB bei der Übermittlung durch die Post am dritten Tag nach Aufgabe zur Post als bekannt gegeben (§ 37 Abs. 2 Satz 1 SGB X). War der Wohngeldbescheid bereits bei Bekanntgabe rechtswidrig, so kann er auch nachdem er bestandkräftig geworden ist, nach § 45 SGB X zurückgenommen werden.[5] Zum Verhältnis zu § 44 SGB X wird auf die Anmerkung zu § 31 II verwiesen. 10

§ 29 Haftung, Aufrechnung und Verrechnung

(1) Ist Wohngeld nach § 50 des Zehnten Buches Sozialgesetzbuch zu erstatten, haften neben der wohngeldberechtigten Person die volljährigen und bei der Berechnung des Wohngeldes berücksichtigten Haushaltsmitglieder als Gesamtschuldner.

(2) Die Wohngeldbehörde kann mit Ansprüchen auf Erstattung zu Unrecht erbrachten Wohngeldes abweichend von § 51 Abs. 2 des Ersten Buches Sozialgesetzbuch gegen Wohngeldansprüche statt bis zu deren Hälfte in voller Höhe aufrechnen.

(3) Die Wohngeldbehörde kann Ansprüche eines anderen Leistungsträgers abweichend von § 52 des Ersten Buches Sozialgesetzbuch mit der ihr obliegenden Wohngeldleistung verrechnen, soweit nach Absatz 2 die Aufrechnung zulässig ist.

3 BVerwG 18.4.1997 – 8 C 38/95.
4 BVerwG 21.3.2002 – 5 C 4/01.
5 BVerwG 25.9.1992 – 8 C 69/90, 8 C 71/90.

I. Entstehungsgeschichte, Allgemeines

1 Die behandelte Regelung wurde mit dem 1.1.2009[1] neu in das Wohngeldrecht aufgenommen und hat zum Ziel, die Rückforderung von Wohngeld zu erleichtern und neben dem Wohngeldberechtigten und den empfangsberechtigten Haushaltsmitgliedern weitere Personen als Erstattungspflichtige in Anspruch nehmen zu können. Auch die Möglichkeiten mit Gegenforderungen aufzurechnen und zu verrechnen wurden über die allgemeinen Regelungen hinaus erweitert.[2]

II. Erläuterungen

2 Abs. 1 regelt die **gesamtschuldnerische Haftung** der bei der Berechnung des Wohngeldes berücksichtigten volljährigen Haushaltsmitglieder. Der Gesetzgeber geht davon aus, dass die Haushaltsmitglieder vom Wohngeld Nutzen ziehen und über den Vorteil durch Minderung der Mietbelastung untereinander Kenntnis haben. Die Haushaltsmitglieder können bei Inanspruchnahme durch die Wohngeldstelle intern den Gesamtschuldnerausgleich (§ 426 BGB) geltend machen. Die gesamtschuldnerische Haftung besteht unabhängig von Unterhaltspflichten und Unterhaltsansprüchen. Sofern diese nicht bestehen, können sich die Haushaltsmitglieder dem möglichen Regress nur entziehen, indem sie vor der Antragstellung oder der Änderung der Verhältnisse ausziehen.

3 Abs. 2 begründet ein im Verhältnis zur § 51 Abs. 2 SGB I[3] **erweitertes Aufrechnungsrecht.** Eine Aufrechnung der Rückforderung mit einem laufenden Wohngeldanspruch ist allerdings nur soweit möglich, als der Wohngeldberechtigte und die Haushaltsmitglieder bei Wegfall des Wohngeldes nicht hilfebedürftig im Sinne des SGB II oder SGB XII werden.

4 Abs. 3 erweitert konsequenterweise die Möglichkeit zur **Verrechnung.** Die Verrechnung ist eine Sonderform der Aufrechnung und bedarf außer den Normen §§ 51, 52 SGB I keiner zusätzlichen Ermächtigungsgrundlage. Die Regelungen nach §§ 387 ff BGB sind nur entsprechend anwendbar.[4] Sowohl die Aufrechnung als auch die Verrechnung können durch Verwaltungsakt erfolgen.[5]

1 BGBl. I vom 24.9.2008, 1856.
2 BT-Drucks. 16/6543,106.
3 Dieser würde nur die Aufrechnung bis zur Hälfte der Sozialleistungen gestatten.
4 BSG GS aaO Rn 47.
5 BSG Großer Senat 31.8.2011 – GS 2/10.

§ 30 Rücküberweisung und Erstattung im Todesfall

(1) [1]Wird der Bewilligungsbescheid nach § 28 Abs. 1 Satz 1 auf Grund eines Todesfalles unwirksam, gilt Wohngeld, das für die Zeit nach dem Tod des zu berücksichtigenden Haushaltsmitgliedes auf ein Konto bei einem Geldinstitut überwiesen wurde, als unter Vorbehalt geleistet. [2]Das Geldinstitut muss es der überweisenden Behörde oder der Wohngeldbehörde zurücküberweisen, wenn diese es als zu Unrecht geleistet zurückfordert. [3]Eine Verpflichtung zur Rücküberweisung besteht nicht, soweit

1. über den entsprechenden Betrag bei Eingang der Rückforderung bereits anderweitig verfügt worden ist, es sei denn, die Rücküberweisung kann aus einem Guthaben erfolgen, oder
2. die Wohngeldbehörde das Wohngeld an den Empfänger oder die Empfängerin der Miete überwiesen hat.

[4]Das Geldinstitut darf den nach Satz 1 überwiesenen Betrag nicht zur Befriedigung eigener Forderungen verwenden.

(2) [1]Wird der Bewilligungsbescheid nach § 28 Abs. 1 Satz 1 auf Grund eines Todesfalles unwirksam und ist Wohngeld weiterhin geleistet worden, sind mit Ausnahme des Empfängers oder der Empfängerin der Miete folgende Personen verpflichtet, der Wohngeldbehörde den entsprechenden Betrag zu erstatten:

1. Personen, die das Wohngeld unmittelbar in Empfang genommen haben,
2. Personen, auf deren Konto der entsprechende Betrag durch ein bankübliches Zahlungsgeschäft weitergeleitet wurde, und
3. Personen, die über den entsprechenden Betrag verfügungsberechtigt sind und ein bankübliches Zahlungsgeschäft zu Lasten des Kontos vorgenommen oder zugelassen haben.

[2]Der Erstattungsanspruch ist durch Verwaltungsakt geltend zu machen. [3]Ein Geldinstitut, das eine Rücküberweisung mit dem Hinweis abgelehnt hat, dass über den entsprechenden Betrag bereits anderweitig verfügt wurde, muss der überweisenden Behörde oder der Wohngeldbehörde auf Verlangen Name und Anschrift der in Satz 1 Nr. 2 und 3 genannten Personen und etwaiger neuer Kontoinhaber oder Kontoinhaberinnen benennen. [4]Ein Anspruch nach § 50 des Zehnten Buches Sozialgesetzbuch bleibt unberührt.

(3) Der Rücküberweisungs- und der Erstattungsanspruch verjähren in vier Jahren nach Ablauf des Kalenderjahres, in dem die Wohngeldbehörde Kenntnis von der Überzahlung erlangt hat.

I. Entstehungsgeschichte, Allgemeines

1 Die Regelung wurde mit der Neufassung des Wohngeldrechtes in das WoGG aufgenommen und ermöglicht die Rückforderung von Zahlungen an Kreditinstituten und ist § 118 Abs. 3, Abs. 4 SGB VI nachgebildet.[1]

II. Erläuterungen

1. Rückforderung im Todesfall

2 Abs. 1 regelt den Anspruch der Wohngeldstelle auf Rückzahlung eines Geldbetrages der nach dem **Tod der letzten wohngeldberechtigten Person** auf ein Konto bei einem Geldinstitut gezahlt wurde. Die Regelung soll sicherstellen, dass Geldleistungen, die nach dem Tode des Wohngeldberechtigten auf dessen Konto überwiesen wurden, als zu Unrecht erbrachte Leistungen schnell und vollständig zurückerstattet werden, um die Wohngeldstellen vor dem finanziellen Verlust der aus Steuermitteln aufgebrachten Beträge zu bewahren.[2]

Nach § 28 Abs. 1 wird der Wohngeldbescheid **unwirksam**, wenn der Wohnraum von keinem zu berücksichtigenden Haushaltsmitglied mehr genutzt wird. Mit dem Todesfall erlischt die Nutzung. Besteht die Haushaltsgemeinschaft nur aus einer Person oder aus einer wohngeldberechtigten und anderen vom Wohngeld ausgeschlossen Person, verliert der Wohngeldbescheid mit dem Tod seine Wirkung. Dies betrifft auch den Fall wenn alle wohngeldberechtigten Haushaltsmitglieder versterben. Die Leistung gilt als unter Vorbehalt erbracht, so dass gegenüber den Erben des Wohngeldberechtigten keine Erfüllungswirkung eintreten kann.

2. Rückforderung gegenüber Geldinstituten

3 In Abs. 1 Satz 4 wird klargestellt, dass die Erfüllungswirkung auch nicht gegenüber dem **Geldinstitut** eintritt. Die Wohngeldstelle hat aber nur dann einen Anspruch gegen das Geldinstitut, wenn sie die Zahlung als zu Unrecht geleistet zurückfordert. An das ernsthafte Rückforderungsverlangen der Wohngeldstelle sind keine hohen Anforderungen zu stellen. Die Wohngeldstelle muss dem Geldinstitut lediglich mitteilen, dass eine soziale Geldleistung bewirkt wurde und dass der mit dieser Leistung verfolgte Zweck nicht erfüllt wurde. Hierbei hat sie dem Geldinstitut den Zeitpunkt der Überweisung, das Konto, den Namen des Zahlungsadressaten, dessen Todeszeitpunkt, die bezeichnete Art der Geldleistung (Wohngeld), deren Höhe und deren Bezugszeitraum darzulegen und das ernstliche Verlangen auszusprechen, den Wert der Geldleistung zu erstatten („zurücküberweisen“), weil die Vermögensverschiebung wegen Todes zu Unrecht erfolgte.[3]

---

1 BT-Drucks. 16/6543, 107.
2 BSG 3.6.2009 – B 5 R 65/07 R Rn 27.
3 BSG 4.8.1998 – B 4 RA 72/97 R Rn 31.

Abs. 1 Satz 3 schließt die **Verpflichtung des Geldinstitutes zur Rückzahlung** aus, wenn bereits anderweitig über den Geldbetrag verfügt wurde. Das Geldinstitut soll durch die Überweisung bei ordnungsgemäßer Kontoführung keine wirtschaftlichen Vor- und Nachteile haben.[4] 4

In Abs. 1 Satz 3 Nr. 1 wird der Fall geregelt, dass der Wohngeldberechtigten vor seinem Tod über die Mittel verfügt hat oder dass andere Personen vor dem Zeitpunkt, in dem das Rückforderungsverlangen beim Geldinstitut eingegangen ist, über das Konto des Verstorbenen verfügt haben. Dies betrifft insbesondere **Überweisungs- und Daueraufträge** des Verstorbenen, die vor seinem Tod erteilt wurden und nach seinem Tod wirksam werden, aber auch andere Kontoverfügungen zB durch verfügungsberechtigte Erben. Fraglich erscheint, ob auch Abbuchungen des Geldinstitutes für Zinsen und die Kosten der Kontoführung sowie eine eventuelle Saldierung eines Überziehungskredites, die im ordnungsgemäßen Geschäftsgang vorgenommen wurden, zu den anderweitigen Verfügungen gehören. Aus Satz 3 ergibt sich jedoch, dass das Geldinstitut auch vor dem Zugang des Rückforderungsverlangens nicht auf den Betrag zugreifen kann. Es kann daher nicht nach seinen allgemeinen Geschäftsbedingungen (AGB) saldieren und im Falle einer Kontoüberziehung zunächst die eigene Forderungen befriedigen, dh den Kreditrahmen zurückführen und seine eigenen Kosten und Zinsen abziehen. Umstritten ist, ob ein Geldinstitut auch einen einmal gewährten Kreditrahmen weiter aufrechterhalten muss, dh auch bei zwischenzeitlichen Verfügungen den Kreditrahmen noch ausschöpfen darf. 5

Beispiel:

Der Wohngeldberechtigte verstirbt am 27.3.2012 und sein Kreditrahmen beträgt 3.000 EUR. Zum Todeszeitpunkt ist das Konto mit 2.000 EUR überzogen. Am 29.3.2012 erfolgt die Gutschrift von Wohngeld über 130 EUR. Am 30.3.2012 hebt ein Verwandter mit Kontovollmacht einen Betrag in Höhe von 1.000 EUR ab. Am 5.4.2012 macht die Wohngeldstelle die Überzahlung geltend.

In dem Beispielfall hat der Verwandte einen Betrag deutlich über dem erlangten Wohngeld abgehoben. Wenn die Bank dem Verstorbenen keinen Kredit eingeräumt hätte, hätte der Verwandte nur einen Betrag in Höhe von 130 EUR abheben können. Nach der Meinung des 4. Senates des Bundessozialgerichtes[5] muss sich das Geldinstitut an seinen Girovertrag mit dem verstorbenen Kunden festhalten lassen und den Schutzbetrag in Höhe von 130 EUR an die Wohngeldstelle zurückzahlen. Nur in dem Fall, wenn über den Betrag von 1.000 EUR hinaus auch die Gutschrift des Wohngeldes (Schutzbetrag) über 130 EUR an den Verwandten ausgekehrt worden wäre, könnte das Kreditinstitut der Wohngeldstelle eine anderweitige Verfügung

4 BSG 3.6.2009 – B 5 R 65/07 R Rn 28.
5 BSG 26.4.2007 – B 4 R 89/06 R Rn 50.

entgegenhalten. Nach der Ansicht des für das Recht der gesetzlichen Rentenversicherung im Jahre 2009 zuständigen 5. Senates des Bundessozialgerichtes führen auch Abbuchungen, die nach der Rentenzahlung und vor der Rückforderung erfolgen und die Höhe des Rentenbetrages übersteigen, als anderweitige Verfügung zu einem Ausschluss der Rückforderung.[6] Eine Entscheidung des für das Wohngeld zuständigen Bundesverwaltungsgerichts steht noch aus. Der Entscheidung des 4. Senates ist hier zu folgen, weil Satz 3 ausdrücklich die Befriedigung eigener Forderungen des Geldinstitutes unterbindet und dieses den Kontokorrentkredit erst kündigen müsste, wobei die Rücknahme der Kreditzusage auch eine eigene Befriedigung ist. Auch hat der Verwandte in dem Beispielfall nicht über den entsprechenden Betrag (1.130 EUR)verfügt. Das Geldinstitut muss sich so behandeln lassen, als sei auf dem Konto ein Guthaben vorhanden gewesen.

Nach Nr. 2 kann eine Rückforderung gegenüber dem Geldinstitut nicht erfolgen, wenn die Verfügung auf das Konto des Mietgläubigers erfolgte (§ 26 Abs. 1 Satz 2, 2. Alternative).

6 Der **Erstattungsanspruch** gegenüber dem Geldinstitut muss durch Leistungsklage vor den Verwaltungsgerichten geltend gemacht werden. Die Verwaltungsgerichte sind zuständig, weil es sich um eine öffentlich-rechtliche Streitigkeit handelt (§ 40 Abs. 1 VwGO), Eine Geltendmachung durch Verwaltungsakt ist anders als bei der Rückforderung nach Abs. 2 nicht möglich. Dies ergibt sich aus der Gesetzessystematik, weil die Geltendmachung durch Verwaltungsakt in Abs. 2 und nicht in einem gesonderten Absatz geregelt ist und aus der Gesetzesbegründung.[7]

3. Rückforderung bei Zahlung an Dritte

7 Abs. 2 regelt die **Erstattungspflicht** für die Fälle, in denen das Wohngeld nicht auf ein Konto des Wohngeldberechtigten ausgezahlt wurde. Die in Nr. 2 und Nr. 3 genannten Personen können als Kontoinhaber oder sonstige Verfügungsberechtigte über ein Konto verfügen auf das das Wohngeld gezahlt wurde. Die Empfänger der Miete sind wie im Falle des Abs. 1 von der Erstattungspflicht nach Abs. 2 ausgenommen. Satz 2 bestimmt, dass die Erstattung nach Abs. 2 durch Verwaltungsakt geltend zu machen ist.

8 Lehnt das Geldinstitut das Rückforderungsverlangen ab, weil eine anderweitige Verfügung hierüber vorgenommen wurde, so besteht eine Pflicht zur Auskunft über die Person, auf deren Konto die Leistung erfolgte. Eingeschlossen sind dabei auch die Rechtsnachfolger der Kontoberechtigten. Die Auskunftspflicht erstreckt sich auf die Mitteilung von Name und Adresse der Person. Auch der Auskunftsanspruch muss im Wege der Leistungsklage vor den Verwaltungsgerichten geltend gemacht werden.

6 BSG 3.6.2009 – B 5 R 65/07 R; ebenso BT-Drucks. 16/6543, 107.
7 BT-Drucks. 16/6543, 107.

Abs. 2 Satz 4 stellt klar, dass neben der Rückforderung nach § 30 Abs. 1 Abs. 2 auch noch die allgemeine Regelung (§ 50 SGB X) Anwendung findet. Die Rückforderung nach § 30 geht der Rückforderung nach § 50 SGB X nach dem Grundsatz der Spezialität vor. 9

4. Verjährung

Abs. 3 bestimmt den Beginn der **Verjährung** mit der Kenntnis der Überzahlung durch die Wohngestelle. Vorbild für die Norm ist § 113 SGB X.[8] Die Verjährung beginnt mit Ablauf des Kalenderjahres in dem der Rückforderungsanspruch bekannt wird und endet mit Ablauf des vierten Kalenderjahres. 10

§ 31 Rücknahme eines rechtswidrigen nicht begünstigenden Wohngeldbescheides

[1]Wird ein rechtswidriger nicht begünstigender Wohngeldbescheid mit Wirkung für die Vergangenheit zurückgenommen, muss die Wohngeldbehörde längstens für zwei Jahre vor der Rücknahme Wohngeld leisten. [2]Im Übrigen bleibt § 44 des Zehnten Buches Sozialgesetzbuch unberührt.

I. Entstehungsgeschichte, Allgemeines

Die Regelung wurde neu in das WoGG 2009 aufgenommen und ist eine Sonderreglung im Verhältnis zu § 44 Abs. 4 Satz 1 SGB X, der eine Rückwirkung der Zahlung von vier Jahren vorsieht. 1

II. Erläuterungen

Mit der Verkürzung der rückwirkenden Leistungserbringung auf zwei statt vier Jahre sollen – wie bei der Verkürzung auf ein Jahr in der Grundsicherung für Arbeitsuchende nach § 40 Abs. 1 Satz 2 SGB II und in der Sozialhilfe nach § 116 a SGB XII – dem Gegenwärtigkeitsprinzip Rechnung getragen und Kosten sowie Verwaltungsaufwand eingespart werden.[1] Der Bedarf lag in der Vergangenheit und wurde durch eigene Leistung des Wohngeldberechtigten gedeckt. Für den Wohngeldberechtigten und die Haushaltsmitglieder ist eine nachträgliche Leistung weniger dringend als die Deckung des gegenwärtigen Bedarfs durch laufende Leistungen. Die nachträgliche Gewährung von Leistungen dient demgegenüber „nur“ der Herstellung eines rechtmäßigen Zustandes. 2

8 BT-Drucks. 16/6543, 107.
1 BT-Drucks. 16/6543, 107.

3 Mit der Verkürzung der rückwirkenden Leistung wird die Rechtsprechung des Bundesverwaltungsgerichtes[2] und auch des Bundessozialgerichtes zur eingeschränkten Anwendung des § 44 Abs. 4 SGB X hinfällig. § 44 SGB X ist also von der Einschränkung in Satz 1 abgesehen umfassend anzuwenden.

2 BVerwG 13.11.2003 – 5 C 26/02; BVerwGE 68, 285; zur Anwendung im WoGG offen gelassen BVerwG 18.4.1997 – 8 C 38/95; BSG 29.9.2009 – B 8 SO 16/08 R eingeschränkte Anwendung des § 44 SGB X bei Bedarfswegfall.

Teil 5
Kostentragung und Datenabgleich

§ 32 Erstattung des Wohngeldes durch den Bund

Wohngeld nach diesem Gesetz, das von einem Land gezahlt worden ist, ist diesem zur Hälfte vom Bund zu erstatten.

I. Entstehungsgeschichte, Allgemeines

1 Die Regelung entspricht dem bisherigen § 34 Abs. 1 WoGG aF. Abs. 2 ist im Hinblick auf die Neuregelung der Bundesbeteiligung im ÄndG des SGB XII entfallen und nunmehr in § 46 a SGB XII geregelt.[1]

II. Erläuterungen

2 Der Bund erstattet den Ländern die Hälfte des von ihnen gezahlten Wohngeldes. Es handelt sich beim WoGG um ein Bundesgesetz, das den Ländern die Pflicht auferlegt, Geldleistungen an die Wohngeldberechtigten zu erbringen. Da der Bund die Hälfte der Ausgaben trägt, führen die Länder das Wohngeldgesetz im Rahmen der Bundesauftragsverwaltung durch (Art. 104 Abs. 3 Satz 2).[2] Der Erstattungsanspruch bezieht sich nur auf das Wohngeld selbst, nicht aber auf den Verwaltungsaufwand, der vollständig von den Ländern getragen werden muss.

3 Bund und Länder haften einander in einem Kernbereich für eine ordnungsgemäße Verwaltung auch ohne das in Art. 104 a Abs. 5 Satz 2 GG vorgesehene Ausführungsgesetz.[3] Der Erstattungsanspruch entfällt allerdings nicht schon bei jeder Pflichtwidrigkeit, sondern nur dann, wenn das Land vorsätzlich oder grob fahrlässig seine Pflichten verletzt hat,[4] indem Wohngeld abweichend von den Regeln des WoGG oder der WoGV gezahlt wurde.[5]

1 BGBl. I vom 20.12.2012, 2783; BR-Drucks. 455/12, 2.
2 BVerwG 30.11.1995 – 7 C 56/93.
3 BVerwG 18.5.1994 – 11 A 1/92; BSG 15.12.2009 – B 1 AS 1/08 KL.
4 BVerwG aaO Rn 62.
5 Vgl hierzu BSG 15.12.2009 – B 1 AS 1/08 KL. Weitergewährung von Kosten der Unterkunft über die gesetzliche Grenze des § 22 Abs. 1 S. 3 SGB II.

§ 33 Datenabgleich

(1) [1]Die Wohngeldbehörde ist verpflichtet, auf Verlangen

1. der zuständigen Behörde für die Erhebung der Ausgleichszahlung nach dem Gesetz über den Abbau der Fehlsubventionierung im Wohnungswesen und den hierzu erlassenen landesrechtlichen Vorschriften und
2. der jeweils zuständigen Behörde nach entsprechenden Gesetzen der Länder

diesen Behörden mitzuteilen, ob der betroffene Wohnungsinhaber Wohngeld erhält. [2]Maßgebend hierfür ist der Zeitraum, der zwischen dem Zeitpunkt nach § 3 Abs. 2 des Gesetzes über den Abbau der Fehlsubventionierung im Wohnungswesen und den hierzu erlassenen landesrechtlichen Vorschriften oder nach entsprechenden Gesetzen der Länder und der Erteilung des Bescheides über die Ausgleichszahlung liegt.

(2) [1]Die Wohngeldbehörde darf, um die rechtswidrige Inanspruchnahme von Wohngeld zu vermeiden oder aufzudecken, die Haushaltsmitglieder regelmäßig durch einen Datenabgleich daraufhin überprüfen,

1. ob und für welche Zeiträume Leistungen nach § 7 Abs. 1 beantragt oder empfangen werden oder wurden oder ein Ausschlussgrund nach § 7 Abs. 2, Abs. 3 oder § 8 Abs. 1 vorliegt oder vorlag,
2. ob und welche Daten nach § 45 d Abs. 1 und § 45 e des Einkommensteuergesetzes dem Bundeszentralamt für Steuern übermittelt worden sind,
3. ob und für welche Zeiträume bereits Wohngeld beantragt oder empfangen wird oder wurde,
4. ob und von welchem Zeitpunkt an die Bundesagentur für Arbeit die Leistung von Arbeitslosengeld eingestellt hat,
5. ob, mit welchem Wohnungsstatus und von welchem Zeitpunkt an ein Haushaltsmitglied unter der Anschrift der Wohnung, für die Wohngeld beantragt wird oder geleistet wird oder wurde, bei der Meldebehörde gemeldet ist oder nicht mehr gemeldet ist und unter welcher neuen Anschrift es gemeldet ist,
6. ob, für welche Zeiträume und bei welchem Arbeitgeber eine Versicherungspflicht im Sinne des § 2 Abs. 1 des Vierten Buches Sozialgesetzbuch oder eine geringfügige Beschäftigung besteht oder bestand und entsprechende Daten an die Datenstelle der Träger der Rentenversicherung (Datenstelle) und die Minijob-Zentrale der Deutschen Rentenversicherung Knappschaft-Bahn-See übermittelt worden sind,
7. ob, in welcher Höhe und für welche Zeiträume Leistungen der Renten- und Unfallversicherungen durch die Deutsche Post AG oder die Deutsche Rentenversicherung Knappschaft-Bahn-See gezahlt worden sind.

[2]Richtet sich eine Überprüfung auf einen abgelaufenen Bewilligungszeitraum, ist diese bis zum Ablauf von zehn Jahren nach Bekanntgabe des zugehörigen Bewilligungsbescheides zulässig.

(3) [1]Zur Durchführung des Datenabgleichs dürfen nur

1. Name, Vorname (Rufname), Geburtsname,
2. Geburtsdatum, Geburtsort,
3. Anschrift der Wohnung, für die Wohngeld beantragt oder bewilligt wurde,
4. Tatsache des Wohngeldantrages und des Wohngeldempfangs,
5. Zeitraum des Wohngeldempfangs und
6. Geschlecht

an die in Absatz 1 Satz 1 und Absatz 2 Satz 1 Nr. 2, 4, 6 und 7 genannten Stellen und die für die Leistungen nach Absatz 2 Satz 1 Nr. 1 und 3 sowie an die Meldebehörden übermittelt werden. [2]Die Daten, die der Wohngeldbehörde oder der sonst nach Landesrecht für den Datenabgleich zuständigen oder von der Landesregierung durch Rechtsverordnung oder auf sonstige Weise für den Datenabgleich bestimmten Stelle (zentralen Landesstelle) übermittelt werden, dürfen nur für den Zweck der Überprüfung nach den Absätzen 1 und 2 genutzt werden. [3]Die übermittelten Daten, bei denen die Überprüfung zu keinen abweichenden Feststellungen führt, sind unverzüglich zu löschen oder zu vernichten. [4]Die Betroffenen sind von der Wohngeldbehörde auf die Datenübermittlung hinzuweisen.

(4) [1]Die in Absatz 2 Satz 1 Nummer 2, 4, 6 und 7 genannten und die für die Leistungen nach Absatz 2 Satz 1 Nummer 1 und 3 zuständigen Stellen sowie die Meldebehörden führen den Datenabgleich durch und übermitteln die Daten über Feststellungen im Sinne des Absatzes 2 an die Wohngeldbehörde oder die zentrale Landesstelle oder über die zentrale Landesstelle an die Wohngeldbehörde. [2]Die jenen Stellen überlassenen Daten und Datenträger sind nach Durchführung des Datenabgleichs unverzüglich zurückzugeben, zu löschen oder zu vernichten.

(5) [1]Der Datenabgleich nach den Absätzen 1 und 2 ist auch in automatisierter Form zulässig. [2]Hierzu dürfen die erforderlichen Daten nach den Absätzen 1 bis 3 auch der Datenstelle als Vermittlungsstelle übermittelt werden. [3]Die Datenstelle darf die nach den Absätzen 1 bis 3 übermittelten Daten speichern, nutzen und an die in Absatz 2 Satz 1 Nr. 2, 4, 6 und 7 genannten Stellen weiter übermitteln, soweit dies für den Datenabgleich nach den Absätzen 1 und 2 erforderlich ist. [4]Die Datenstelle darf die nach § 52 Absatz 1 und 2 des Zweiten Buches Sozialgesetzbuch und nach § 118 Absatz 2 des Zwölften Buches Sozialgesetzbuch übermittelten Daten sowie die Daten der Stammsatzdatei im Sinne des § 150 des Sechsten Buches Sozialgesetzbuch und der bei ihr für die Prüfung bei den Arbeitgebern geführten Datei im Sinne des § 28 p Abs. 8 Satz 3 des Vierten Buches Sozialgesetzbuch nutzen, soweit dies für den Datenabgleich nach den Absätzen 1 und 2 erforderlich ist. [5]Die Datenstelle gleicht die übermittelten Daten ab und leitet Feststellungen im Sinne des Absatzes 2 an die übermittelnde Wohngeldbehörde oder die zentrale Landesstelle oder über die zentrale Landesstelle an die übermitteln-

de Wohngeldbehörde zurück. [6]Die nach Satz 3 bei der Datenstelle gespeicherten Daten sind unverzüglich nach Abschluss der Datenabgleiche zu löschen. [7]Bei einer Weiterübermittlung der Daten nach Satz 3 gilt Absatz 4 für die in Absatz 2 Satz 1 Nr. 2, 4, 6 und 7 genannten Stellen entsprechend.

(6) [1]Die Landesregierung kann ihre Befugnis, eine zentrale Landesstelle für den Datenabgleich zu bestimmen (Absatz 3 Satz 2, Absatz 4 Satz 1 und Absatz 5 Satz 5), auf die für die Ausführung des Wohngeldgesetzes zuständige oberste Landesbehörde übertragen. [2]§ 69 des Ersten Buches Sozialgesetzbuch bleibt unberührt.

(7) Die Landesregierungen werden ermächtigt, durch Rechtsverordnung die Einzelheiten des Verfahrens des automatisierten Datenabgleichs und die Kosten des Verfahrens zu regeln, solange und soweit nicht die Bundesregierung von der Ermächtigung nach § 38 Nr. 3 Gebrauch gemacht hat.

I. Entstehungsgeschichte, Allgemeines

1 Die vorliegende Regelung tritt an die Stelle des § 37b WoGG aF. Der Verweis auf die Regelung im Gesetz über den Abbau der Fehlsubventionierung im Wohnungsbau wurde an die Rechtslage nach der Föderalismusreform angepasst,[1] dh es wird zB nicht mehr auf § 5 Abs. 1 sondern auf § 3 Abs. 2 AFWoG Bezug genommen. Mit dem Datenabgleich soll Leistungsmissbrauch möglichst verhindert werden. Der automatisierte Datenabgleich wird seit dem 1.1.2013 in den §§ 16 bis 22 WoGV geregelt.[2]

II. Erläuterungen

1. Datenweitergabe durch die Wohngeldstelle

2 Abs. 1 regelt die **Verpflichtung der Wohngeldbehörde** gegenüber den von der jeweiligen Regierung eines Bundeslandes oder nach einem Ausführungsgesetz des jeweiligen Landes nach § 11 AFWoG bestimmten Stellen. Diese Stellen prüfen, ob geförderte Sozialwohnungen an Personen vermietet wurden, die wegen hoher Einkünfte keinen Anspruch auf Unterbringung in einer geförderten Wohnung haben. Diese Stellen sind keine Behörden im Sinne des Sozialgesetzbuches (§§ 12, 18 bis 29 SGB I) und unterliegen damit nicht dem Sozialgeheimnis (§§ 67 ff SGB X), als Ausfluss des informationellen Selbstbe-

1 BT-Drucks. 16/6543, 108.
2 BGBl. I vom 11.12.2012, 2654.

stimmungsrecht.[3] Eine Weitergabe von Daten bedarf daher einer Eingriffsnorm, die mit Abs. 1 geschaffen wurde.

Die **Auskunft** erfordert ein **Verlangen** der zuständigen Stelle, dh ein Ersuchen um Auskunft. Die Auskunft ist allein auf die Angabe beschränkt, ob eine bestimmte Person als Wohnungsinhaber, dh insbesondere Mieter einer Wohnung, Wohngeld erhält. Welche Auskünfte im Einzelnen übermittelt werden dürfen, ergibt sich aus Abs. 3. Die Höhe des Wohngeldes darf nicht ohne die Einwilligung des Wohngeldberechtigten mitgeteilt werden. Aus Abs. 3 Satz 2 ergibt sich, dass die übermittelten Daten ausschließlich zur Festlegung von Fehlbelegungsabgaben, wenn diese nach dem Landesrecht vorgesehen sind, verwendet werden dürfen. 3

2. Datenabgleich

Abs. 2 regelt die Befugnis der Wohngeldstellen, untereinander und gegenüber anderen staatlichen Stellen einen **Datenabgleich** vorzunehmen. Eines konkreten Verdachtsmomentes auf unrechtmäßige Inanspruchnahme von Wohngeld bedarf es dafür nicht. Der Überprüfung unterliegen alle Haushaltsmitglieder. 4

Dies sind im Einzelnen folgende Stellen und Informationen:

- Nr. 1 betrifft die Transferleistungen wie Arbeitslosengeld II und Sozialgeld, die Zuschüsse zu den Kosten der Unterkunft (§ 27 Abs. 3 SGB II), das Übergangs- und Verletztengeld, welches in Höhe des Arbeitslosengeldes II gezahlt wird, die Grundsicherung im Alter und bei voller Erwerbsminderung, die Hilfe zum Lebensunterhalt nach dem SGB XII, das Bundesversorgungsgesetz, Leistungen nach dem Asylbewerberleistungsgesetz, Leistungen nach dem SGB VIII. Dabei bezieht sich der Abgleich auch auf die Zeiträume, für die Leistungen beantragt oder empfangen wurden. Der Anspruch auf Mitteilung erstreckt sich auch auf Personen, die vom Wohngeld ausgeschlossen sind, weil sie bei der Ermittlung des Bedarfes des Leistungsberechtigten berücksichtigt wurden, aber selbst keine solche Transferleistung beziehen. Nichts anderes gilt in Bezug auf Personen, deren Leistungsanspruch auf die Transferleistung aufgrund einer Sanktion vollständig entfallen ist oder die während des Antragsverfahrens vom Wohngeld ausgeschlossen sind.
- Nr. 2 gewährt ein Auskunftsrecht über Einkünfte aus Kapitalvermögen nach § 45 d Abs. 1 EStG.
- Nr. 3 betrifft die Beantragung und Leistung von Wohngeld durch andere Wohngeldstellen.
- Nr. 4 betrifft die Einstellung von Arbeitslosengeld I durch die Bundesagentur für Arbeit.

---

3 BVerfG 15.12.1983 – 1 BvR 209/83, 1 BvR 269/83, 1 BvR 362/83, 1 BvR 420/83, 1 BvR 440/83, 1 BvR 484/83 „Mikrozensusentscheidung“.

- Nr. 5 betrifft die Auskunft über den Meldestatus und die Nutzung von Wohnraum gegenüber den Meldebehörden.
- Nr. 6 betrifft die Frage der Versicherungspflicht in der Sozialversicherung und die Meldung eines versicherungsfreien Minijobs gegenüber der gemeinsamen Datenstelle der Deutschen Rentenversicherung, der Rentenversicherung Knappschaft-Bahn-See und der Knappschaft als Minijobzentrale.
- Nr. 7 betrifft Auskünfte über die Leistung von Renten der gesetzlichen Renten- und Unfallversicherung gegenüber der Deutschen Post AG oder der Deutschen Rentenversicherung Knappschaft-Bahn-See.

5 Abs. 3 regelt, welche **Daten** die Wohngeldbehörde ihrerseits an die Stellen **übermitteln** darf um die erforderlichen Auskünfte zu erhalten. Abs. 3 Satz 2 stellt klar, dass die übermittelten Daten auch nicht zur Erlangung der in Abs. 1 und Abs. 2 angeforderten Daten übermittelt werden dürfen. Satz 3 regelt die unverzügliche Vernichtung von übermittelten Daten durch die Wohngeldstelle und Satz 4 die Verpflichtung der Wohngeldstelle die Personen, über die der Datenabgleich durchgeführt wurde, dh Wohngeldberechtigte oder Haushaltsmitglieder, zu informieren.

6 Abs. 4 regelt die Verpflichtung der durch die Wohngeldbehörden angegangenen Stellen zur Durchführung des **Datenabgleichs** und die Behandlung der durch die Wohngeldstelle übermittelten Daten.

7 Abs. 5 regelt die Zulässigkeit des **automatisierten Datenabgleichs** und wie dieser im Einzelnen durchzuführen ist. Wenn die Daten nach Abs. 1 nur auf Verlangen der für die Fehlbelegungsabgabe zuständigen Stelle abgeglichen werden (dürfen), kann dies im Hinblick auf Abs. 5 nur so verstanden werden, dass ein generelles Auskunftsverlangen für den automatischen Datenabgleich vorliegen muss und ausreicht. Wie der automatisierte Datenabgleich im Einzelnen durchzuführen ist, wird seit dem 1.1. 2013 in den §§ 16 bis 22 WoGV geregelt.

8 Abs. 6 berechtigt die Landesregierungen eine Stelle zum **Datenabgleich** zu bestimmen und das Bestimmungsrecht auf eine oberste Landesbehörde, die für Wohngeld zuständig ist, zu übertragen.

Abs. 7 regelt das **Verordnungsrecht** der Landesregierungen hinsichtlich des Datenabgleichs im Wohngeldverfahren.

Teil 6
Wohngeldstatistik

§ 34 Zweck der Wohngeldstatistik, Auskunfts- und Hinweispflicht

(1) Über die Anträge und Entscheidungen nach diesem Gesetz sowie über die persönlichen und sachlichen Verhältnisse der zu berücksichtigenden Haushaltsmitglieder, die für die Berechnung des regionalen Mietenniveaus (§ 12 Abs. 3 und 4), den Wohngeld- und Mietenbericht (§ 39), die Beurteilung der Auswirkungen dieses Gesetzes und dessen Fortentwicklung erforderlich sind, ist eine Bundesstatistik zu führen.

(2) [1]Für die Erhebung sind die Wohngeldbehörden auskunftspflichtig. [2]Die Angaben der in § 23 Abs. 1 bis 3 bezeichneten Personen dienen zur Ermittlung der statistischen Daten im Rahmen der Erhebungsmerkmale (§ 35).

(3) Die wohngeldberechtigte Person ist auf die Verwendung der auf Grund der Bearbeitung bekannten Daten für die Wohngeldstatistik und auf die Möglichkeit der Übermittlung nach § 36 Abs. 2 Satz 2 hinzuweisen.

I. Entstehungsgeschichte, Allgemeines

1 Die Wohngeldstatistik war bis zum 31.12.2008 im § 35 WoGG aF geregelt. Mit der Wohngeldneuregelung wurden die Abs. 1, 8 und 9 des § 35 WoGG aF im § 34 Abs. 1 bis Abs. 3 zusammengefasst und sprachlich angepasst. Inhaltliche Änderungen sollten mit der sprachlich geänderten Fassung nicht verbunden sein.[1] Die Norm regelt die Pflicht, eine Statistik über Lage und Entwicklung der Wohngeldberechtigten, der Haushaltsmitglieder, deren Wohnverhältnisse und der Wohngeldzahlungen zu erstellen. Die Statistik ist unentbehrliches Mittel des Gesetzgebers den Unterstützungsbedarf des berechtigten Personenkreises zu ermitteln, um notwendige Anpassungen vorzunehmen.

II. Erläuterungen

2 Abs. 1 regelt Ziel und Zweck der Wohngeldstatistik. Die Statistik dient als Grundlage zur Ermittlung des regionalen Mietenniveaus, welches sich in der Anlage zu § 1 Abs. 3 WoGV wiederfindet. Die Statistik ist Grundlage des Wohngeld- und Mietenberichtes, welcher alle vier Jahre und zwar zuletzt im Jahr 2010 erstellt wird.[2] Hierzu werden insbesondere die Anträge und die Entscheidungen zum Wohngeld erfasst.

3 Abs. 2 regelt die Auskunftspflicht der Wohngeldstellen und welche Daten von welchen Personen ermittelt werden.

1 BT-Drucks. 16/6543, 109.
2 BT-Drucks. 17/6280.

4 Die Belehrungspflicht der Wohngeldstelle ist Ausfluss des informationellen Selbstbestimmungsrechtes welches sich aus Art. 2 Abs. 1 iVm Art 1 Abs. 1 GG ergibt.[3]

§ 35 Erhebungsmerkmale

(1) Erhebungsmerkmale sind

1. die Art des Wohngeldantrages und der Entscheidung;
2. der Betrag des im Erhebungszeitraum gezahlten Wohngeldes;
3. der Beginn und das Ende des Bewilligungszeitraums nach Monat und Jahr; die Art und die Höhe des monatlichen Wohngeldes;
4. die Anzahl der zu berücksichtigenden Haushaltsmitglieder, ihre jeweilige Beteiligung am Erwerbsleben und Stellung im Beruf sowie jeweils die Anzahl derjenigen zu berücksichtigenden Haushaltsmitglieder, die
   a) noch nicht 18 Jahre alt sind oder
   b) mindestens 18 Jahre, aber noch nicht 25 Jahre alt sind;

   ist mindestens ein Haushaltsmitglied vom Wohngeld ausgeschlossen, sind auch die Gesamtzahl der Haushaltsmitglieder und die Zahl der vom Wohngeld ausgeschlossenen Haushaltsmitglieder Erhebungsmerkmale;
5. das jeweilige Geschlecht der zu berücksichtigenden Haushaltsmitglieder;
6. der bei der Berechnung des Wohngeldes berücksichtigte Höchstbetrag für Miete und Belastung (§ 12 Abs. 1), im Fall des § 11 Abs. 3 der Anteil des Höchstbetrages, der dem Anteil der zu berücksichtigenden Haushaltsmitglieder an der Gesamtzahl der Haushaltsmitglieder entspricht;
7. die Wohnverhältnisse der zu berücksichtigenden Haushaltsmitglieder nach Größe der Wohnung, nach Höhe der monatlichen Miete oder Belastung, im Fall des § 10 Abs. 2 Satz 2 die Belastung aus Zinsen und Tilgung, nach öffentlicher Förderung der Wohnung oder Förderung nach dem Wohnraumförderungsgesetz oder entsprechenden Gesetzen der Länder, der Grund der Wohngeldberechtigung (§ 3 Abs. 1 bis 3) sowie die Gemeinde und deren Mietenstufe (§ 12); ist mindestens ein Haushaltsmitglied vom Wohngeld ausgeschlossen, sind die Größe der Wohnung und die Höhe der monatlichen Miete oder Belastung kopfteilig zu erheben;
8. a) das monatliche Gesamteinkommen, die Freibeträge nach § 17 und die Abzugsbeträge für Unterhaltsleistungen nach § 18;
   b) die Summe der positiven Einkünfte und der Einnahmen nach § 14 sowie die Abzugsbeträge für Steuern und Sozialversicherungsbeiträge nach § 16 für jedes einzelne zu berücksichtigende Haushaltsmitglied;

3 Vgl. hierzu zuletzt BVerfG, 24.4.2013 – 1 BvR 1215/07.

im Fall einer nach den §§ 7 und 8 Absatz 1 vom Wohngeld ausgeschlossenen wohngeldberechtigten Person ist die Art der beantragten oder empfangenen Leistung nach § 7 Absatz 1 Erhebungsmerkmal;

9. der Monat und das Jahr der Berechnung des Wohngeldes und die angewandte Gesetzesfassung;
10. die Höhe des nach § 44 geleisteten einmaligen zusätzlichen Wohngeldbetrages nach der Anzahl der nach § 44 zu berücksichtigenden Personen.

(2) Hilfsmerkmale sind der Name und die Anschrift der auskunftspflichtigen Wohngeldbehörde.

(3) [1]Zur Prüfung der Richtigkeit der Statistik dienen Wohngeldnummern, die keine Angaben über persönliche oder sachliche Verhältnisse der wohngeldberechtigten Personen sowie der in § 23 Abs. 1 bis 3 bezeichneten Personen enthalten oder einen Rückschluss auf solche zulassen. [2]Die Wohngeldnummern sind spätestens nach Ablauf von fünf Jahren seit dem Zeitpunkt, zu dem die Erhebung durchgeführt worden ist (§ 36 Abs. 1), zu löschen.

I. Entstehungsgeschichte, Allgemeines

1 Die Regelung war bis zum 31.12.2008 in § 35 Abs. 2, Abs. 3 und Abs. 4 WoGG aF geregelt. Eine inhaltliche Änderung war wohl nicht beabsichtigt.[1] Lediglich die bisher in Abs. 2 Nr. 6 WoGG aF genannten Ausstattungsmerkmale sind entfallen, weil für die Ermittlung dieser Merkmale und die Weiterentwicklung des Wohngeldes nach dem entfallen der Baualtersklassen kein Bedarf mehr besteht.

II. Erläuterungen

2 In Abs. 1 sind die einzelnen Erhebungsmerkmale aufgeführt, die für die Wohngeldstatistik benötigt werden. Die Erhebungsmerkmale sind nach § 9 Abs. 1 BStatG im Gesetz genau zu bestimmen. Auf den Erhebungsmerkmalen baut die Statistik auf (§ 10 Abs. 1 BStatG). In den Nr. 1 bis Nr. 3 werden die Erhebungsmerkmale des Wohngeldes selbst aufgeführt, und zwar die Art des Wohngeldantrages und die Entscheidung über diesen Antrag, dh ob Wohngeld als Miete oder Lastenzuschuss gewährt wurde. Die weiteren Auskünfte erstrecken sich auf das gezahlte Wohngeld (Nr. 2), die Bewilligungszeiträume und Art und Höhe des Wohngeldes (Nr. 3).

3 Nr. 4 behandelt die gesellschaftliche Stellung der wohngeldberechtigten Haushaltsmitglieder und ergibt sich in der Regel aus den Einkommensnachweisen. Nach Nr. 5 ist das Geschlecht anzugeben. Durch die Geschlechtsangabe sollen der Gesetzgeber die Möglichkeit erhalten, geschlechtsbedingte Benachteiligungen zu mindern. Die Mitteilung des Geschlechtes und der ge-

1 BT-Drucks. 16/6543, 109.

sellschaftlichen Stellung erstreckt sich ausdrücklich auf die wohngeldberechtigten Haushaltsmitglieder. Ist mindestens ein Haushaltsmitglied vom Wohngeld ausgeschlossen ist nur die Gesamtzahl der Haushaltsmitglieder mitzuteilen.

4 In den Nr. 6 und Nr. 7 behandeln die Angabe des Höchstbetrages nach § 12 Abs. 1 und die Angaben zu den Wohnverhältnissen.

5 Nr. 8 behandelt die Höhe und die Art des Einkommens der beim Wohngeld berücksichtigten Haushaltsmitglieder. Ist ein oder mehrere Haushaltsmitglied(er) ausgeschlossen, so wird nur die Art der beantragten oder empfangenen Leistung erfasst.

6 Nr. 9 regelt die Erhebung des Berechnungsjahres und der angewendeten Gesetzesfassung. Hiermit soll die Auswirkung von Gesetzesänderung auf den Wohngeldbezug erfasst werden. Der nach Nr. 10 zu erfassende Einmalbetrag nach § 44 wurde nur vom Oktober 2008 bis zum Ablauf des Monats März geleistet und hat im Jahr 2013 keine Bedeutung mehr, weil auch eine Nachzahlung im Rahmen einer Überprüfung nach § 44 SGB X nur bis zum 31.12.2011 aufgrund der Beschränkung der Leistung auf zwei Jahre nach § 31 erfolgen konnte (§ 44 Abs. 4 S. 2 SGB X).

7 Die Abs. 2 und 3 beinhalten die Hilfemerkmale (= Anschrift und Name der auskunftspflichtigen Wohngeldstelle) und die Wohngeldnummern. Zusätzlich wird angeordnet, wann die erfassten Wohngeldnummern zu löschen sind. Die Hilfemerkmale müssen nach § 9 Abs. 1 BStatG erfasst werden. Die Wohngeldnummern sind ebenfalls Hilfsmerkmale die zur Identifizierung dienen, damit Daten nicht mehrfach erfasst werden. Die Statistiker können mittels der Hilfemerkmale Plausibilitätskontrollen durchführen und Ermittlungsfehler beseitigen. Die Wohngeldnummern dienen nur der statistischen Erfassung und lassen keinerlei Rückschlüsse auf die Wohngeldberechtigten oder die berücksichtigten Haushaltsmitglieder zu. Allein die erfassende Wohngeldstelle könnte den Bezug zu diesen Personen wiederherstellen. Die Wohngeldnummern werden von den in den Wohngeldstellen verwendeten Datenverarbeitungsprogrammen automatisch vergeben.

§ 36 Erhebungszeitraum, Zusatz- und Sonderaufbereitungen

(1) [1]Die Erhebung der Angaben nach § 35 Abs. 1 ist vierteljährlich für das jeweils abgelaufene Kalendervierteljahr durchzuführen. [2]Die statistischen Landesämter stellen dem Statistischen Bundesamt unverzüglich nach Ablauf des Erhebungszeitraums oder zu dem in der Rechtsverordnung nach § 38 angegebenen Zeitpunkt folgende Angaben zur Verfügung:

1. vierteljährlich
   a) für den Erhebungszeitraum die Angaben nach § 35 Abs. 1 Nr. 1 bis 3;
   b) für den vergleichbaren Erhebungszeitraum des vorausgehenden Kalenderjahres die Angaben nach § 35 Abs. 1 Nr. 1 und 3 unter Berücksichtigung der rückwirkenden Entscheidungen aus den folgenden zwölf Monaten;
2. jährlich die Angaben nach § 35 Abs. 1 Nr. 3 bis 9 für den Monat Dezember unter Berücksichtigung der rückwirkenden Entscheidungen aus dem folgenden Kalendervierteljahr.

(2) [1]Einzelangaben nach § 35 Abs. 1 aus einer Zufallsstichprobe mit einem Auswahlsatz von 25 Prozent der wohngeldberechtigten Personen sind dem Statistischen Bundesamt jährlich unverzüglich nach Ablauf des Erhebungszeitraums für Zusatzaufbereitungen zur Verfügung zu stellen. [2]Für diesen Zweck dürfen die Einzelangaben, bei denen Wohn- und Wirtschaftsgemeinschaften mit mehr als fünf zu berücksichtigenden Haushaltsmitgliedern in einer Gruppe zusammenzufassen sind, ohne Wohngeldnummer auch dem Bundesministerium für Verkehr, Bau und Stadtentwicklung oder, wenn die Aufgabe der Zusatzaufbereitung an das Bundesamt für Bauwesen und Raumordnung übertragen worden ist, an dieses übermittelt werden. [3]Bei der empfangenden Stelle ist eine Organisationseinheit einzurichten, die räumlich, organisatorisch und personell von anderen Aufgabenbereichen zu trennen ist. [4]Die in dieser Organisationseinheit tätigen Personen müssen Amtsträger oder für den öffentlichen Dienst besonders Verpflichtete sein. [5]Sie dürfen aus ihrer Tätigkeit gewonnene Erkenntnisse nur für Zwecke des § 34 Abs. 1 verwenden. [6]Die nach Satz 2 übermittelten Einzelangaben dürfen nicht mit anderen Daten zusammengeführt werden.

(3) Auf Anforderung stellen die statistischen Landesämter die von ihnen erfassten Einzelangaben dem Statistischen Bundesamt für Sonderaufbereitungen des Bundes zur Verfügung.

I. Entstehungsgeschichte, Allgemeines

1 Die Norm ersetzt den bis zum 31.12.2008 geltenden § 35 Abs. 5, Abs. 6 und Abs. 7 WoGG aF und regelt den in § 9 Abs. 1 BStatG vorgeschriebenen Erhebungszeitraum und die Zusammenarbeit zwischen den statistischen Landesämtern und dem Bundesamt für Statistik.

II. Erläuterungen

2 Abs. 1 regelt den Rhythmus und den Zeitpunkt, in dem Daten für die Statistik von den statistischen Landesämtern an das statistische Bundesamt übermittelt werden. Hinsichtlich der Art der zu erhebenden Merkmale (Erhe-

bungsmerkmale) wird auf § 35 Abs. 1 verwiesen. Die Vorschriften zum Zeitpunkt der Datenerhebung sollen sicherstellen, dass die statistischen Landesämter an das statistische Bundesamt Daten für vergleichbare Zeiträume zur Verfügung stellen, so dass deren Vergleichbarkeit gewährleistet ist.

3 In Abs. 2 regelt die Übermittlung von Einzelangaben aus Zufallsstichproben, die 25% der Wohngeldempfänger umfasst. Die Zufallsstichproben können die laufende Entwicklung des Wohngeldes und der Wohnsituation der Wohngeldempfänger besser abbilden. Außerdem ist geregelt, wie organisatorisch zu sichern ist, dass die zu übermittelnden Daten in getrennten Einheiten empfangen, verarbeitet und vor unberechtigter Weitergabe geschützt werden. Zusätzlich wird klargestellt, dass die Daten nur für ausdrücklich im Gesetz genannte statistische Zwecke verwendet und nicht mit anderen Daten zusammengeführt werden dürfen.

4 Abs. 3 regelt die Behandlung und Weitergabe der ermittelten Daten außerhalb des Jahreszeitraumes nach Abs. 2 Satz 1 auf Anforderung durch das statistische Bundesamt für Sonderaufbereitungen des Bundes. Hierdurch wird dem Bund ermöglicht, weitere statistische Daten zu ermitteln.

Teil 7
Schlussvorschriften

§ 37 Bußgeld

(1) Ordnungswidrig handelt, wer vorsätzlich oder leichtfertig

1. entgegen § 23 Abs. 1 bis 3 eine Auskunft nicht, nicht richtig, nicht vollständig oder nicht rechtzeitig gibt oder

2. entgegen § 27 Abs. 3 Satz 1, auch in Verbindung mit Abs. 4, oder § 28 Abs. 1 Satz 2 oder Abs. 4 Satz 1 eine Änderung in den Verhältnissen, die für den Wohngeldanspruch erheblich ist, nicht, nicht richtig, nicht vollständig oder nicht rechtzeitig mitteilt.

(2) Die Ordnungswidrigkeit kann mit einer Geldbuße bis zu zweitausend Euro geahndet werden.

(3) Verwaltungsbehörden im Sinne des § 36 Abs. 1 Nr. 1 des Gesetzes über Ordnungswidrigkeiten sind die Wohngeldbehörden.

I. Entstehungsgeschichte, Allgemeines

Die Regelung entsprich dem § 37 WoGG aF und ist im Wortlaut und damit 1
in seinem Inhalt teilweise geändert worden. Die Verletzung der Auskunftspflicht kann nach Abs. 1 Nr. 2 nicht mehr nur, wenn ein Auskunftsersuchen „auf Verlangen“ vorliegt, mit einem Bußgeld geahndet werden, sondern auch dann, wenn die in § 27 genannten Auskunftspflichten nicht, nicht vollständig oder fehlerhaft erfüllt wird.

II. Erläuterungen

1. Tatbestand

Eine Geldbuße kann nur dann verhängt werden, wenn die gesetzlichen Vor- 2
aussetzungen einer Ordnungswidrigkeit erfüllt sind (§ 3 OWIG), dh der verpflichtete Wohngeldberechtigte einen in Abs. 1 Nr. 1 und/oder Nr. 2 beschriebenen **Tatbestand** erfüllt hat. Liegen die Tatbestandsvoraussetzungen vor, so wird die Rechtswidrigkeit nach den modernen Handlungslehren inzidiert und muss nicht gesondert festgestellt werden. Eine Ordnungswidrigkeit ist vorwerfbar, wenn dem Täter/der Täterin die Tat zugerechnet werden kann, dh ein schuldhaftes Handeln vorliegt. Die Ordnungswidrigkeit kann nur vorsätzlich oder leichtfertig begangen werden. Leichtfertig ist eine Form der schweren Fahrlässigkeit und wird von der Rechtsprechung bislang als vorsatznahe Schuldform verstanden, die eine besondere Gleichgültigkeit

oder grobe Unachtsamkeit voraussetzt.[1] Dabei ist zu beachten, dass es sich bei der Nichterteilung von Auskünften um ein Unterlassen handelt.

3 Leichtfertig handelt derjenige, der diejenige **Sorgfalt** außer Acht lässt, zu der er nach den besonderen Umständen des Einzelfalls und seinen persönlichen Fähigkeiten und Kenntnissen verpflichtet und imstande ist, obwohl sich ihm aufdrängen musste, dass dadurch eine für den Wohngeldbezug wesentliche Mitteilung nicht richtig gemacht wird.[2] Dies wird insbesondere dann der Fall sein, wenn der Wohngeldberechtigte oder das auskunftspflichtige Haushaltsmitglied von der Wohngeldbehörde über die Auskunftspflicht und den Bußgeldtatbestand informiert wurde. Vorsatz liegt vor, wenn man durch fehlende oder fehlerhafte Angaben oder durch Nichtmitteilung einer wesentlichen Änderung zumindest billigend in Kauf genommen wird, dass die Wohngeldbehörde fehlerhaft, unvollständig informiert wird.

4 Mit Nr. 1 ist auch die Verpflichtung der Haushaltsmitglieder zur **Angabe des Geschlechtes** (§ 23 Abs. 1 Satz 2) erfasst. Eine fehlerhafte Angabe des Geschlechtes kann nur das Recht des Bundes den Wohngeldbericht ordnungsgemäß zu erstellen berühren, ein Einfluss auf die Höhe des Wohngeldes besteht nicht. Die vorsätzlich oder fahrlässig gemachten fehlerhaften Angaben können in der Statistik durch mathematisch statistische Methoden ausgeglichen werden, so dass ein Schaden durch eine fehlerhafte Angabe nicht eintreten kann. Aus dem Grundsatz der Verhältnismäßigkeit wird daher hier kein Bußgeld verhängt werden können.

Demgegenüber kann eine fehlerhafte Angabe eines **Arbeitgebers** (§ 23 Abs. 2), des **Empfängers der Miete** (§ 23 Abs. 3) oder die **Kapitalertrag auszahlenden Stellen**, insbesondere Banken und Versicherungen (§ 23 Abs. 4), den Bußgeldtatbestand verwirklichen, denn diese Personen oder Mitarbeiter der genannten Institutionen sind zur Wahrheit verpflichtet, weil die Angaben unmittelbaren Einfluss auf die Gewährung von Wohngeld haben.

5 Bei einer **Änderung der Verhältnisse** sind die wohngeldberechtigte Person und das Haushaltsmitglied an das das Wohngeldgezahlt auskunftspflichtig. Diese Personen müssen der Wohngeldbehörde die entscheidungserheblichen Tatsachen unverzüglich, vollständig und wahrheitsgemäß angeben, dh richtig, vollständig und rechtzeitig. Es sind nur solche Tatsachen anzugeben, die einen Einfluss auf die Wohngeldgewährung haben können, dh sind nur Änderungen der Miete zugunsten des Wohngeldberechtigten oder Wohngeldempfängers anzugeben, die einen Einfluss auf die Gewährung haben und zwar zugunsten des oder der Berechtigten. Damit ist ein Absinken der Miete um weniger als 15% ebenso wenig mitzuteilen, wie eine Erhöhung des Gesamteinkommens um weniger als 15%.

---

1 BGH 17.7.1997 – 1 StR 791/96.
2 BGH 8.9.2011 – StR 38/11 Rn 17 zu leichtfertigen Steuerverkürzung durch Nichtabgabe von Umsatzsteuererklärungen (§ 370 Abs. 1 AO).

Auch die Pflicht der Wohngeldberechtigten und zum Empfang berechtigten Haushaltsangehörigen, **Änderungen** in abgelaufenen Bewilligungszeiträumen (§ 28 Abs. 4) mitzuteilen, ist bußgeldbewehrt. 6

Die Verletzung der Pflicht der Wohngeldberechtigten und der zum Empfang berechtigten Haushaltsangehörigen, die Aufgabe der Wohnung mitzuteilen, kann ein **Bußgeld** zur Folge haben (§ 28 Abs. 1 Satz 1 iVm § 37 Abs. 1 Nr. 2). 7

Bußgeldbewehrt ist auch der Verstoß gegen die Verpflichtung zur Mitteilung, dass ein Haushaltsmitglied einen Antrag auf **Transferleistungen**, wie Arbeitslosengeld II, Sozialgeld, Sozialhilfe oder Grundsicherung im Alter und bei voller Erwerbsminderung gestellt hat bzw solche Leistungen empfängt, (§ 28 Abs. 4). 8

2. Rechtsfolge

Nach Abs. 2 i.V.m. § 17 Abs. 1 OWiG kann ein Bußgeld in Höhe von 5 bis 2.000 EUR verhängt werden. Für bloß leichtfertiges Handeln liegt die Höchstgrenze gemäß § 17 Abs. 2 OWiG bei 1.000 EUR, da Leichtfertigkeit eine besondere Form der Fahrlässigkeit ist. Alternativ zur Geldbuße kann auch eine gebührenpflichtige oder gebührenfreie Verwarnung (§ 56 Abs. 1 Satz 1, S. 2 OWiG) ausgesprochen werden. Das Verwarnungsgeld beträgt zwischen fünf und fünfunddreißig Euro. 9

Bei der Bemessung des Bußgeldes sind die Bedeutung der Ordnungswidrigkeit und der Vorwurf, der den Täter trifft, zu beachten (§ 17 Abs. 3 OWiG). Die wirtschaftlichen Verhältnisse können bei größeren Geldbußen beachtet werden. Des Weiteren ist die Schwere der Tat und ggf ein bereits eingetretener Schaden zu berücksichtigen. Nach Verhängung des Bußgeldes können Zahlungserleichterungen, wie Ratenzahlungen, dem Bußgeldbeschwerten eingeräumt werden (§ 18 OWiG). Eine Aufrechnung (§ 51 SGB I iVm § 29 Abs. 2) oder Verrechnung (§ 52 SGB I iVm § 29 Abs. 3) von Bußgeldansprüchen mit Leistungen auf Wohngeld ist nicht möglich, weil Wohngeld unpfändbar ist (§ 54 Abs. 3 Nr. 2 a SGB I). 10

3. Verfahren

Abs. 3 regelt die sachliche Zuständigkeit für das **Bußgeldverfahren.** Nach § 36 Abs. 1 Nr. 1 OWiG ist diejenige Behörde für das Bußgeldverfahren zuständig, welche durch Gesetz hierzu bestimmt ist, dh die Wohngeldbehörde. Das Bußgeldverfahren richtet sich nach dem Gesetz über die Ordnungswidrigkeiten (§ 2 OWiG). Das Verfahren wird in den §§ 46 bis 110 OWiG geregelt und gliedert sich in vier Abschnitte und zwar 11

- das Vorverfahren mit der Anhörung des Betroffenen (§ 55 OWiG iVm § 163 a StPO). Das Vorverfahren endet mit Erlass einer Verwarnung (§ 56 OWiG) oder dem Bußgeldbescheid (§§ 65, 66 OWiG).

- Das Zwischenverfahren (§ 69 OWiG), nachdem der Betroffene gegen den Bußgeldbescheid Einspruch eingelegt hat. Die Wohngeldbehörde prüft hier nochmals, ob sie den Bußgeldbescheid aufrecht erhält (§ 69 Abs. 2 OWiG) und
- das gerichtliche Verfahren (§§ 70 ff OWiG), welches bei Einverständnis der Beteiligten mit einem Beschluss, einem Urteil nach einer Hauptverhandlung oder mit der Rücknahme des Einspruchs endet, sowie
- das Vollstreckungsverfahren durch die Wohngeldbehörde, wenn der Bußgeldbescheid durch diese erlassen wurde (§ 90 Abs. 1 OWiG) und durch die Staatsanwaltschaft, wenn das Bußgeld auf einer gerichtlichen Entscheidung beruht (§ 91 OWiG).

12 Die Wohngeldbehörde führt das **Vorverfahren**, ermittelt den Sachverhalt von Amts wegen (§ 46 Abs. 1 OWiG iVm § 160 StPO) und entscheidet sowohl über die Aufnahme als auch über die Durchführung des Verfahrens nach dem Opportunitätsgrundsatz (§ 47 Abs. 1 OWiG). Die Wohngebehörde muss rechtliches Gehör gewähren (§ 55 OWiG), die Beweise nach dem Grundsatz der freien Beweiswürdigung (§ 46 OWiG iVm § 261 StPO) würdigen und die Unschuldsvermutung (§ 46 OWiG iVm § 160 Abs. 3 StPO; Art. 6 EMRK) beachten. Endet das Vorverfahren mit einem Bußgeldbescheid muss dieser neben der Geldbuße auch eine Kostenentscheidung enthalten (§ 105 OWiG), die insbesondere die Gebühren und Auslagen betreffen (§ 107 OWiG). Der Bußgeldbescheid wird wirksam, wenn er an den Betroffenen zugestellt wird (§§ 51 Abs. 2, 46 OWiG iVm § 36 Abs. 2 S. 1 StPO). Die Zustellung erfolgt nach dem Zustellgesetz des jeweiligen Landes in dem die Wohngeldbehörde ihren Sitz hat.

13 Eine Ordnungswidrigkeit wegen Verstoßes gegen eine Auskunftspflicht im Wohngeldverfahren verjährt in einem Jahr (§ 31 Abs. 2 Nr. 3 OWiG), weil das Höchstmaß der Geldbuße über eintausend und unter zweitausendfünfhundert EUR liegt. Die Verjährungsfrist beginnt, sobald die Handlung beendet ist (§ 31 Abs. 1 S. 1 OWiG). Bei Auskunftsplichten im Sozialleistungsbereich, die durch Nichtvornahme einer Handlung erfüllt werden, liegt eine echte Unterlassungsordnungswidrigkeit vor. Wann eine Verpflichtung zur Mitteilung endet, ist in der Rechtsprechung umstritten. Nach einer Auffassung besteht die Mitteilungspflicht so lange fort, bis die Behörde von der maßgeblichen Änderung der Verhältnisse Kenntnis erlangt hat.[3] Nach einer anderen Ansicht endet die Verpflichtung zur Mitteilung, wenn die (Wohngeld-)Behörde die Leistungen einstellt.[4] Der ersten Ansicht kann beim Tatbestand nach Nr. 2 nicht gefolgt werden, weil sie voraussetzt, dass die Auskunft für die Leistung von Wohngeld erheblich ist. Die Auskunft ist aber nicht mehr erheblich, wenn kein Wohngeld mehr erbracht wird. Denn in

3 OLG Karlsruhe 10. 05. 1965 – 3 Ws (B) 28/65.
4 KG Berlin 9.12.1991 – 2 Ss 95/91 – 5 Ws (B) 195/91, 2 Ss 95/91, 5 Ws (B) 195/91 mwN.

diesem Fall kann auch der Tatbestand nicht mehr erfüllt sein. Eine Ausnahme hiervon kann nur vorliegen, wenn das Wohngeld nicht wegen Wegfall der Anspruchsvoraussetzungen, sondern aufgrund einer Versagung wegen fehlender Mitwirkung (§ 66 SGB I) eingestellt wird. In diesem Fall wird die Auskunftspflicht weiter bestehen, weil die Wohngeldstelle nach Nachholung der Mitwirkung über die Leistung des Wohngeldes neu entscheiden muss (§ 67 SGB I) und die unterlassene Auskunft hierfür maßgeblich sein kann. Aber auch bei dem Tatbestand nach Nr. 1 ist die Tat als beendet anzusehen, wenn die Leistungen aufgrund Wegfall der Anspruchsgrundlage eingestellt wurden. Dies kann mit dem Schutzzweck der Mitteilungspflicht des § 23 Abs. 1 bis 3 erklärt werden: Nach dessen Abs. 2 und Abs. 3 besteht die Auskunftspflicht nur soweit sie zur Durchführung des Wohngeldgesetzes erforderlich ist. Auch hier ist eine Auskunft also nicht erforderlich, wenn kein Wohngeld mehr geleistet wird. Zusätzlich entspricht diese Meinung eher dem der Intention des Gesetzgebers durch die Verjährung Rechtsfrieden zu schaffen.[5] Die Verjährung wird nach § 33 OWiG unterbrochen, dies kann zB durch die Übersendung eines Anhörungsbogens (§ 33 Abs. 1 Nr. 1 OWiG) geschehen.

Von der **Verfolgungsverjährung** ist die **Vollstreckungsverjährung** zu unterscheiden. Die Vollstreckungsverjährung richtet sich nach der Höhe der verhängten Geldbuße und beträgt fünf Jahre bei einer Geldbuße von mehr als 1.000 EUR und drei Jahre bei einer Geldbuße von bis zu 1.000 EUR (§ 34 Abs. 2 OWiG). 14

§ 38 Verordnungsermächtigung

Die Bundesregierung wird ermächtigt, durch Rechtsverordnung mit Zustimmung des Bundesrates

1. **nähere Vorschriften zur Durchführung dieses Gesetzes über die Ermittlung**
   a) **der zu berücksichtigenden Miete oder Belastung (§§ 9 bis 12) und**
   b) **des Einkommens (§§ 13 bis 18)**

   zu erlassen, wobei pauschalierende Regelungen getroffen werden dürfen, soweit die Ermittlung im Einzelnen nicht oder nur mit unverhältnismäßig großen Schwierigkeiten möglich ist;
2. **die Mietenstufen für Gemeinden festzulegen (§ 12);**
3. **die Einzelheiten des Verfahrens des automatisierten Datenabgleichs und die Kosten des Verfahrens (§ 33) zu regeln; dabei kann auch geregelt werden, dass die Länder der Datenstelle die Kosten für die Durchführung des Datenabgleichs zu erstatten haben.**

5 Vgl hierzu KG Berlin 9.12.1991 aaO.

I. Entstehungsgeschichte, Allgemeines

1 Die Norm ersetzt den bis zum 31.12.2008 geltenden § 36 WoGG aF und enthält lediglich eine Änderung hinsichtlich des automatisierten Datenabgleichs unter Nr. 3. Diese trat mit dem 1.1.2013 in Kraft.[1] Die übrigen Änderungen sind lediglich redaktioneller Art.[2] Der Verordnungsgeber hat durch die Wohngeldverordnung (WoGV) hiervon Gebrauch gemacht. Die Norm ermächtigt zum Erlass von Rechtsverordnungen über die zu berücksichtigende Mieten und Belastungen, die Mietenstufen und die Einzelheiten des automatisierten Datenabgleichs.

II. Erläuterungen

2 Das Recht der Bundesregierung auf Erlass einer untergesetzlichen Rechtsverordnung ergibt sich aus Art. 80 GG. § 38 regelt, auf welche Bereiche sich die Rechtsverordnung erstrecken darf und bestimmt Inhalt, Zweck und Ausmaß der erteilten Ermächtigung (Art. Abs. 1 Satz 2 GG).

3 Die bei der Wohngeldberechnung zu berücksichtigende Miete und Belastung ist nach Nr. 1 Buchst. a in § 1 Abs. 1 Abs. 2 WoGV und in den §§ 2 bis 15 WoGV geregelt.

4 Von der in Nr. 1 Buchst. b genannten Ermächtigung zur pauschalierten Berücksichtigung des Einkommens wurde bisher noch kein Gebrauch gemacht.

5 Nach Nr. 2 können die Mietenstufen in den Gemeinden durch Rechtsverordnung festgelegt werden. Hiervon wurde durch § 1 Abs. 3 WoGV iVm der Anlage zur WoGV Gebrauch gemacht. Ohne die Festlegung der Mietenstufen wäre die Wohngeldberechnung nach §§ 12, 19 nicht möglich, weil je Miete oder Belastung, die über den Höchstbetrag in der untersten Mietenstufe hinausgeht, mangels einer gemeindlichen Mietenstufe nicht berücksichtigt werden kann. Die aktuellen Mietenstufen wurde aufgrund der Daten der Wohngeldstatik 2008 ermittelt und sind seit dem 1.1.2009 unverändert.[3]

6 Die Einzelheiten zum automatisierten Datenabgleich nach Nr. 3 sind im Teil 4 der WoGV und zwar in den §§ 16 bis 22 WoGV geregelt und regeln seit dem 1.1.2013 die Einzelheiten wie der automatisierte Datenabgleich durchgeführt wird.[4]

1 BGBl. I vom 9.1.2012, 2291.
2 BT-Drucks. 16/6543, 109.
3 BGBl. I vom 15.12.2008, 2486.
4 BGBl. I vom 11.12.2012, 2654.

§ 39 Wohngeld- und Mietenbericht

Die Bundesregierung berichtet dem Deutschen Bundestag alle vier Jahre bis zum 30. Juni über die Durchführung dieses Gesetzes und über die Entwicklung der Mieten für Wohnraum.

I. Entstehungsgeschichte, Allgemeines

1 Die Regelung entspricht im Wortlaut und damit auch dem Inhalt der bisherigen Regelung des § 39 WoGG aF.

II. Erläuterungen

2 Wohngeld- und Mietenberichte wurden seit dem Jahr 1985 veröffentlich und zwar wie folgt:

Berichtsjahr	Drucksache	Tag der abschließenden Behandlung
1985	10/3222	19.4.1985
1987	11/1583	28.12.1987
1989	11/6483	15.2.1989
1991	12/2356	27.3.1992
1992	12/4062	nicht behandelt
1993	12/7153	16.6.1994
1996	13/10384	29.3.1996
1997	13/10384	31.3.1998
1999	14/3070	31.3.2000
2002	15/2200	11.12.2003
2006	16/5853	26.6.2007
2010	17/6280	24.6.2011

§ 40 Einkommen bei anderen Sozialleistungen

Das einer vom Wohngeld ausgeschlossenen wohngeldberechtigten Person bewilligte Wohngeld ist bei Sozialleistungen nicht als deren Einkommen zu berücksichtigen.

I. Entstehungsgeschichte, Allgemeines

1 Die Regelung ersetzt den bis zum 31.12.2008 geltenden § 1 Abs. 2 WoGG aF und regelt die Anrechnung von Wohngeld als Einkommen bei Personen, die als Empfänger von Transferleistungen, Grundsicherung für Arbeitsuchende oder Sozialhilfe vom Wohngeld ausgeschlossen sind.

II. Erläuterungen

2 Leben Transferleistungsempfänger gemeinsam mit wohngeldberechtigten Personen in einer Haushalts-, Bedarfs- oder Einsatzgemeinschaft, so wird das Wohngeld nicht als Einkommen des Transferleistungsempfängers berücksichtigt. Lebt ein Wohngeldberechtigter zusammen mit einem Empfänger von Arbeitslosengeld II in einer Bedarfsgemeinschaft, wird das Einkommen aller Mitglieder der Bedarfsgemeinschaft, mit Ausnahme von Kindern erfasst (§ 9 Abs. 2 Satz 1 SGB II). Da alles Einkommen anzurechnen ist (§ 11 Abs. 1 Satz 1 SGB II) und Wohngeld auch als Einkommen zu berücksichtigen ist, müsste es in der Bedarfsgemeinschaft angerechnet werden. Dies verträgt sich nicht mit dem im Wohngeldrecht festgelegten Kopfteilprinzip, wonach das Wohngeld um den/die Kopfteil(e) der ausgeschlossenen Mitglieder der Haushaltsgemeinschaft gemindert wird (§ 11 Abs. 3). § 40 schließt eine mehrfache Minderung aus: Der Empfänger von Arbeitslosengeld II erhält seinen (nach Kopfteilen berechneten) Anteil an den Kosten der Unterkunft, ohne dass dieser um einen Anteil am Wohngeld gemindert werden muss

§ 41 Auswirkung von Rechtsänderungen auf die Wohngeldentscheidung

(1) [1]Ist im Zeitpunkt des Inkrafttretens von Änderungen dieses Gesetzes oder der Wohngeldverordnung über einen Wohngeldantrag noch nicht entschieden, ist für die Zeit bis zum Inkrafttreten der Änderungen nach dem bis dahin geltenden Recht, für die darauf folgende Zeit nach dem neuen Recht zu entscheiden. [2]Ist über einen nach dem Zeitpunkt des Inkrafttretens von Änderungen dieses Gesetzes oder der Wohngeldverordnung gestellten Wohngeldantrag, einen Antrag nach § 27 Absatz 1 oder in einem Verfahren nach § 27 Absatz 2 zu entscheiden und beginnt der Bewilligungszeitraum vor dem Zeitpunkt des Inkrafttretens von Änderungen dieses Gesetzes oder der Wohngeldverordnung, ist Satz 1 entsprechend anzuwenden.

(2) Ist vor dem Inkrafttreten von Änderungen dieses Gesetzes oder der Wohngeldverordnung über einen Wohngeldantrag entschieden worden, verbleibt es für die Leistung des Wohngeldes auf Grund dieses Antrages bei der Anwendung des jeweils bis zu der Entscheidung geltenden Rechts.

I. Entstehungsgeschichte, Allgemeines

Abs. 1 ersetzt § 40 Abs. 1 WoGG aF, Abs. 2 ersetzt § 40 Abs. 3 WoGG aF § 40 Abs. 2 WoGG ist durch Zeitablauf entfallen.[1] Die weiteren Überleitungsvorschriften sind auf mehrere Rechtsnormen verteilt worden. 1

Mit der Neureglung seit dem 1.1.2009 sind Änderungen der WoGV ausdrücklich mit einbezogen worden. In dieser Vorschrift wird generell geregelt, welche Auswirkungen eine Änderung des Gesetzes und der WoGV auf den Wohngeldantrag oder eine getroffene Entscheidung der Wohngeldbehörde in einer Wohngeldangelegenheit hat.

II. Erläuterungen

Die Regelung unterscheidet zwei Fallgruppen. Ist über einen Antrag auf Wohngeld bei Änderung des Gesetzes noch nicht entschieden, so richtet sich die Anwendung danach, wann das Gesetz bzw die Änderung der WoGV in Kraft tritt (= Fall Abs. 1). Bei einer Änderung des Gesetzes nach einer Entscheidung verbleibt es grundsätzlich bei der bisher getroffenen Entscheidung (= Fall des Abs. 2). Sinn und Zweck der Regelung ist die Verwaltungsvereinfachung. 2

Das Gesetz stellt darauf ab, wann über einen Antrag auf Wohngeld entschieden worden ist. Das Wohngeldgesetz legt keinen Zeitpunkt fest, zu dem eine Entscheidung in Wohngeldsachen wirksam wird. Im Wohngeldgesetz ist lediglich geregelt, auf welchen Zeitpunkt hinsichtlich der Beurteilung der Verhältnisse im Bewilligungszeitraum abzustellen ist, nämlich auf den Antragszeitpunkt (§ 24 Abs. 2 Satz 1). Die Entscheidung über den Anspruch auf Wohngeld wird daher nach den allgemeinen Regeln im dem Moment wirksam, in dem er gegenüber dem Adressaten bekannt gegeben wird (§ 39 Abs. 1 Satz 1 SGB X). Der Wohngeldbescheid ist schriftlich zu erlassen (§ 24 Abs. 1 Satz 1). Wird ein schriftlicher Verwaltungsakt nicht am Behördensitz dem Antragsteller persönlich ausgehändigt und durch die Post übermittelt, gilt er drei Tage nach Aufgabe zur Post als bekannt gegeben (§ 37 Abs. 2 Satz 1 SGB X). Erfolgt die Übermittlung auf andere Weise als durch Aufgabe zur Post, gilt das Verwaltungszustellungsgesetz des jeweiligen Bundeslandes, in dem die Wohngeldbehörde ihren Sitz hat zB das Landeszustellungsgesetz – LZG NRW.[2] Demnach kommt es auf den Zugang beim Empfänger an, der zwar nach § 39 Abs. 1 Satz 1 SGB X vermutet wird, der aber durch die Wohngeldbehörde bewiesen werden muss.[3] 3

Abs. 1 bestimmt, dass das neue Recht nur anzuwenden ist, wenn der Wohngeldbescheid (Verwaltungsakt) noch nicht wirksam geworden ist. Dabei ist zu unterscheiden, ob der Bewilligungszeitraum vor oder nach dem Wirksamwerden des Wohngeldbescheides beginnt. 4

1 BT-Drucks. 16/6543, 109.
2 GV NRW 2006, 94, 7.3.2006.
3 BSG 11.12.2007 – B 8/9 b SO 12/06 R.

Ist über den Wohngeldantrag noch nicht entschieden und hat der Bewilligungszeitraum nicht begonnen, so ist die Gesetzesänderung vom Zeitpunkt des Inkrafttretens zu beachten. Geschieht dies nicht, ist der Wohngeldbescheid von Anfang an rechtswidrig (§§ 44, 45 SGB X). Tritt eine Gesetzesänderung nach Beginn des Bewilligungszeitraume aber vor Wirksamwerden des Wohngeldbescheides ein, wird der Bewilligungszeitraum geteilt und die Änderung wird ab Inkrafttreten der Gesetzesänderung berücksichtigt.

5 Tritt demgegenüber die Gesetzesänderung nach dem Wirksamwerden des Wohngeldbescheides ein, ist diese Änderung von Amts wegen nach Abs. 2 unbeachtlich. Abs. 2 geht gegenüber der Regelung des § 48 SGB X als speziellere Regelung vor. Die Regelung des Abs. 2 setzt auch nicht voraus, dass der Wohngeldbescheid bereits bestandskräftig ist und durch einen Widerspruch nicht mehr angefochten werden kann.

6 Tritt die Gesetzesänderung während des laufenden Bewilligungszeitraumes ein, so kann der Wohngeldberechtigte unbenommen von der Regelung des § 41 Abs. 2 einen Antrag auf Neubewilligung wegen Änderung der Verhältnisse stellen. Diese Änderung muss aber zB zu einer Verringerung des Gesamteinkommens führen.

Teil 8
Überleitungsvorschriften

§ 42 Gesetz zur Neuregelung des Wohngeldrechts und zur Änderung des Sozialgesetzbuches

(1) [1]Ist bis zum 31. Dezember 2008 über einen Wohngeldantrag, einen Antrag nach § 29 Abs. 1 oder Abs. 2 des Wohngeldgesetzes in der bis zum 31. Dezember 2008 geltenden Fassung oder in einem Verfahren nach § 29 Abs. 3 des Wohngeldgesetzes in der bis zum 31. Dezember 2008 geltenden Fassung noch nicht entschieden worden, ist für die Zeit bis zum 31. Dezember 2008 nach dem bis dahin geltenden Recht, für die darauf folgende Zeit nach dem neuen Recht zu entscheiden. [2]Ist in den Fällen des Satzes 1 das ab dem 1. Januar 2009 zu bewilligende Wohngeld geringer als das für Dezember 2008 zu bewilligende Wohngeld, verbleibt es auch für den Teil des Bewilligungszeitraums ab dem 1. Januar 2009 bei diesem Wohngeld; § 24 Abs. 2 und § 27 Abs. 2 bleiben unberührt.

(2) [1]Ist Wohngeld vor dem 1. Januar 2009 bewilligt worden und liegt mindestens ein Teil des Bewilligungszeitraums im Jahr 2009, ist von Amts wegen über die Leistung des Wohngeldes für den nach dem 31. Dezember 2008 liegenden Teil des Bewilligungszeitraums unter Anwendung des ab dem 1. Januar 2009 geltenden Rechts nach Ablauf des Bewilligungszeitraums schriftlich neu zu entscheiden; ergibt sich kein höheres Wohngeld, verbleibt es bei dem bereits bewilligten Wohngeld. [2]In den Fällen des Satzes 1 sind bei der Entscheidung abweichend von § 24 Abs. 2 die tatsächlichen Verhältnisse im Zeitraum, für den über die Leistung des Wohngeldes rückwirkend neu zu entscheiden ist, zu Grunde zu legen. [3]Die §§ 29 und 30 des Wohngeldgesetzes in der bis zum 31. Dezember 2008 geltenden Fassung und die §§ 27 und 28 bleiben unberührt. [4]Liegt das Ende des Bewilligungszeitraums, über den nach Satz 1 neu zu entscheiden ist, nach dem 31. März 2009, kann eine angemessene vorläufige Zahlung geleistet werden.

(3) Ist über einen nach dem 31. Dezember 2008 gestellten Wohngeldantrag, einen Antrag nach § 27 Abs. 1 oder in einem Verfahren nach § 27 Abs. 2 zu entscheiden und beginnt der Bewilligungszeitraum vor dem 1. Januar 2009, ist Absatz 1 entsprechend anzuwenden.

(4) [1]Wären bei einer Entscheidung nach den Absätzen 1 und 3 Haushaltsmitglieder nach § 6 zu berücksichtigen, die in einem anderen Bescheid für denselben Wohnraum bereits als zum Haushalt rechnende Familienmitglieder berücksichtigt worden sind, bleibt dieser andere Bescheid von der Entscheidung nach den Absätzen 1 und 3 unberührt. [2]Bei der Entscheidung nach den Absätzen 1 und 3 ist das Wohngeld ohne die Haushaltsmitglieder nach Satz 1 und unter entsprechender Anwendung des § 11 Abs. 3 zu berechnen. [3]Die Fälle der Sätze 1 und 2 gelten als erhebliche Änderung der maßgeblichen Verhältnisse nach § 25 Abs. 1 Satz 2.

(5) [1]Bei Wohn- und Wirtschaftsgemeinschaften von Personen, welche die Voraussetzungen nach § 4 des Wohngeldgesetzes in der bis zum 31. Dezember 2008 geltenden Fassung nicht erfüllen und keinen gemeinsamen Wohngeldbescheid erhalten haben, ist bei der Entscheidung nach Absatz 2 rückwirkend das Wohngeld gemeinsam zu berechnen, wenn die Voraussetzungen nach den §§ 5 und 6 Abs. 1 erfüllt werden. [2]Enden die Bewilligungszeiträume in den Fällen des Satzes 1 nicht gleichzeitig, ist abweichend von Absatz 2 Satz 1 Halbsatz 1 nach dem Ende des zuletzt ablaufenden Bewilligungszeitraums für alle zu berücksichtigenden Haushaltsmitglieder nach § 6 einheitlich neu zu entscheiden. [3]Beträgt der Zeitraum zwischen dem Ende des zuerst ablaufenden Bewilligungszeitraums und dem Ende des zuletzt ablaufenden Bewilligungszeitraums mehr als drei Monate, ist auf Antrag eine angemessene vorläufige Zahlung zu leisten.

I. Entstehungsgeschichte, Allgemeines

1 Die Regelung wurde mit dem Gesetz zur Neuregelung des Wohngeldrechtes mit dem 1.1.2009 neu eingefügt und stellt in seinem Abs. 1 klar, dass die Anwendung des früheren § 40 Abs. 1 aF und des § 41 Abs. 1 auf die Neuregelung ab dem 1.1.2009 anzuwenden ist. Die Regelung dürfte nur noch in Ausnahmefällen praktische Bedeutung haben.

II. Erläuterungen

2 Abs. 1 regelt das Schicksal eines Änderungsantrages nach § 29 Abs. 1 bis Abs. 3 WoGG aF. Die Behandlung von Änderungen ist nunmehr in § 27 geregelt. Wenn über einen solchen Antrag noch nicht entschieden wurde, ist das alte Recht bis zum 31.12.2008 und ab dem 1.1.2009 das neue Recht anzuwenden. Der Zahlbetrag soll nach Abs. 1 Satz 2 auf jeden Fall in der bisherigen Höhe weiter geleistet werden. Auch die Änderungen der Verhältnisse sollen nur nach altem Recht überprüft werden können.[1]

3 Abs. 2 regelt die Auswirkung der Gesetzesänderung ab dem 1.1.2009 auf einen Bewilligungszeitraum, der vor dem 1.1.2009 lag. Über diese durch die Gesetzesänderung geteilten Bewilligungszeiträume ist erst nach Ablauf des Bewilligungszeitraumes neu zu entscheiden und nicht bereits bei Änderung der Verhältnisse am 1. Januar. Die ursprüngliche Prognoseentscheidung im Antragszeitraum spielt nach Satz 2 hier keine Rolle mehr (§ 24 Abs. 2 bleibt unberührt), denn es wird hier ausnahmslos auf die tatsächlichen Verhältnisse abgestellt. Satz 3 stellt klar, dass die Änderung der Verhältnisse unabhängig von der Gesetzesänderung zu berücksichtigen ist. Die im pflichtgemäßen Ermessen liegende Vorschusszahlung nach Satz 4 soll Härten vermeiden, die

1 BT-Drucks. 16/6543, 110.

dadurch entstehen, dass ein Bewilligungszeitraum über den 31.3.2009 hinaus andauert und der Wohngeldberechtigte erst sehr spät in den Genuss der Leistungsverbesserung gelangt.

Nach Abs. 3 werden Änderungsanträge und andere Änderungen wie nach Abs. 1 behandelt, wenn der Bewilligungszeitraum bereits vor der Änderung am 1.1.2009 begonnen hatte. 4

Da nach dem seit dem 1.1.2009 geltenden Recht mehr Haushaltsmitglieder (§ 5) zum wohngeldrechtlichen Haushalt zählen als nach dem altem Recht, das auf Familienmitglieder abstellte, sind im Einzelfall nach neuem Recht mehr Haushaltsmitglieder zu berücksichtigen.[2] Abs. 4 Satz 1 legt fest, dass diese (neuen) Haushaltsmitglieder nicht zu berücksichtigen sind, wenn sie bereits in einem anderen Bescheid für denselben Wohnraum berücksichtigt worden sind. Wird wegen der Gesetzesänderung ab dem 1.1.2009 ein neuer Bescheid erlassen, so bleiben diese Haushaltsmitglieder unberücksichtigt. Die „neuen" Haushaltsmitglieder werden allerdings nach der Kopfteilmethode des § 11 Abs. 3 berücksichtigt, dh es ist zunächst von den Haushaltsmitgliedern nach neuem Recht auszugehen und die Miete oder Belastung zu errechnen, die auf den jeweiligen Anteil pro Haushaltsmitglied entfällt. Das Gleiche gilt für den zu berücksichtigenden Höchstbetrag an der Miete oder der Belastung nach § 12 Abs. 1. Satz 3 verpflichtet die Wohngeldbehörde, den Bewilligungszeitraum zu teilen, wenn sich die Zahl der Haushaltsmitglieder durch die Gesetzesänderung zum 1.1.2009 ändert. Bestand zum 1.1.2009 eine Lebenspartnerschaft oder eine eheähnliche oder partnerschaftsähnliche Lebensgemeinschaft (§ 5 Abs. 1 Nr. 2, Nr. 3) so sind diese Personen als Haushaltsmitglieder zu berücksichtigen. Diese gehörten nicht zu den in § 4 Abs. 1 WoGG a.F. gehörenden Familienmitgliedern. 5

In Abs. 5 wird die Auswirkung der Einbeziehung von Personen beschrieben, die in einer eheähnlichen oder lebenspartnerschaftsähnlichen Gemeinschaft zusammen in einem Haushalt leben. Diese Personen erhielten nach § 18 Nr. 4 WoGG aF nur ein Wohngeld in Höhe ihres kopfteiligen Anteils an der Gesamtzahl der Haushaltsmitglieder. Sie waren selbst wohngeldberechtigt und mussten daher auch einen eigenen Antrag auf Wohngeld stellen. Wenn diese Personen nun ab dem 1.1.2009 zur Haushaltsgemeinschaft gehören (§ 5 Abs. 1 Satz 2 Nr. 3), war eine Übergangsregelung erforderlich. Werden diese Personen Haushaltsmitglieder, so ist das Wohngeld neu gemeinsam zu berechnen. 6

In Satz 2 und 3 des fünften Absatzes ist schließlich der Fall geregelt, dass die gesondert erstellten Wohngeldbescheide unterschiedliche Bewilligungszeiträume haben. Hier erfolgt erst nach Ablauf des letzten Neubewilligungsbescheides eine Neuberechnung. Bei einem Unterschied der Bewilligungszeiträume von mehr als drei Monaten ist ein angemessener Vorschuss zu leisten.

2 BT-Drucks. 16/6543, 110.

§ 43 Weitergeltung bisherigen Rechts

(1) [1]Ist nach dem 31. Dezember 2000 bis zum 14. Juli 2005 über einen Wohngeldantrag entschieden worden, liegt der Bewilligungszeitraum mindestens teilweise in der Zeit vom 1. Januar 2001 bis 31. Dezember 2004 und ergibt sich auf Grund der §§ 10 a und 10 b des Wohngeldgesetzes in der bis zum 31. Dezember 2008 geltenden Fassung eine Änderung des Wohngeldes oder im Fall einer früheren Ablehnung ein Wohngeldanspruch, ist über die Leistung des Wohngeldes von Amts wegen unter Aufhebung des bisherigen Wohngeldbescheides vom Zeitpunkt der rückwirkenden Änderung an neu zu entscheiden; § 31 ist nicht anzuwenden. [2]Der Wohngeldbescheid ist in dem Umfang nicht aufzuheben, in dem sich die dem Wohngeldempfänger oder der Wohngeldempfängerin gewährte Hilfe in besonderen Lebenslagen nach dem Bundessozialhilfegesetz wegen des auf Grund des Bescheides geleisteten Wohngeldes verringert hat. [3]Für die Neuentscheidung kann ein einziger Bewilligungszeitraum festgesetzt werden. [4]Ein gestellter Wohngeldantrag ist in der Regel als bis zu dem Zeitpunkt der Neuentscheidung nach Satz 1 gestellt anzusehen.

(2) Die §§ 10 c und 40 Abs. 5 des Wohngeldgesetzes in der bis zum 31. Dezember 2008 geltenden Fassung sind weiterhin anzuwenden.

I. Entstehungsgeschichte, Allgemeines

1 Diese Norm behandelt den bisher im § 10 a, b WoGG aF geregelten Anspruch von Heimbewohnern auf Wohngeld und, wenn über deren Antrag bis zum 14.7.2005 noch nicht entschieden wurde (§ 40 Abs. 4 WoGG aF). Hintergrund der Regelung ist die Entscheidung des Bundesverwaltungsgerichtes vom 11.12.2003.[1] Nach § 8 WoGV in der Fassung vom 6.2.2001 war bei der Ermittlung des Jahreseinkommens von der geleisteten Sozialhilfe ein Betrag in Höhe von 1.100 DM monatlich (= 562 EUR) anzurechnen. Die Anrechnung führte dazu, dass ein anderweitiges Einkommen, wie einer Rente wegen Alters, als Einkommen zunächst von den Leistungen der Sozialhilfe und zusätzlich vom Wohngeld abgezogen wurde. Diese doppelte Anrechnung war von der gesetzlichen Ermächtigung, die WoGV zu erlassen (§ 38 Nr. 1 Buchst. b), nicht mehr gedeckt, denn die Ermächtigung regelt nur die Ermittlung des Einkommens. So legt das Bundesverwaltungsgericht fest, dass der Antragsteller „weder vorhandenes Einkommen als nicht relevant außer Acht lassen [darf], noch darf er nicht verfügbares, schon anderweitig angerechnetes Einkommen fiktiv als einsetzbares Einkommen unterstellen und damit die Belastungsgrenzen verschieben.“[2] Diese Rechtsprechung des

1 BVerwG 11.12.2003 – 5 C 83/02.
2 BVerwG aaO Rn 18.

Bundesverwaltungsgerichtes ist auch auf Empfänger von Leistungen der Kriegsopferfürsorge nach dem BVG anzuwenden.[3] Große praktische Bedeutung dürfte die Regelung nicht mehr haben.

II. Erläuterungen

Abs. 1 Satz. 1 regelt die Fälle des § 10 a WoGG aF und des § 10 b WoGG 2
aF. § 10 a WoGG aF regelt die Fälle, in denen Heimbewohnern Leistungen wegen der doppelten Anrechnung von Einkommen im Jahr 2001 nicht geleistet wurden. Die für diesen Zeitraum erstellten Wohngeldbescheide sind von Amts wegen neu zu bescheiden, wenn der Bewilligungszeitraum mindestens teilweise in den Jahren 2001 bis 2004 lag. Die Anrechnung von Einkommen erfolgt dann, wie in der Rechtsprechung des Bundesverwaltungsgerichtes verlangt und zwar wird der Betrag von 1.100 DM nur dann abgerechnet, wenn neben der Sozialhilfe kein weiteres Einkommen vorhanden ist (§ 10 a Abs. 2 Satz 3 WoGG aF). Es sind alle Bewilligungszeiträume, die wenigstens teilweise in das Jahr 2001 fallen, zu berücksichtigen. Erhält die wohngeldberechtigte Person eine Rente aus der gesetzlichen Rentenversicherung, so ist die Nettorente, und zwar die nach dem BSHG bereinigte Nettorente von dem Pauschbetrag abzusetzen.

Ebenfalls in Abs. 1 sind die Fälle geregelt, in denen in den Jahren 2002 3
bis 2004 nicht nach der Rechtsprechung des Bundesverwaltungsgerichtes verfahren wurde. Die Regelung ist dem § 10 a WoGG aF gleichgestellt. Der Unterschied besteht lediglich darin, dass statt des Betrages von 1.100 DM nunmehr ein Betrag von 560 EUR anzusetzen ist.

In Abs. 1 Satz 2 bis 4 wird im Einzelnen geregelt, wie die Neufestsetzung 4
durchzuführen ist. Es besteht wieder ein „Verböserungsverbot" und garantiert den Bestand des bisherigen Wohngeldes mindestens in der bisher gezahlten Höhe. Zu Verwaltungsvereinfachung können mehrere Bewilligungszeiträume zusammengefasst werden und Satz 4 fingiert den Zeitpunkt der Wohngeldantragstellung. Diese Fiktion ist erforderlich, um die Prognose für den Bewilligungszeitraum zu stellen (§ 24 Abs. 2 Satz 1).

Personen, die als Heimbewohner durch den fehlerhaften § 8 WoGV einen 5
Schaden erlitten haben, behalten nach Abs. 2 den Nachteilsausgleich nach § 40 Abs. 5 WoGG aF. Dieser Nachteilsausgleich ist keine Leistung auf Wohngeld, sondern ein besonderer Staatshaftungsanspruch aufgrund gesetzlichen Unrechtes. Der Wohngeldberechtigte ist so zu stellen, wie er stehen würde, wäre die Rechtsprechung des Bundesverwaltungsgerichtes auf seinen Fall angewendet worden. Der Verweis auf § 10 c WoGG aF regelt die Rückabwicklung alter Erstattungen.

3 Gutekunst/Dietrich/Fröba, WOGG, Kommentar zu § 43 Rn 5 a.

§ 44 Einmaliger zusätzlicher Wohngeldbetrag

(1) [1]Ist Wohngeld bewilligt worden und liegt mindestens ein Monat des Bewilligungszeitraums in der Zeit vom 1. Oktober 2008 bis zum 31. März 2009, ist von Amts wegen ein einmaliger zusätzlicher Wohngeldbetrag nach der Anzahl der zu berücksichtigenden Personen zu leisten. [2]Zu berücksichtigende Personen im Sinne des Satzes 1 sind die zum Haushalt rechnenden Familienmitglieder im Sinne des § 4des Wohngeldgesetzes in der bis zum 31. Dezember 2008 geltenden Fassung oder die zu berücksichtigenden Haushaltsmitglieder (§ 6). [3]Der einmalige zusätzliche Wohngeldbetrag beträgt für

eine zu berücksichtigende Person	100 Euro,
zwei zu berücksichtigende Personen	130 Euro,
drei zu berücksichtigende Personen	155 Euro,
vier zu berücksichtigende Personen	180 Euro,
fünf zu berücksichtigende Personen	205 Euro und
jede weitere zu berücksichtigende Person zusätzlich	25 Euro.

(2) [1]Für die Berechnung des einmaligen zusätzlichen Wohngeldbetrages ist die Anzahl der zu berücksichtigenden Personen maßgebend, die bei der Wohngeldbewilligung im Sinne des Absatzes 1 Satz 1 zu Grunde gelegt wurde. [2]Liegt der Wohngeldbewilligung für Oktober 2008 bis März 2009 eine unterschiedliche Anzahl der zu berücksichtigenden Personen zu Grunde, ist der erste Monat des Zeitraums Oktober 2008 bis März 2009 maßgebend, für den Wohngeld bewilligt wurde.

(3) [1]Der einmalige zusätzliche Wohngeldbetrag wird nur an den Wohngeldempfänger, ein zum Haushalt rechnendes Familienmitglied im Sinne des § 28 Abs. 1 Satz 1 und 2 des Wohngeldgesetzes in der bis zum 31. Dezember 2008 geltenden Fassung, die wohngeldberechtigte Person oder an ein anderes Haushaltsmitglied geleistet. [2]Im Übrigen bleiben § 28 des Wohngeldgesetzes in der bis zum 31. Dezember 2008 geltenden Fassung und § 26 unberührt.

(4) [1]Wird nach der Leistung des einmaligen zusätzlichen Wohngeldbetrages der Wohngeldbescheid, welcher der Wohngeldbewilligung im Sinne des Absatzes 1 Satz 1 zu Grunde liegt, aufgehoben oder unwirksam, ist dieser Betrag abweichend von § 28 Abs. 6 nur zu erstatten, wenn für keinen der Monate Oktober 2008 bis März 2009 ein Wohngeldanspruch mehr besteht. [2]Entfällt auf Grund der Aufhebung oder der Unwirksamkeit des Wohngeldbescheides nach Satz 1 der Wohngeldanspruch für den Monat, der für die Berechnung des einmaligen zusätzlichen Wohngeldbetrages nach Absatz 2 maßgebend war, und besteht der Wohngeldanspruch noch für mindestens einen der Monate Oktober 2008 bis März 2009, ist über die Leistung des einmaligen zusätzlichen Wohngeldbetrages nach Maßgabe der Absätze 1 und 2 neu zu entscheiden, wenn sich die Anzahl der zu berücksichtigenden

Personen ändert. [3]Ist Wohngeld vor dem 1. Januar 2009 bewilligt worden, liegt mindestens ein Teil des Bewilligungszeitraums in einem der Monate Januar bis März 2009 und wird der Wohngeldbescheid nach Satz 1 mindestens für die Monate Oktober bis Dezember 2008 aufgehoben oder unwirksam, bleibt für die Berechnung des einmaligen zusätzlichen Wohngeldbetrages die Zahl der zum Haushalt rechnenden Familienmitglieder nach § 4 des Wohngeldgesetzes in der bis zum 31. Dezember 2008 geltenden Fassung für den ersten Monat des Zeitraums Januar bis März 2009, für den Wohngeld bewilligt wurde, maßgebend. [4]Satz 3 gilt auch, wenn bereits nach § 27 oder § 42 Abs. 2 oder Abs. 5 entschieden worden ist.

(5) Der einmalige zusätzliche Wohngeldbetrag ist bei Sozialleistungen, deren Zahlung von anderen Einkommen abhängig ist, nicht als Einkommen zu berücksichtigen.

I. Entstehungsgeschichte, Allgemeines

1 Die Regelung betrifft Personen, die unmittelbar vor und während der Gesetzesänderung wohngeldberechtigt waren. Eine Vorgängervorschrift findet sich im Gesetz nicht. Auch diese Übergangsvorschrift hat nur noch geringe praktische Bedeutung.

II. Erläuterungen

2 Durch den Einmalbetrag nach Abs. 1 sollte die Wirkung der Wohngelderhöhung auch mit Blick auf die im Jahre 2008 gestiegenen Heizkosten um drei Monate auf den ersten Oktober 2008 vorgezogen werden.[1] Der Einmalbetrag sollte nach der Zahl der Haushaltsangehörigen geleistet werden und zwar auch dann, wenn für die Haushaltsgemeinschaft mehrere Bescheide bestanden.[2] Die Zahl der Haushaltsmitglieder richtet sich nach dem jeweils günstigsten Recht und zwar entweder der Zahl der Familienmitglieder nach § 4 WoGG aF oder die Zahl der zu berücksichtigenden Haushaltsmitglieder nach § 6.

3 In Abs. 2 wird der Zeitpunkt festgelegt, wenn die Zahl der Haushaltsmitglieder in der Zeit von Oktober 2008 bis März 2009 unterschiedlich hoch war. Hier ist der erste Monat maßgeblich für den Wohngeld bewilligt wurde. Wurde Wohngeld ab dem 1.11.2008 gewährt, kommt es auf die Zahl der Haushaltsmitglieder im November an.

4 Abs. 3 bestimmt, dass nur an die in Regelung genannten Personen Wohngeld gezahlt werden kann. Als Zahlungsempfänger sind daher Vermieter oder Leistungsträger ausgeschlossen.

1 BT-Drucks. 16/10812, 1, BT-Drucks. 16/10319.
2 BT-Drucks. 16/10812, 9.

5 Abs. 4 S. 1 regelt den Fall, dass das Wohngeld nachträglich entfällt oder zu Unrecht gezahlt wurde. Die Wohngeldsonderzahlung muss nur zurückgezahlt werden, wenn in den Monaten von Oktober 2008 bis März 2009 kein Anspruch auf Wohngeld mehr besteht. Diese Regelung dient der Verwaltungsvereinfachung. Entfällt das Wohngeld in dem Monat, der für die Berechnung der Haushaltsmitglieder maßgeblich war, so muss bei Änderung der Zahl der Haushaltsmitglieder in dem nunmehr maßgeblichen Zeitraum (Monat der erstmaligen Bewilligung) über die Wohngeldsonderzahlung neu entschieden werden (Abs. 4 S. 2). Satz 3 regelt den Fall dass die Zahl der zum Haushalt zählenden Personen nach § 4 WoGG aF auch dann maßgeblich bleibt wenn der Wohngeldbescheid für alle Monate von Oktober bis Dezember 2008 aufgehoben wird. Unberührt hiervon bleibt das Erfordernis, dass mindestens in einem Monat von Oktober 2008 bis März 2009 Wohngeld bewilligt wurde.

Satz 4 bestimmt, dass die Zahl der Haushaltsmitglieder auch dann auf altes Recht abzustellen ist, wenn über den Wohngeldantrag bereits nach neuem Recht entschieden wurde.[3]

6 Abs. 5 stellt sicher, dass die Wohngeldsonderzahlung tatsächlich bei den Wohngeldberechtigten verbleibt und nicht auf andere einkommensabhängig geleistete Sozialleistungen angerechnet wird.

3 BT-Drucks. 16/10812, 9.

Stichwortverzeichnis

Fette Zahlen verweisen auf Paragraphen, magere auf Randnummern.

FSC
www.fsc.org
MIX
Papier | Fördert
gute Waldnutzung
FSC® C083411

Kolibri 360 GmbH
Ferdinand-Jühlke-Straße 7
99095 Erfurt, Deutschland
produktsicherheit@kolibri360.de